JN438452

길

길

이제길 팔자놀이 제8집

수필과비평사

■ 머리詩

길

법정 스님은 그의 산문집
『아름다운 마무리』에서
“책을 통해서 자기 자신을 읽을 수 있을 때
열린 세상도 함께 읽을 수 있으니
책에는 분명한 길이 보인다.” 했네

그 길은
에움길이나 큰 길[路]도
사람의 도리인 길[道]도
길라잡이의 길[進路]도 있지만
상서로운 길吉도 있네

인생 길흉화복吉凶禍福 중에
길복운집吉福雲集이 으뜸이요
길상여의吉祥如意가 그다음이라면
복된 일을 치르는 길례吉禮와
길운신호吉雲神虎도 있네

이토록 향복무강享福無疆한 길吉은
입춘대길立春大吉이요
재수대길財數大吉로써
책 속의 길마저 만사대길萬事大吉하니
이제 길이 훤히 보이네.

글 다발

참살이 챙기기[心悅成服] - 011

*심신의 건강을 통해 행복을 추구하며 살아가는 '참살이(웰빙)'는 매사를 기쁘게 생각하며 성심을 다하여 긍정적으로 승복하는 자세(심열성복)로부터 비롯된다.

"행복한 삶의 필수조건은 타자이다. 행복을 주고 싶은 사람, 받고 싶은 사람이 있어야 한다. 나 혼자 세상을 살아갈 수도 없고 '나 홀로' 행복이란 말은 성립될 수 없기 때문이다."

〈미국의 정치평론가 벤 샤피로, 『역사의 오른편 옳은편』 2020. 노태정 옮김〉

순갱노회蓴羹鱸膾 - 077

*'순갱노회'란 고향을 그리워하는 정을 일컫는 말로써 중국 진나라의 장한張翰이 자기 고향의 명물인 순챗국과 농어회를 못 잊어 관직을 사퇴하고 고향으로 돌아갔다는 고사에서 유래되었다.

이태 전 고향 옛집을 손질하여 토방에 앉아보니 아버님의 가슴속 포근함이 펜을 들게 한다. "토방에 앉아 지난날을 생각하니[階踞思去歲] 만사가 어제 일어난 듯 지나가고[萬事過昨惹] 고개 들어 기우는 해를 바라보니[擧頭望遠日] 고향의 품에 안긴 이 몸은 포근하다[安被抱故鄕]"

〈이제길의 「사향思鄕」〉

인순고식因循姑息의 세태 - 091

*'인순고식'이란 정치권에서 주로 자기들 쪽에 편리한 것만 취하고 국가의 미래는 얼렁뚱땅 처리하는 고식지계를 일컫는다.

"우리 사회에서 힘 있고 돈 있고 배운 자라고 할 수 있는 이들이 법치를 악용하면서 처벌만 피하면 만사법통이요, 자신들의 도덕적 타락과 양심의 마비에 대해서는 전혀 아랑곳하지 않는 도덕불감증이 두렵다."

〈강정인 교수의 칼럼, 「萬事法通에 추락하는 도덕의식」(『조선일보』, 2016. 11. 30.)〉

역사의 현재성[無不通達] - 149

*독일 근대 역사학의 아버지 랑케(1795~1886)는 "역사란 과거가 말하고 현재가 듣는 것"이라고 했듯이, 역사는 오늘의 무슨 일이든 훤히 통하지 아니 한 것이 없는 '무불통달'의 교훈을 담고 있다.

"전 세계에 있는 고인돌의 절반 이상이 우리나라에 있는데 왜 우리의 고대사는 실종되어버렸는지 한심하다는 생각이 들기도 했지요."

〈김진명 장편 『최후의 경전』(2010)에서, 인서가 환희에게 한 말〉

우리 언어의 잔혹상 - 159

*요즘은 일상 언어생활에서 지도층이나 지식식인이랍시고 외국어 쪼가리로 쫄랑대고, 줄임말의 신조어와 인터넷 봉두난발 언어가 판치다 보니 한글맞춤법마저 덩달아 춤을 춘다.

"알립니다. 조선일보 경제 · 경영 섹션 WEEKLY BIZ가 새로운 모습으로 업그레이드해 여러분을 만납니다."(이하 생략) 〈『조선일보』 2면(2020. 7. 10)〉

가수 나훈아는 "'앙코르' 대신 우리말 '또, 또'를 쓰자"며 관객의 호응을 유도했다. 〈가요계 등장 55주년 기념 전국 순회 첫 공연(2022. 6. 11. 부산 해운대구 벡스코)에서〉

사랑 타령[我是他非] - 213

*'내로남불'을 굳이 한자 사자성어로 바꿔 쓴다면 '아시타비'라 하겠다.

"사랑이란, 둘이면서 하나가 되어 버리는 것, 남자와 여자가 함께 되어 한 사람의 천사가 되는 거예요." 〈빅토르 위고의 『노트르담의 곱추』(1831. 조홍식 옮김, 2004. 591쪽)에서, 집시의 여인(에스메랄다)이 시인(그랑고아르)에게 한 말〉

"사랑은 똑똑한 사람도 바보로 만든다. 사랑은 바보도 똑똑하게 만든다." 〈노르웨이의 국민작가 크루트 함순의 장편, 『땅의 혜택』(안미란 옮김, 2015. 17~18쪽)〉

전기수傳奇叟의 방 – 231

*'전기수'란, 조선후기부터 소설을 전문적으로 읽어주는 사람(조선시대의 유튜버)을 말한다. 그래서 이 방은 수필이랍시고 사실은 독후감상문과 같은 글들로 채웠다.

"부산시는 '책 읽어주는 할매사업'이 보건복지부의 공익활동 지역특화사업에 선정돼 2천만 원의 국비를 지원받아 2018년 하반기부터 실시된다. 이는 65세 이상의 어르신들이 어린이 환자를 찾아가 책을 읽어주고 대화함으로써 정서적 안정에도 도움을 주고 일자리 차원에도 효과가 있을 것으로 기대하고 있다."

〈권기정 기자, 『경향신문』(2018. 7. 5.)〉

문학 소고小考 – 275

"문학 때문에 가슴이 울렁거리고 나면 피가 맑아진 느낌이 들곤 했다. 그때 문학은 내 마음의 연꽃이었다. 진흙땅에서 피어난 아름다움이었고, 범속하고 따분한 일상에 생기를 불어넣는 힘이었다."

〈박완서의 장편 『그 남자네 집』(2004. 책머리)〉

"나랏일을 걱정하지 않으면 글이 아니요, 어지러운 시국을 가슴 아파하지 않으면 글이 아니요, 옳은 것을 찬양하고 악한 것을 미워하지 않으면 글이 아니다. 다산 정약용의 말이다."

〈조정래 장편 『허수아비춤』(2010)에서 '작가의 말〉

참살이 챙기기[心悅成服]

여여 12
보고리 16
JK에게 20
빛나는 추억 24
마이너스 인생 28
훨훨 벗어버리자 32
이창양을 찬양한다 36
지저분하게 책 읽기 40
오늘은 좀 피곤하네 44
친손과 다시 소통하다 48
나의 영원한 동반자여 52
나이 들수록 혼자가 좋다 56
인문학은 우리 삶의 두뇌 60
장생불사의 영혼을 기리며 64
착각과 거짓말은 진실을 앞선다 68
사랑의 지혜와 나만의 특기를 찾아서 72

여여

나 없이도 이 세상이 지속될 수 있을까. 그것은 불가능하다. 내가 없으면 이 세상도 사라지기 때문이다. 그러기에 내 몸 안에도 우주가 있고 몸 밖에도 우주가 있지만 우주는 둘이 아닌 오직 하나일 뿐이다. 내 몸 안의 우주가 사라지면 자연스럽게 몸 밖의 우주도 사라질 수밖에. 이것이 인생의 섭리가 아니겠는가. 사람은 누구나 고귀한 존재다. 낙엽이 수없이 떨어져도 하나도 같은 것이 없다. 지구촌에 수많은 인구가 살지만 같은 사람은 단 한 명도 없다. 아무리 샴쌍둥이라 할지라도 생각은 제각각이다.

서울 정각사(성북구 삼선동) 정목 스님은 "이 세상 모든 남자가 장동건처럼, 모든 여자가 김태희처럼 생겼다면 이게 축복일까요? 그건 저주예요. 왜 다들 남같이 되려고 애쓰는지 모르겠어요."라고 개탄했다. 김홍신은 『인생 사용설명서』(2009)에서, "세계 인구 67억 가운데 영혼과 육신이 같은 사람이 단 한 명이라도 더 있을까요? 단연코 없습니다. 과거에도 없었고 현재에도 없으며 미래에도 없을 것입니다. 그렇기에 당신은 세상의 그 무엇과도 비교할 수 없을 만큼 존귀한 사람입니다."라고 했다.

프리드리히 니체는 『차라투스트라는 이렇게 말했다』(정동호 옮김, 2000.)에서, "너 막강한 자여, 나는 다른 사람이 아닌 너로부터 아름다움을 원한다. 나의 선의가 너의 마지막 자기 정복이 되기를 원한다."라고 설파했다. 뒤이어 소크라테스도 이에 뜻을 함께 했다. "자기 자신을 모르는 사람은 노예와 다르지 않다."

90년대 젊은이들을 X세대라고 불렀다. 이 무렵 가수 서태지는 전에 없던 강한 개인주의 성향을 보여준 '나는 알아요'라는 노래를 내놓았다. 그냥 '알아요'가 아닌 '난 알아요'라고 했고, 모든 것이 아닌 내 모든 것이라 했다. 한류는 이렇게 시작되었다. '나'라는 정체성을 일깨우기 시작하면서 다른 사람보다 나의 모습을 통해 세계를 열광시킨 K팝은 '싸이'와 '방탄소년단' 등으로 이어져 세계 대중문화의 으뜸으로 주목받고 있잖은가.

그러기에, 유대인의 지혜를 담은 『탈무드』에서는 "세상을 그 자체로 보지 말고 당신만의 방식으로 보라"고 했다. 이를 혜민 스님은 『멈추면, 비로소 보이는 것들』(2012)에서, "남 눈치 너무 보지 말고 나만의 빛깔을 찾으세요. 당신은 세상에서 가장 소중한 사람입이다. 부처님도, 예수님도, 그 어떤 성스런 스승이라도 나 자신이 있었기 때문에 그분들의 성스러움도 존재하는 것이다."라며 율법학자들의 말을 뒤이었다.

중국 남송의 사상가 육구연陸九淵은 첸즈시 교수가 쓴 『도연명전』(2012)에서, "우주가 곧 내 마음이고, 내 마음이 곧 우주다."라고 했다. 이와 뜻을 함께 한 게이트 역시, 『나를 통하여 이르는 자유』(2006)를 통해, "우리에게는 거대한 우주가 담겨 있다. 그러므로 우리 자신을 아는 것은 우주를 아는 것이고 우리 자신을 느끼는 것은 우주를 느끼는 것이며 우리 자신을 사랑하는 것은 곧 우주를 사랑하는 것이다. 우리 자신 안에 그 모든 것이 담겨 있다. 내 안에 우주가 있는 것이다."라고 구체화 시켰다.

부처님 또한, 천상천하 유아독존이라 했다. 어찌 부처님뿐이겠는가. 언젠가 「실버iTV」의 '시니어 특강'에서, 가수 진미령 씨가 강사로 나왔다. 그는 절에는 부처가 없다고 했다. 부처는 우리 이웃에 있는 불편한 사람이나 불우한 사람이 곧, 부처라 했다. 이유인즉슨 그 분들에게 우리가 봉사하면 행복한 마음을 얻기 때문이라고 했다. 그렇다. 천상천하 유아독존은 바로 나요, 나의 마음에 행·불행이 있을 뿐이다.

문화방송 기자 윤영무(56년생)는 『대한민국에서 장남으로 살아가기』(2004)에서. "우리 시대의 장남이란 고개 숙인 한국 남성의 표상이다. 제사라는 굴레를 아내에게 씌우는 남편으로서, 동생들을 보듬어야할 능력 없는 큰형으로서 또 조만간 생계 능력을 상실될 부모를 모셔야 할 큰아들로서 이중삼중, 책무만을 지닌 존재일 뿐이다. 그야말로 빼도 박도 못 하는 현실의 포로인 것이다."라고 실토했다. 그러나 가수 김상희는 600년 동안 지켜온 8남매 장남(유훈근, 전 PD)의 승중자承重子 종부로서 양가 반대가 심했음에도 보란 듯이 뭇 가정의 모범을 보이는 부부로서 멋진 삶을 경영하고 있다.

나 역시, 8남매의 장남으로서 결혼할 무렵에는 속마음이 좀 거시기했으나 주어진 환경에 순응하며 오늘의 나를 성취인이라 스스로 옭매이다 보니 어느덧 산수傘壽의 고지가 눈앞에 다가왔다. 그러나저러나 우리 부부는 오늘이 가장 값진 날이라 생각하며 주어진 시간을 반기니 행복의 틈새가 보이기 시작했다. 나는 힘닿는 대로 책을 읽으면서 컴퓨터 자료집에 그 중심 내용을 빼곡히 채우면서 글도 쓸 수 있음은 가족의 건강과 아내의 내조가 살뜰하기에 가능했다.

미국 재스민 왈가의 장편 『하얀 거짓말』(2015)에서, 작중화자 아이셀 세란(18세)의 어머니는 딸의 초등학교 4학년 때의 성적표를 보관하고 있다고 자랑했다. 나 또한, 우등상 성적표는 아닐지라도 초등학교 4학년부터 중·고등학교 공책까지 잘 간직해 두고 있다. 그 힘이 바탕되어 고향 옛집을 손질, 한 달에 두어 번 정도 찾는 여유까지 만들었으니 나의 삶은 행복 호르몬이 방긋할 수밖에. 솔직히 오늘의 내가 있기까지 장남 우선주의를 이끌어주셨던 부모님의 은덕이 계셨기에 가능했음을 고백한다.

불교 용어에 '여여如如'란 말이 나온다. 있는 그대로 보이고 느껴지는 모든 마음의 현상을 일컫는다. 만유제법萬有諸法이 동일하고 평등하니 여如이고, 이 속의 일법계만차一法界萬差 역시, 여如라 하여 인생을 '여여지如如智'라 불교에서는 이른다. 가수 금잔디가 부른 '여여'란 노래(2014)는 최근에 여러 가수들이 덩달아 부르는데 나는 원곡자보다 가수 임영웅이 부르면 더 달달하고 감칠맛을 느낀다. '여여'의 가사(작사 공정식)는 내 삶의 평소 생각이 얼비치기에 관심종자가 되었다. 1절 가사는 이렇다.

돌아보면 아쉬운 듯 살아가야지/ 살면은 그 얼마나 우리 산다고
일일희비 아등바등 그 세월 속에/ 오늘도 우리 인생 분주로구나
가진 사람 못 가진 사람/ 애당초 뭣하나 달랐더냐
있으면 있는 대로/ 없으면 없는 대로 살아가야지
좋으면 좋은 대로/ 싫으면 싫은 대로 우리 인생 여여지.

보고리

이름 名자는 저녁[夕]이 되어 어두워지면 얼굴을 식별할 수 없으니 입[口]으로 그 사람을 직접 부르는 것이 이름[名]자의 풀이[字解]다. '유명'이란 곧, 이름을 얻음이다. 이름이 빛나 그 사람이 빛나는 것이 아니라, 그 사람이 빛나기 때문에 이름도 덩달아 빛나지 않던가. 이순신 장군, 추사 김정희, 박정희 전 대통령 등은 남자가 여자 이름이었기에 어렸을 땐 놀림 받았을지라도 후대에 훌륭한 업적을 남김으로써 그 이름도 역사적 가치와 함께 후세에 단단히 전해지고 있다.

"당신이 신이라고 정의하는 존재가 신이다. 당신이 사랑이라 부르는 것이 사랑이며, 당신이 진실이라고 하는 것이 진실이다. 당신이 부여하는 의미 외에 다른 의미를 가지는 것은 존재하지 않는다. 그러므로 당신이 모든 것의 결정을 하는 곳이 바로 천국이다. 그곳이 진정한 천국이다. 다른 누군가에 정의를 하는 곳은 천국이 아니다. 당신 자신을 왕으로 대우하는 곳이 천국이다." 세계적 영성가 닐 도널드 월쉬의 『생의 2%』(2012. 조은경 옮김, 100~101쪽)에서 보인다. 부모로부터 얻은 이름을 세상 사람들이 한결같이 아끼고 기리는 이름으로 거듭나게 하는 것이다.

유명인은 굳이 만나보지 않아도 누구나 이름만으로 모두 알 수 있다. 하긴 악명 높은 사람도 유명인이니 어쩌면 전자와는 이복형제라고나 할까. 요새는 옛날과 달리 개명하는 일이 쉬워졌다. 그러다 보니 취업이나 연예가 뜻대로 이루어지지 않으면 맨맛하게 이름 탓부터 하며 작명소를 찾는 젊은이들이 많다고 한다. 그 답답한 심정이야 오죽하랴만 소중한 이름을 지어주신 부모님의 마음도 헤아려 볼 일이다.

나의 원래 이름은 '이제상李濟相'이었다. 컴퓨터 글자판에서 F9를 때리면 '이제상'이 바로 튀어나온다. 어쨌든 항렬자가 '제濟'자이므로 사실 이름은 맨 끝 한 자일 뿐이다. 그런대로 괜찮은 이름 같은데 아버님은 뒤늦게야 이 '상相'자가 윗대 할아버지의 존함이라는 사실을 아시고 작명가에게 의뢰, 중학교 입학원서부터 '길吉'자로 바꿔 오늘에 이르렀다. 이후, 내 이름은 온갖 소설에서나 이웃들로부터 놀림감으로 불티나고 있다. 제길, 제기랄, 제기럴, 제길랄, 제길럴 지기랄, 지기럴 등으로…. 기어이 쓰고 싶다면 "왜 미친 재랄이야!"〈고석산 · 백선 엮음, 『순우리말 사전』(2012)〉라고 하든지, "젠장, 지랄같이 울더라니까." 〈미국의 엘리자베스 스트라우스[女] 첫 장편 『에이미와 이저벨』(1998. 정연희 옮김, 156쪽 외)라고 하든지 아니면, 스티븐슨의 작품 『지킬 박사와 하이드』에 나오는 '지킬 박사'라고 부르든가, 그것도 아니라면 삼국시대 촉한의 재상 '제갈량'이라 불러준다면, 탁구공 받기보다 더 바쁘게 복을 받을 수 있을 텐데.

한편, 나처럼 억울한 동물 '개'도 있다. 개자식, 개망나니, 개망신, 개지랄, 개 팔자, 개고생 등. 거익태산이라 했던가. 공교롭게도 나는 경술 개띠이니 더 이상 이 진흙탕 속에서 빠져나갈 구멍조차 보이지 않는다. 그러나 한없이 존경하옵는 선친께서 팔남매의 장남에 대한 지극한 사랑으로 소자의 이름을 다시 지어주신 깊은 뜻은 젊었을 때의 고난을 잘 견디어내면[濟] 길吉함이 있을 것으로 기대했으리라 상량된다.

이석연·정재수의 『새로 쓰는 광개토왕과 장수왕』(2022. 116쪽)에서는 "일반적으로 '건너다'는 뜻을 가진 한자는 도渡와 제濟가 있다. 전자는 강이나 하천 등 소규모 물을 건널 때 사용[渡江, 渡河]하지만, 후자는 바다와 같은 대규모 물을 건널 때 사용[濟海]한다."고 구체화 시켰다. 『금강경』에서는 濟를 고진감래, 즉 모든 고통이 지나면 좋은 일이 온다는 뜻으로 풀이했다. 이밖에 濟는 '건널 제'뿐만 아니라, '성공·성취할 제'라는 뜻[訓]으로도 익힌다. 그러므로 '제길濟吉'은 '吉함을 성취(성공)한다'는 아주 깊은 뜻이 담긴 번연蕃衍한 이름이 아닐 수 없다. 혹여, 일부 맹인甿人들 가운데 '제길濟吉'을 풀이함에 '吉함이 건너가 버렸다'고 역설적으로 폄훼하는 천박한 사람들이 있다면 그 무지를 탓해서 뭣하랴. 예방할만한 백신도 없으니 내비 둘 수밖에.

내가 가장 흠모하는 동명이인 '이제길李濟吉'은 조선시대 알성 문과에 급제(1434)한 집현전 부수찬 어르신이다. 그는 훈민정음 창제에 참여한 최항의 머리를 따르지는 못할지라도 성격만은 닮았다는데 어쩌면 나와 어슷비슷하다. 무슨 말을 할 때는 꾸밈없이 직선적으로 하면서 화를 자주 내기도 하지만 이내 잊어버리고 사심 없이 친구들과 어울리는 왈왈한 성격까지도. 나의 강파른 성격과 겹쳐진다. 그러다 보니 지난 30대 초(1979) 목포고등학교 재직 중, '월파 서예원'에서 서예를 배우던 때가 설핏 스친다. 3개월 차 되었던가. 김은섭 선생님께서는 회원들에게 별호를 지어 조그마한 액자에 담아주셨는데 나의 호는 '법산法山'이라 했다.

"마음 밖에 법이 없나니 눈에 보이는 것이 푸른 청산일세(心外無法 滿

目青山)" 이 시구는 『전등록傳燈錄24』(송나라의 道原이 쓴 불서)에 나온다. 필명이 왠지 승려의 법명 같아 거의 사용하지 안 했지만 나를 3개월 관찰하시고 내린 판단은 너무도 적확했다. 그렇다. 나에겐 『대법전』(육법전서)은 휴지조각에 불과하다. 내 마음 속에 법이 있을 따름이다. 주로 양심과 상식, 그리고 국민정서법이 근간일지라도.

대학시절, 나의 별명은 '보고리'였다. '보고리'란 낱말은 이희승 편, 『국어대사전』(1972년 18판)과 국립국어원의 『표준국어대사전』에는 아예 표기조차 되지 않았다. 그러나 국립국어원의 〈우리말 샘〉이나 〈네이버 인터넷 검색창〉에서는 "화를 돋우거나 약을 올리는 행위"라고 했다. 굳이 한자로 풀이한다면 '보고寶庫'는 귀중한 재화를 넣어두는 창고, 또는 재화가 많이 산출되는 땅으로써 어미 '리裏'를 붙이면 재화가 가득한 공간으로 이해된다.

퇴직 후에는 독서가 일과이다 보니 이젠 책 속에서 보물을 캐는 진짜로 '보고리寶庫李'가 되었다. 월2회 도서관에 드나들며 평균 5권 이상 대출(2024. 1월 현재, 870여 권)하여 읽고 그 중심 내용을 가칭 『문장보감』에 사전식으로 정리(2천여 쪽)하고 있으니, 이 자료가 곧, 독서의 보고寶庫가 아니겠는가. 머잖아 가칭 『이제 「길」이 훤히 보이네』란 수필집(다섯 번째)까지 발간코자 준비 중이며, 다행히 네이버 인터넷 등에도 '이제길'을 탐색하면 문단활동에 대해 간략하게나마 소개되었다. 선친님의 선견지명이 자랑스럽다. 대학 친구들이 나를 가리켜 '보고리 잘 챈다'고 깐족대던 모습에서 앞으로는 '보고리 잘 채우는 간서치看書癡'라 고쳐 불러주었으면 참 좋겠는데, 이젠 친구조차 소원해진 할배가 되어버렸으니 이를 어쩌나. 해는 자꾸만 어둑어둑해져 가는데….

JK에게

글을 쓴다고 하면 일기나 자서전, 그리고 수필을 비롯해 사실을 중심으로 기록하는 것을 말한다. 그러나 글을 짓는다고 하면 소설과 희곡 등 허구를 중심으로 기록하는 것을 이른다. 「JK에게」에서 JK는 나의 영문이름 머리글자이다. 그러나 나와 같은 이름이 어찌 이 세상에 한둘이겠는가. 이 글을 쓴다고 간주하면 전자에 속하고, 글을 짓는다고 생각하면 미지의 다중인 후자에 속하리라.

펜을 든 동기는 미국의 호스피스 의사 카렌 와이어트가 환자들의 실화로 엮은 『일주일이 남았다면』(2011. 이은경 옮김)을 읽고, 내가 묻고 이 책의 내용을 인용하여 답하는 자문자답 형식을 취했다. 카렌 와이어트는 25년간 저소득층 시한부 환자들을 위해 일했으며, 그중 8년간은 호스피스 병동에서 환자들의 마지막 나날을 돌봤다.

그러나 JK, 너는 지금보다는 내일만을 위해 지난날 너를 도와준 사람들의 우악優渥한 은혜마저 까마득히 잊은 채, 네 우쭐함과 잘난 맛의 자만심이 하늘을 찌를 듯하다. 언젠가는 닥칠 요성妖星을 전혀 예견할 겨를도 없이 하루하루에 쫓기고 있으니 다음과 같은 운명도 있다는 것을 알았으면 좋겠다.

* 답변 끝에는 책의 쪽을 〈 〉으로 표시했다.

에이미는 32세의 변호사였다. 오랜 암 투병 끝에 쇠약해진 터라 많이 야위었고 낯빛도 좋지 않았지만 한눈에 보기에도 미인이었다. 그녀는 유방암으로 한쪽 가슴을 절제하고 암이 몸 전체로 전이돼 오랫동안 강한 항암치료를 견뎌왔다. 그녀를 괴롭히는 것은 약혼자가 암 치료를 받는 동안 다른 여자가 생겼다며 이별을 고했던 것이다. 2주일이 지나지 않아 그녀는 너무나 쇠약해져 휠체어에도 앉아있지 못할 지경이 됐다. 그녀는 저에게 말했다.

"전 실패해본 적이 없어요. 원하는 성적, 학교, 직장, 남자… 바라는 것은 거의 모두 가졌죠. 게다가 학교 다닐 때 인기도 많았어요. 지금 가장 후회하는 것은 지난 몇 년 간 세상에 나처럼 불행한 사람은 없을 거라고 생각했어요. 그러나 이곳에 계신 분들과 함께하면서 인생에는 어떤 일도 생길 수 있다는 걸 알았어요. 비록 기대했거나 좋아하는 종류가 아니래도요. 제겐 운명을 바꿔놓은 질병이 생각보다 빨리 찾아왔을 뿐이에요. 이젠 그 사실을 알았어요." 〈PP.132~136〉

사람이 살다보면 경험만큼 중한 것은 없으리라. '인생을 변화시키는 한순간의 경험'을 의미한다는 '에피파니'란 말이 있듯이 경험은 혹독한 스승이라 했다. 젊어서부터 만인이 부러워하는 전문직을 가졌다고 기세등등함은 자유겠지만 너(JK)보다 연륜이 지긋한 이웃들의 조언도 귀담을 수 있도록 네 자만심을 비우고 부족함을 채우는 평생 배움의 혜안으로 인생의 교훈을 깨닫기를 바란다. 이 세상에서 가장 쉬운 일은 남에게 충고하는 일이고, 가장 어려운 일은 자기 자신을 아는 것이라고 하지 않던가.

테드는 호스피스 병동의 젊은 의사였다. 그는 생의 마지막 날, 저를 돌아보며 다급하게 말했다. "죽음에 맞닥뜨리고 나서야 정말로 중요한 것이 무엇인지 알게 되다니, 왜 진작 깨닫지 못했을까요? 다른 사람에게 꼭 전해줘요. 바로 지금에 충실하고 더 늦기 전에 인생의 교훈들을 제대로 깨닫기 바란다고 말이에요." 〈16쪽〉

사람이 살아가면서 긍정적 사고가 얼마나 삶의 의욕과 희망, 그리고 즐거움을 끼치는가는 신상훈의 『유머가 이긴다』(2010)에 잘 묘사됐다. "초등학교 4학년 때 학교 대표로 웅변대회에 나갔는데 내가 덜덜 떨고 있으니까 선생님이 이렇게 말했다. "상훈아, 덜덜 떨지 말고 잘할 수 있다고 긍정적으로 생각해 봐." "네 선생님, 긍정적으로 생각할게요. 그러니까 선생님도 제가 떨어지더라도 긍정적으로 생각해 주세요." 얼마나 재치 있는 주문인가. 그런데 넌(JK) 부정적 마인드가 넘쳐흘러. 이로 인해 너 자신에게 얼마나 아픔을 들이대는지 너 역시, 솔직히 느꼈을 거야. 매사를 부정적으로 생각하면 내 심장은 얼마나 화가 쌓이겠냐. 즐겁게 생각하면 내 마음부터 즐거울 텐데.

부엌 조리대와 개수대엔 음식찌꺼기가 말라붙은 접시들이 넘쳐나니 더는 유리잔 하나 들어갈 자리가 없어 보였다. 60세의 랄프는 신장암으로 인한 신부전으로 죽어가고 있었고 때문에 호스피스 병동에 위탁된 상황이었다. 그는 잠시 감옥에 있기도 했고 먹을 것을 찾아 쓰레기통을 뒤지기도 했다. 그때에 비하면 아주 풍요롭다고 했다. 머리 덮은 지붕과 침대, 그리고 잘 돌아가는 냉장고도 있고, 젊어서 철도회사에 일한 적이 있어 쥐꼬리만 한 연금을 받게 되어 인생 끝자락에 얻은 행운이라 감사해 보였다. 그는 통증에 대해 인정했으나 불평하지는 않았다. 그리고 나머지 삶과 비교하면 낙원으로밖에 묘사할 수 없는 이곳에 살면서

자신을 매우 운이 좋은 남자라고 느끼는 듯했다. 〈109~111쪽〉

인간은 본능적으로 긍정적인 것보다는 부정적인 것을 학습하려는 경향이 있다. 그도 그럴 것이 나쁜 경험에서 교훈을 얻지 못하면 살아남지 못할 테니까. 그래서 기분 좋은 오싹함은 쉽게 잊히는 반면, 공포로 말미암은 오싹함은 뇌리에 마치 손안에 쥔 모래알처럼 사라지지만, 부정적인 소름은 언제고 의식 위로 튀어 올라 우리를 놀라게 할 준비를 하고 있다. 〈166쪽〉

네(JK) 지금의 명예와 부는 이웃의 부러움의 대상이잖니. 여기에 포용과 겸손만 덧붙인다면 넌 자아실현의 대가라 해도 모두가 수긍할 것이다.

모든 것을 포용하기 위해서는 거만함을 버리고 자만심을 바닥에 내려놓아야 한다. 그 과정에서 우리는 자신을 낮추는 능력을 얻고 겸손해질 수 있다. 많은 현대인은 자신의 욕구와 관심사에만 집중하는 경향이 있다. 일상의 빠른 속도와 현대사회가 주는 스트레스에 쫓기다 보니 다른 사람을 대할 때면 이기적이고 무례해지기 십상이다. 겸손하게 행동하려면 사려 깊게 생각하고 신경 써야 하는데 우리 사회의 속도는 그조차 용인하지 않는 듯 보인다. 이렇듯 겸손은 요즘 세상에서 찾아보기 어려운 덕목이지만 삶을 평화롭게 만드는 중요한 열쇠라는 점을 기억해야 된다. 〈156쪽〉

끝으로 너(JK)에게 중천금 같은 선물을 남겨두고 싶구나.

판단하지 마라. 그러면 판단 받지 않을 것이다. 비난하지 말라. 그러면 비난받지 않을 것이다. 용서하라. 그러면 용서받을 것이다.

〈누가복음 6장37절〉

빛나는 추억

우리 선조는 아무리 어렵게 살았을지라도 춤과 노래를 떠나지 않았다. 풍류를 즐기는 민족이었다. 『삼국지』「위지동이전」에는 부여인들이 밤낮으로 노래를 즐겼다고 이렇게 전하고 있다. "길을 갈 때, 낮이든 밤이든 노인이든 아이든 구별 없이 모두 노래를 부르니 종일 노랫소리가 끊이질 않았다." 그래서 그랬을까. 오늘날 전 세계에서 '노래방'이 우리나라처럼 잘 갖춰지고 득시글득시글 이용하는 나라도 없다. 다만 그 지악스런 '코로나19' 때문에 업주들이 큰 시름을 앓고 있는 현실이 안타깝다. 머잖아 이들에게도 반드시 지난날의 보람을 되찾는 날이 오리라 확신한다.

60~70년대의 가수들은 히트곡 하나로도 생계를 유지했을 뿐만 아니라 부를 축적했다. 그러나 지금은 한두 번 텔레비전에 내비치고 사라지는 가수들이 태반이다. 그 까닭인즉슨 전자는 가슴으로 듣는 노래를 불렀고, 후자는 눈으로 보는 노래를 부르기 때문이 아닐까 생각된다. 이문열의 장편 『변경』(11권, 1998)에서 '정숙'이의 말이 건건불식乾健不息하다. "유행가 가사가 그 어떤 진지한 진술보다 더 절실한 진실을 담고 있

다는 것을 느낀다." 그렇다. 진미령의 「미운 사랑」 중에 "가슴에 사랑을 잊지 못해 이별로 끝난다 해도 그 끈을 놓을 수 없어 너와 난 운명인 거야"와 같이 말이다.

몇 해 전의 일이다. 전주시에서는 '열린시민강좌'를 월 2회씩 개최했다. 몇 번 참여하니 내 휴대폰에 '노래와 행복한 삶'이란 주제의 가수 현미의 강좌가 안내되었다. 오랜만에 우리 부부는 동행했다. 미8군 무대에서 활동하다 「밤안개」로 데뷔, 「보고 싶은 얼굴」, 「떠날 때는 말없이」 등 풋장시절 그의 히트곡은 전국 극장가의 스피커에서 지축을 흔들었다. 그리고 긴 세월이 흘러 무대 밑에서 가까이 보니 몸놀림은 어눌했지만 카랑카랑한 목소리는 아직도 팔팔했다. 간간이 성性에 관한 유머까지 곁들이며 노래교실을 옮겨놓은 듯 했다. 50여 년 전으로 되돌려 놓았다.

나의 학창 시절, 오늘의 초빙강사를 비롯하여 좋아하는 가수가 어찌 한둘일까마는 특히, 탱고의 안다성과 도돔바의 남일해는 요즈음 K팝 가수 못지않은 인기 몰이꾼들이었다. "파도소리 들리는 쓸쓸한 바닷가에 나 홀로 외로이 추억을 더듬네" 안다성의 「바닷가에서」는 청아한 신의 목소리를 듣는 듯, 아주 애절하고 감동적인 노래로써 나의 애창곡이 되었다. 가수 남일해는 어떤가. 60년대 젊은이들을 매혹의 저음으로 이끌어 낸 「갈매기 우는 항구」, 「에리사」, 그리고 「심야의 종소리」와 70년대 초의 「빨간 구두 아가씨」는 그분의 전성기라고나 할까. 지금도 「반갑다 친구야」란 신곡으로 노익장을 뿜어내고 있다.

현직에 있을 땐 술과 노래방은 나의 전매특허였다. 회식 중에 술 마시는 것은 기본이요, 얼큰하면 노래방으로 자연스럽게 직원들이 날 이끌었다. 노래방에 들어서자마자 마이크를 잡으면 안다성의 「바닷가에서」 전주곡이 울렸다. 이런 갑질의 세월이 오래 갈 줄 알았는데 그만 퇴직과 함께 얼떨결에 집돌이가 되다보니 이제 친구들을 만나도, 형제들을 만나도 노래방 가자는 소리가 들리지 않는다. 그래도 혹시 몰라 박우철의 「연모」(2014)란 선율이 나를 유혹하기에 가사를 암기하는데 자그마치 석 달 열흘이나 걸렸다.

이도저도 아닌 것이 사랑했었다. 앞이 캄캄 안 보이지만, 당신과 나 약속이나 한 듯, 돌아가는 길을 지웠다. 사랑은 우리 편이 아니라 해도, 이제 와서 왔던 길을 바꿀 수 있나. 천 번이고 만 번이고 내 마음 물어보지만, 당신을 떠나서는 나도 없다고, 뜨거운 가슴이 말하네.

요요적적寥寥寂寂할 때면 이 노래를 혼방(혼자만의 방)에서 맨입으로 불러보는데 그 감칠맛은 너무도 달달하다. 광고의 문안은 진정성이 없는 흰소리이기에 불쾌하고 짜증스럽기까지 하다. 그러나 노래의 가사는 거짓이 없어 우리는 듣는 것만으로도 즐겁고 행복하다. 요새 인기몰이 트롯 영웅 임영웅과 트롯 여신 양지은의 노래가 귀에 살살 녹는다. 이 좋은 마이크 놀이마저 기회가 열리지 않으니 괜스레 노래방 사장님 뵐 면목조차 없다. 찬송가 한 번 부르는 것이 백 번 기도하는 것보다 낫다는데….

지금 생각하면 음악과는 문외한인 나는 직장 초년 시절(1972년) 월부로 구입한 〈세계명곡대선집〉(성음사)을 듣게 됨으로써 귀명창이 되기 시작했다. 이 가운데 요한 스트라우스의 「봄의 소리」(작품 410)는 아리아이기 때문에 각 악기마다 독주하는 음률이 유난히 힘차고 발랄하여 도입부터 힘을 솟게 했다. 중간 부문에서는 봄 소리와 함께 섬세한 리듬에

경쾌감을 만끽할 수 있어 감미로웠다. 흰머리 소년답게 보무도 당당한 바그너의 「탄호이저 마치」에 온몸을 맡기면 침잠의 늪으로 빠져들었다. 이밖에 츄비 첵키의 「림보 록크」, 펫분의 「스피드 곤자레스」, 그리고 레이 찰스의 「사랑하지 않을 수 없다」 등을 통해 젊음을 만끽하던 시절이 엊그제 같다. 김대규 칼럼집 『당신의 묘비명에 뭐라고 쓸까요』(2009)는 음악을 아주 달근달근 정리했다.

고전음악이 영혼의 승화를 통한 몰아의 감동을 준다면, 대중가요는 마음에 잔잔한 정서적 감흥을 일으킨다. 그런 의미에서 대중가요란 그 나라 국민들의 '감정의 여론'이라 할 수 있다. 음악의 어원은 뮤즈(muse)다. 그 뮤즈의 아들 가운데 음악가의 상징인 오르페우스가 있다. 그가 한번 악기를 연주하면 초목도 귀를 기울이고, 온갖 짐승은 물론이요, 복수의 여신이나 지옥의 왕 하데스까지도 감동을 했다. 음악만큼 영혼을 감동시키는 것이 없음을 강조한 신화다.

이처럼 음악이 영혼을 감동시킨다면 노래는 뇌 발달에 크게 기여한다고 전문가들은 말한다. 지난날, 아기를 안고 자장가를 불러주던 어머니의 자애로움과 친구들과 거리를 누비며 떼창하던 시절이 오늘따라 보석처럼 빛나는 추억으로 똬리를 튼다.

마이너스 인생

헤르만헤세는 그의 「안개 속에서」라는 시에서 '늙어가는 것'을 이렇게 묘사했다.

> 안개 속을 거닐면 참으로 이상하다./ 덤불과 돌은 모두 외롭고/ 수목들도 서로가 보이지 않는다. 모두가 혼자이다.// 나의 생활이 아직도 밝던 때엔/ 세상은 친구로 가득하였다./ 그러나 지금 안개가 내리니/ 누구 한 사람 보이지 않는다.// 모든 것에서, 어쩔 수 없이/ 인간을 가만히 격려하는/ 어둠을 전혀 모르는 사람은/ 정말 현명하다 할 수가 없다.// 안개 속을 거닐면 참으로 이상하다./ 살아 있다는 것은 고독하다는 것/ 사람들은 서로를 알지 못한다./ 모두가 나 혼자다.
>
> 〈『헤르만헤세 시집』(송영택 옮김, 2004)〉

이 시는 향수와 그리움, 그리고 고독을 노래했다. 지난 날 어릴 때의 고향을 반추하면 아름답고 생기 그대로인데, 시방 찾아가면 그림 같은 고향은 이미 사라진 지 오래다. 텅텅 빈 앞집 · 옆집 · 뒷집은 그저 폭탄 파편에 우수수 비루먹은 추태로 자리를 지키고 있다. 정든 고향사람들은 세상 밖으로 이미 여행을 떠나버리고 시의 내용처럼 나 홀로 덩그러니 우두망찰하곤 한다. 그래도 우리 내외는 늙수레가 다 되어 고향집을 새롭게 손질하여 주말마다 그냥저냥 들락거리고 있다. 할머님과 부모님, 그리고 형제들의 숨결이 집 안 구석구석에 묻어있기에 고독하기는 하지만 외롭지는 않다.

늙어간다는 것은 나이를 많이 먹어간다는 말이다. 그러나 나이란 숫자에 불과하다. 숫자는 마음에 따라 달리 해석된다. 물 잔에 물이 반쯤 들어 있는 경우, 반이나 남았다고 긍정적으로 생각하는 사람과 반밖에 남지 않았다는 부정적인 생각은 놀라운 차이를 빚는다. 전자를 따른다면 숫자에 상관없이 항시 젊고 당당하고 의젓[巨然]하게 살아갈 수 있다. 그러나 후자는 그 숫자의 위엄에 스스로 자진하여 건강한 신체와 정신마저 시드럽게 되어 결국, 시간에 끌려가듯이 무료[居然]하게 살 수밖에 없다. 전자를 택할 것인가, 후자를 택할 것인가는 자유다. 선택에 따라 나머지의 삶은 언제나 소나무처럼 늘 푸르고 학처럼 건강하게 오래 사는 송무학수松茂鶴壽의 여유를 만끽하는 삶과 무서울 정도로 쓸쓸하고 적막하고 우울하고 휘휘한 삶이 되든지 할 것이다.

쌀을 빻는 쇠공이도 쓰다보면 닳아지는데, 하물며 생물인 인간의 목숨이 유한함은 해님도 달님도 어찌할 수 없다. 영어에서는 노년기를 Silvers of Time이라 한다. 자투리 시간으로 해석된다. 자투리가 됐든 황금기가 됐든 각자의 생각사전에 따라 행·불행의 삶이 존재한다는 뜻으로 이해된다. 마름병이 식물의 병이고 암은 동물의 병이라면 늙음은 외로움과 함께 온갖 병이 찾아오기 마련인데 이럴 때일수록 노쇠衰老한 몸을 병원에 의탁하기보다 자기치유에 맡겨두는 것도 지혜로운 용기이리라.

소설가 최인호는 그의 에세이 『인연』(2010. 21쪽)에서, "지금까지는 사람과의 만남이 많아 '플러스 인생'이었다면, 이제부터는 사람과의 헤어짐이 많아 '마이너스 인생'이 되어버린 듯싶다."고 했다. 2021년 통계청에 따르면, 우리나라는 28세부터 일해서 버는 소득이 소비보다 많은 '흑자 인생'에 진입한 뒤 44세에 흑자의 정점을 찍고 60세부터는 근로소득보다 소비가 많은 '적자인생'에 접어든다고 발표했다. 『한석봉 천자문』(양무제 때 주흥사의 천자문)의 4자 250구 가운데 세 번째에 '일월영측日月盈昃'이 나온다. 해는 서쪽으로 기울고 달도 차면 점차 기울어진다는 아주 소박한 세월의 섭리를 나타냈다. 젊음이 다하면 늙기 마련이요, 늙음이 다하면 죽기 마련인데 만물의 명멸明滅을 어찌하랴. '마이너스 인생'이나 '적자 인생'은 듣기엔 좀 허름할지라도 우주의 섭리를 좇은 말로써 이보다도 적정한 표현은 없으리라.

피터 팬처럼 늙지 않으려고 버둥거리는 우리들 자신을 탓할 수야 없겠지만, 질병의 80~90%는 심리적 요인에서 오는 심인성 질환이라고 하지 않던가. 불교에서 흔히 말하는 탐진치(貪瞋痴, 탐욕 · 노여움 · 어리석음)가 곧 심인성 질환의 큰 적이라고 한다. 입만 열면 여기저기 아프다고 하소연하는 사람을 진찰해보면 정확히 어디가 아픈지 알 수 없는 비기질성 신체통증을 호소하는 경우가 많은데 이 역시 심인성질환에 속한다고 베이징 중의학대학 하오완산 교수는 그의 저서 『화를 다스려야 병이 없다』(2014. 정은주 옮김, 20~21쪽)에서 지적했다.

몸이 약하여 늘 골골거리며 앓는 고림보나 팔자가 늘어지게 살아가는 칠월송아지나 이 빠진 노인이 입언저리를 연방 움직여 힘없이 웃어가며 쌔물거리는 사람이나 늙고 병들어서 방안에만 들어박혀 구들더께로 살아가는 사람들이나 이들 모두는 천태만상 의 진실한 삶들이다. 고려 말 우탁의 「탄로가」에서 읊었듯이, 한 손에 막대 잡고 또 한 손에는 가시를 쥐고 늙은 길은 가시로 막고, 오는 백발을 막대로 치려고 했더니, 백발이 제가 먼저 알고 지름길로 온다는 유명幽明의 길을 누가 막으랴.

그렇다고 우리 인생 예순은 해[年]로 일흔은 달로 여든은 날로 아흔은 때로 백세는 분으로 늙어간다 할지라도 이탈리아 가극 베르디의 '진혼곡'이 귓가에 맴돌지라도 아직은 가슴을 뜨겁게 달구는 청춘이란 푸른 봄과 함께 사는 날까지 힘차게 살아가는 노력老力* 또한, 삶의 보약이 되리라. 늙어간다는 것은 젊었을 때 놓쳤던 건강을 되돌아보며 다시 투자할 수 있는 시간적 여유를 챙기는 좋은 기회라 생각하면 오히려 고맙게 받아들여야겠다. 물건이 오래됐다고 무조건 골동품의 지위를 얻는 것도 아니다. 골동품이 고물과 다른 이유는 그 쓸모를 잃은 뒤에도 사람들을 매혹시키는 특유의 아름다움을 지녔기 때문이다.

높은 수치의 돈만 좋은 것이 아니라, 높은 수치의 연륜도 가치가 있다. 돈은 열심히 노력하면 겁나게 벌 수 있지만 깊은 연륜은 아무리 노력해도 앞사람을 따라잡을 수 없다. 그러기에, 나이 먹었다고 위축되지 말고 젊은이들 앞에서 당당할 필요가 있다. 참 지식은 모든 경험에서 나온다고 하지 않던가. 이제 돈도 명예도 자식들의 출세도 삭아버린 끄나풀이다. 오직 내 마음의 평화와 건강보다 더 소중한 보석은 없다. 서산에 기울어지는 낙조의 아름다움과 아침이면 다시 떠오르는 동쪽 바다의 서광도 내가 없으면 칠흑 같은 어둠일레라.

---

* 노력은 努力이 아니라 '늙음의 힘'[老力]으로 쓰인 것임.

훨훨 벗어버리자

청마 유치환 선생은 부산에서 교통사고로 서거(1967. 2. 13. 향년 59세) 했다. 월간 『현대문학』(1967년 4월호)은 그의 추도 특집을 실었는데 「나는 내게서 벗어나려 詩를 쓴다」라는 시가 소개되었다. 나는 이 시를 고향 집 서가에서 찾아 읽고 "글을 쓴다는 것은 말없는 나의 외침이요, 나는 나에게서 벗어나기 위해 글을 쓴다."라고 갈파한 독일의 '넬리 작스'(1966년 노벨문학상)의 말이 번뜩였다.

나는 내게서 벗어나려 시를 쓴다

청마 유치환

어찌하여 장사치가 저렇게/ 고래고래 외치고 있는지 아는가?//
어찌하여 아이가 저렇게/ 악을 쓰며 울고 있는지 아는가?//
어찌하여 지휘자는 저렇게/ 몸짓 손짓 뒤틀며 못견뎌 하는지 아는가?//
어찌하여 樂士들은 저렇게/ 불고 긁고 두들기는지 아는가?//
어찌하여 바람은/ 미쳐 울부짖는지 아는가?//

어찌하여 山岳들은/ 마침내 목이 잠겨/ 저렇게 굳어져버렸는지 아는가?//
어찌하여 온갖 物體는/ 버티며 소리소리 부르짖으려/ 못내 안깐힘들인지 아는가?

* 한자와 맞춤법은 원문에 의함.

고래고래 외치지 않으면 장사치에서 벗어날 수 없다. 아이가 악을 쓰며 울면서 잘 자라야 성년이 된다. 이렇듯 온갖 물체는 주어진 환경에서 역할을 다하기 위해 소리소리 부르짖으며 안간힘을 다한다. 그래야만 지금의 스톨과 같은 고난에서 벗어나 자아실현의 무지개가 보인다.

나비는 번데기에서 벗어나야 훨훨 날 수 있다. 모는 모판에서 벗어나야 땅심을 얻어 벼로 자라 쌀이 된다. 기성세대들의 고리타분한 아집에서 벗어날 때 젊은이들이 활짝 웃는다. 몸에 낀 때보다 틀에 박힌 고정관념의 생각의 더께가 더 문제다. 전자의 때는 때[垢]를 가리키고, 후자의 때는 변할 줄 모르는 습관적인 생각을 말한다. 마오쩌둥은 변화하지 않으면 죽는다고 했다.

변화에는 네 부류로 분류된다. 첫째는 변화를 이끄는 사람, 둘째는 변화를 뒤쫓는 사람, 셋째는 변화에 둔감한 사람, 넷째는 변화를 두려워하는 사람이다. 첫째와 둘째는 젊고 진보적인 성향이요, 셋째와 넷째는 늙고 보수적인 성향이 많다. 그렇더라도 변화를 두려워해서는 살아가기 팍팍한 세상이 되었다. 최선의 선택은 변화를 좇는 노력만은 포기하지 않아야할 것이다. 애플의 창업자 고 스티브 잡스는 변화를 위해서는 먼저 다른 사람과 다르게 생각하라고 주문하지 않았던가.

"익숙한 해변에서 눈을 뗄 용기가 없다면 새로운 대륙을 발견하지 못한다." 20세기 앙드레 지드의 말이다. "변화를 꿈꿀 수 없는 안정감이야말로 나에게는 족쇄였다." 박완서 장편 『그 남자네 집』(2004)에서 작중 화자 며느리의 말이 기특하다.

이러한 변화는 나를 내려놓는 용기가 급선무이다. 나를 내려놓는 다는 것은 나의 물질적인 재물과 마음의 욕심까지 비워야하는 결단이 필요하다. 강을 건넜으면 배를 버려야 하고, 높은 데에 올랐으면 사다리는 잊어야 한다. 강을 건넌 뒤에도 배를 이고지고, 높은 데 오른 뒤에도 사다리를 업고 다닐 수는 없지 않은가.

이태희 교수의 『감각유산의 이해』(2018)에 나오는 비타민이다. "쳇바퀴 돌듯 바쁜 삶, 차 한 잔 마실 여유가 없이 기계적으로 돌아가는 삶은 거의 시시포스의 형벌에 가깝다. 무엇인가 새로움을 찾아 자기만의 흥미와 여유로운 힐링으로 아드레날린이 충만한 삶을 위해서는 우리 스스로가 쳐놓은 그물을 잘라내어 포기할 줄만 안다면 우리는 좀 더 큰 자유로움과 행복을 얻을 수 있으리라."

나와 동갑내기 김홍신은 "생각의 쓰레기는 암세포를 만들고 신경계 질환을 부추기고 피부를 망가뜨리며 내 장기를 못살게 만든다. 그까짓 거 슬쩍 버리면 되는데. 무겁디무거운 거니까 내려놓으면 되는데. 뜨겁디뜨거운 거니까 그냥 놔버리면 되는데. 왜 두 손으로 움켜쥐고 고통받는가. 그런 쓰레기는 마치 가시나 송곳 같은 것인데 찔렸으면 얼른 빼내야지. 그런 건 그대로 두고 '아프니 피가 나니'하며 괴로워하면 뭐합니까."라고 그의 장편 『단 한 번의 사랑』(2015)에서 지견스님의 입을 빌렸다.

나 역시 아파트 이사를 여러 번 했다. 집을 옮기다보면 구접스러운 물건일수록 간직하고 싶은 것이 이 늙수레의 마음인데 부지불식간에 하나 둘, 애지중지하던 물건들이 눈에 보이지 않는다. 다행히 고향 시골집을 손질하여 작은 책장을 만들어 대학시절부터 모아왔던 장서들을 정리할 수 있어 다행이지만, 자식들은 관심조차 없다. 그러나 요즘 새 아파트는 붙박이 시설이 잘 갖춰져 화장대나 옷장 등이 필요 없고 액자 하나 걸만한 구석마저 보이지 않는다. 그 숱한 편액도, 쌓아둔 책들도 시나브로 내 곁에서 멀어진 지 오래되었다. 그러다 보니 인근 공공도서관을 찾으니 더욱 다양하고 석학들의 걸작이 즐비하여 독서하는데 그렇게 좋을 수가 없었다. 비우니 다시 채워질 뿐만 아니리 비운다는 것은 곧, 새로움이란 생각이 들었다. 개미는 단것에 모이고 사람은 새로운 것에 모인다고 했던가.

경제적인 문제도 그렇다. 시골에서 제대로 배우지 못하고 부모의 유산도 받을 것 없는 자녀들은 부모에게 효도하고 형제들의 우애도 남다르다. 재산분배 문제로 다툴 것도 없어 오순도순 하는 모습이 참 아름답다. 바라바리 아끼고 남겨두다가 이 세상 마치면 자식들은 'OK 목장'의 결투에 참전할 수밖에…

오늘, 지금 내 곁의 사람들을 위해 맘껏 사랑하면서 웃음거리를 만들어 희희낙락하면서 내 영혼이 나를 지켜줄 때 훨훨 벗어버리자. 모든 사물은 본디부터 있던 것도 아니고 인연으로 생겨난 임시의 것으로 실체가 없다는 '本來空'만 이해한다면 훨훨 벗어버리는 것은 문방구에서 지필묵 사기보다 더 쉽다. 가수 김용임의 「훨훨훨」(2009)이란 노랫말이 근질거린다.

사랑도 부질없어 마음도 부질없어 청산은 나를 보고 말없이 살라하네. 훨훨훨 훨훨 벗어버려라. 사랑도 미움도 버려라 훨훨 벗어라 훨훨훨 아~아~ 물같이 바람같이 살라하네~

이창양을 찬양한다

나는 윤석열 정부의 첫 산업통상자원부 장관 이창양을 잘 모른다. 1962년 경남 고성 출신이라는 것도, 하버드대 박사라는 것도, 카이스트 경영학부 교수를 지냈다는 것도, 에스케이 · 하이닉스 · 엘지 등에서 사외이사로 활동했다는 것도 전혀 몰랐다. 다만, 그가 장관 지명자가 되자마자 『조선일보』에 기고한 칼럼(2010. 12. 16.)에 대해 세상 사람들이 수런거릴지라도 나는 저출산에 대한 직설적이고 옹골차고 콜럼버스의 달걀과 같은 사고 전환의 창의적인 사람이라는 생각이 퍼뜩 들었을 뿐이다. 그의 인품이나 학벌, 그리고 화려한 경력 때문에 그를 찬양하는 것은 결코 아니다.

우리나라의 당면과제로써 국민들의 눈높이에 미치지 못하는 샐그러진 정치꾼들만 사라진다면, 대권욕에 딴눈 파는 몰골들을 제대로 엄징한다면, 귀족노조만 없다면, 청소년들이 공무원과 공기업, 그리고 의료계(특히, 의사)에 몰려들기보다 반도체를 비롯한 4차 산업을 선도해 나갈 지원자들이 선호할 수 있는 취업환경이 조성된다면, 우리는 선진국의 선봉에 우뚝하리라. 한편, 저출산으로 말미암아 국가의 존망이 흔들리는 위험을 타개할 수 있는 좋은 정책들이 쏟아진다면 금상첨화겠다. 때마침 우리의 화급한 저출산에 대한 명쾌한 해결책을 제시한 이창양의 강거목장의 지혜가 담긴 칼럼을 정부는 과감하게 정책으로 수용하는 용기가 절절하다. 그의 칼럼을 『한겨레』 이재훈 기자가 다시 보도(2022. 4. 7.)했는데 그 골격이 참 번듯하다.

> 경제력이 있으면서도 출산을 기피하는 데 대해 부담금을 도입하는 것이 의미 있는 정책대안이 될 수 있다. 건강이나 경제 사정 등 불가피한 경우 이외에 출산을 기피하는 세대에게 일종의 부담금을 물리는 것이다. 자신은 출산을 기피함으로써 출산에 따른 부담을 지지 않으면서 출산 가정의 자녀들에게 노후복지 등을 의존하는 일도 발생한다. 출산 기피 부담금을 통해 마련된 재원은 지역마다 양질의 교사와 보육시설을 설치하는데 쓰자.

어떤가. 물론 부정적인 시각도 있을 수 있다. 뉴욕타임스 칼럼니스트 게일 콜린스의 주장처럼 저출산 사회의 원인은 "여자들이 이기적이기 때문이 아니라, 여자들이 모든 것을 갖는 데 실패(장애)하기 때문이다."라는 말도 충분히 설득적이다. 그러나 위 칼럼을 심사숙고하여 정책에 반영할 충분한 여지도 있다고 생각된다. 출산을 기피할 자유가 있다면, 출산에 따른 힘든 일을 국가로부터 보상받을 권리도 주어져야 할 것이다. 이것이 민주주의의 최고 가치인 공정과 평등, 그리고 정의가 아니겠는가.

그러기에, 그의 칼럼을 그냥 마녀사냥 하듯 회돌이 쳐 내팽개칠 것만은 아니다. 그가 강조하는 것은 '출산 기피 부담금'에 일방적으로 방점을 찍은 것이 아니다. "건강이나 경제사정 등 불가피한 경우 이외에 출산을 기피하는 세대에게 일종의 부담금을 물리자는 것"이 그의 속다짐이다. 그렇지 않은가. 결혼할 형편이 넉넉하고 건강한데도 아이 낳고 기르는 것이 겁나게 켕겨 결혼과 출산, 그리고 육아를 기피함으로써 멋지게 자아실현하겠다면 그 대가의 보상은 남·녀 가리지 않고 당연히 부담해야 옳지 않은가. 그런데 우리의 현실은 호구지책마저 어려운 가정일수록 자녀가 많다. 이들에게 육아와 교육, 그리고 취업까지도 국가는 마땅히 지원할 책무가 있다. 물론, 당사자(자녀 및 부모)의 노력과 이에 따른 조건을 반드시 선행되어야함은 불필재언이다. 중국 전국시대 말 『한비자』의 「내저설」 편에 '삼인성호三人成虎'라는 고사가 소개된다.

> 위나라 대신 방공이 조나라에 인질로 가는 태자를 수행하게 되었다. 그러자 떠나면서 방공은 왕에게 이렇게 말했다. "한 사람이 달려와 '시장에 호랑이가 나타났다'고 외치면 임금께서는 믿으시겠습니까?" 왕이 말했습니다. "당연히 믿지 않지." 이에 방공이 다시 말했다. "그렇다면 두 사람이 나타나서 함께 '시장에 호랑이가 나타났다'고 외치면 믿으시겠습니까?" "그래도 믿지 않지." 방공이 다시 말했습니다. "다시 세 사람이 와서 이구동성으로 '시장에 호랑이가 나타났다'고 외치면 그래도 믿지 않으시겠습니까?" 그러자 왕이 대답했다. "그렇다면 믿을 수밖에 없겠지." 이 말을 들은 방공이 말했다. "시장에 호랑이가 나타날 리가 없음은 세상 사람이 다 아는 사실입니다. 그렇지만 세 사람이 한 목소리로 호랑이가 나타났다고 하면 호랑이는 나타난 것입니다.

이창양의 칼럼을 '삼인성호三人成虎' 식으로 부화뇌동하며 어기차게 몰아가면 그는 무지몽매한 사람일 수밖에 없다. 그러나 그의 칼럼에 담긴 주장에 대해 국민적 공감대가 형성된다면 이보다 훌륭한 정책은 없으리라. 그러기에 삼인성호란 도청도설, 읍견군폐, 적훼소골일 수밖에 없다. 한편, 이창양의 나라사랑의 진심은 고려시대의 문인 정서鄭敍가 토설한 고려가요 「정과정」에도 얼비친다.

"~옳지 않으며 거짓인 줄을/ 지는 달과 새벽별이 알고 있을 것입니다./ 넋이라도 임을 한데 모시고 싶어라. 아!/ 헐뜯은 이가 누구입니까?/ 잘못도 허물도 결코 없습니다./ 뭇사람들의 참소하는 말입니다. ~"

위 노래는 임금을 향한 진심[丹心]이라면, 이창양의 '출산 기피 부담금'은 나라 소멸을 예방하는 선책善策임에도 뭇사람들의 가납사니(참소)는 페미니즘 척하는 입발림 소리로밖에 들리지 않는다. 아무리 최상의 방책일지라도 이를 깊이 새기지 아니하고 모두 헐뜯는다면 아무 쓰잘데기없는 보풀에 지나지 않을 뿐이다. 아뿔싸! 그의 칼럼에 대해 일부 편협적인 무리로부터 되게 공격받자, 그는 겉으로나마 잠시 고개를 숙였을지라도(?) 그 칼럼에 녹여든 진심은 부디 변함없기를 간절히 바란다. 통계청의 '2021년 9월 인구동향'에 따르면, 결혼식은 지난해에 비해 10.4%가 줄어 사망자가 출생아보다 오히려 많아졌고 인구 자연 감소도 3,646명으로써 역대 최고를 기록했다.

"여성은 태어나는 것이 아니라 만들어지는 것이다." 프랑스의 실존주의 작가 시몬느 드 보봐르의 말이다. 그렇다. 여성은 아내로서 어머니로서 할머니로서 이 세상을 만들어나가기 위해 조연 아닌, 주연으로서 역할을 다할 수 있어야 하겠기에 '이창양을 찬양한다'라는 글을 쓸 수밖에….

지저분하게 책 읽기

정호승 시인은 그의 산문집 『내 인생에 힘이 되어준 한마디』(2006)에서, "저는 책을 읽지 않고는 시를 쓰지 못한다. 손에서 책을 놓으면 숨이 끊어지는 듯한 느낌을 받기 때문이다. 죽을 때까지 책을 손에 들고 살다가 책을 들고 죽으려고 한다." 그는 점잖지 않게 내가 하고자 하는 말을 지레 다해버렸다.

나 역시 퇴직 이후, 특별히 하는 일없이 유의유식遊衣遊食하다 보니 책 읽기가 지난날 공무 처리하듯 체화되어버렸다. 중독현상에 가깝다고나 할까. 사랑하는 사람이 갑자기 곁을 떠나면 참을 수 없는 금단증상 때문에 안절부절못하듯이 책이 손에서 벗어나면 마음의 불안은 이루 말할 수 없으니 말이다. 이럴 때마다 다행히 500여 년 전, 더럼 주교를 지낸 영국의 리처드 드 베리의 말이 마음의 불안을 씻어주는 영약이 되어주었다. "책은 회초리와 매를 들지 않고 질책하거나 분노하지 않으며 옷과 돈도 필요로 하지 않는 우리의 교사다."

그래서 그랬을까. 나폴레옹은 전쟁터에 나설 때마다 '책 마차'를 곁에 두었고, 외딴 섬인 세인트헬레나 유배 당시 나폴레옹의 재산목록에는

8천여 권의 장서가 포함되었다. 철학자 헤겔은 독일을 침공한 나폴레옹을 바라보며, 저기 백마 탄 세계정신이 지나가고 있다며 감탄했다고 한다. 이 같은 독서광을 '책벌레[蠹魚子]'나, 책만 읽는 바보 간서치看書痴라고 힐난할 수 있을까. 나폴레옹이 세상을 떠나던 1851년(52세)에 국가전복혐의로 체포돼 오랜 세월을 시베리아의 유형지에서 강제노동보다 책 읽기가 금지된 일을 더 견디기 힘들어했다는 도스토예프스키가 태어나던 해와도 우연찮다.

장명수 전 전북대 총장은 '전주시노인취업지원센터' 소식지 「전주노년」(2019. 9. 16.)에서, "헬스나 커피숍 다니는 것도 좋지만 30~40년을 그렇게만 살 수는 없다. 노년에 자기학습계획을 가지고 있어야 한다. 곧 평생학습으로 끊임없이 유익한 지식함양을 해야 한다. 뉴스 · 정보와 새로운 세계의 탐구 등을 통해 지성과 감성을 같이 갖춰야 된다."라고 했다. 이를 위해서는 독서와 창작활동만큼 안성맞춤은 없으리라.

매일 아침 5㎞ 조깅을 30여 년 계속하고 있다는 김인자 할머니(91)가 「순간포착 세상에 이런 일이」(SBS, 2021. 11. 15.)에 소개되었다. 할머니는 마라톤 마니아로서 최고령 완주 매달만 180여 개, 트로피 또한 수두룩했다. 왜 그렇게 달리기에 힘을 쏟느냐는 물음에 "읽고 싶은 책을 마음껏 읽기 위해 체력을 단련하는 것이라고 했다." 그렇다. 건강이 뒷받침되지 않으면 독서는 불가하고, 독서가 불가하면 글쓰기도 불능하고 글쓰기를 못하면 문학인의 길마저 접을 수밖에….

옛말에 "아는 만큼 보인다"는 말을 좇아 나는 독서를 통해 세상만사가 다 보인다는 깨달음으로 산문집 『눈으로 말하니 만상이 보인다』를 출간(2021)한 바 있다. 널리 읽고 잘 기억하여 견문과 지식이 풍부한 박람강기博覽强記를 채우는데 독서만한 일이 세상 어디에 또 있으랴. 그럼에도 화폭에 담긴 책 읽는 모습은 아름다울지라도 막상 책을 읽노라면 무슨 내용인지 갈피를 잡을 수 없는 개념 없는 책들도 주변에 널려 있어 독서문화를 황폐화시키고 있다. 더군다나 작가 등용문의 문턱이 너무도 낮은데도 한몫 부추기고 있다.

이 기회에 최근에 읽은 책 중에서, 몰이해의 탓도 있겠지만 시간 낭비요, 독서에 대한 트라우마까지 나를 울렁이게 했던 책들을 무람없이 밝혀보겠다. 마이클 프레인의 장편 『곤두박질』(1999), 미국의 코맥 매카시의 장편 『노인을 위한 나라는 없다』(2005), 미국의 인지신경과학자 매리언 울프의 『책 읽는 뇌』(2007), 찰스 디킨스의 장편 『어려운 시절』(1849), 호시노 도모유키의 장편 『오레오레』(2010) 등은 돌멩이가 들어 있는 신발을 신고 길을 걷는 불편함을 느꼈다. 반면에 중국 차오원쉬엔의 장편 『청동 해바라기』(2005), 정호승 시인의 산문집 『내 인생에 힘이 되어준 한마디』(2006), 조중의 장편 『농담의 세계』(2010), 토론토대 마리 루티 교수의 강의집 『하버드 사랑학 수업』(2011), 미국의 호스피스 의사 카렌 와이어트의 『일주일이 남았다면』(2011) 등은 아드레날린이 혈관 속으로 콸콸 쏟아지는 기분을 느꼈던 양서들이었다.

독서는 전자책을 눈으로 읽거나 검색하는 것도 중요하겠지만, 손가락으로 책장을 넘기면서 중간중간에 기록 등의 흔적을 남기며 지저분하게 읽는 것도 맛깔스럽다. 메이지대 사이토 다카시 교수가 쓴 『3색 볼펜 읽기 공부법』(2016)이 감동적이다. 저자는 빨간·파란·초록색의 볼펜을 손에 쥐고 책을 읽는다. 객관적으로 '가장' 중요한 곳은 빨간색, 객관적으로 중요한 곳은 파란색, 그리고 주관적으로 중요한 곳은 초록색 볼펜으로 문장에 밑줄을 긋는다고 한다.

조영표 작가의 『필사하며 책읽기 밑줄 그으며 책읽기』(2016)도 나에게는 인상 깊다. 작가는 책을 읽으면서 직접 관심 있는 부분을 밑줄 그으며 때로는 필사하면서 읽는다고 했다. 밑줄 그으며 읽는 방법은 나와 같되, 필사하는 방법은 나와 다르다. 나는 지저분하게 읽은 후, 컴퓨터 자판기로 밑줄 친 부분을 주제별 ㄱ, ㄴ, ㄷ 순으로 정리한 나만의 차기箚記 '문장보감'(2010년부터)에 채워 넣는다. 그 결과 지금(2023년)까지 11포인트 2,000쪽에 이르고 있다.

삶을 살아가는 데는 공식과 정답이 없듯이 어떻게 책을 읽어야 가장 바람직한 방법인가 역시, 정답이 없다. 독자마다의 취향에 따라 읽는 것이 중요할 뿐이지 그 방법을 따질 필요는 없다. 서평지 「서울리뷰북스」에 실린 소설가 김연수의 산문 「지저분하게 책 읽기」에서, "책을 읽으며 줄을 그어야겠다는 생각이 들 때는 그것이 동의든 반박이든 혹은 전혀 새로운 관점이든 자신이 이미 알고 있는 것과 연결되는 지점을 발견할 수 있었다."고 했다. 바람과 구름이 서로 조화를 이루듯 어쩌면 나의 독서방법과 겹쳐 보인다. 미국의 저널리스트 제임스 캐럴은 "책은 지금껏 인간이 만들어 낸 것 중 최고의 것이다"라고 했다. 이 말을 음미하면서 살포시 눈을 감아본다.

"이젠 눈도 침침하고 머리도 아플 텐데 온종일 책만 보고 있으면 되겠느냐"고 이따금 아내가 객쩍게 참견한다. 그러든 말든 나의 생각은 변함이 없다. 정치도 친구도, 그리고 가족마저 불신 받는 오늘의 세태 속에서 그래도 정심精審의 책만은 정직과 정의로움이 올곧으니 비록, 지저분하게 읽을지라도 나의 평생 벗일 수밖에….

오늘은 좀 피곤하네

죽음과 관련된 주제는 누구도 선뜻 쓰고 싶어 하지 않는다. 하지만 죽음도 삶의 일부다. 삶의 끝에 그것이 기다리고 있다는 사실을 부정할 사람은 아무도 없기 때문에 글쓰기를 하면서 이 문제를 정면으로 다루는 일은 꼭 필요하다. (…) 의사이자 작가인 대니얼 토빈은 『평화로운 죽음』에서 자연의 원천인 필멸의 법칙을 성찰하게 함으로써 사람들로 하여금 죽음에 대한 공포에 정면으로 대응하도록 도와준다. 그는 자기 자신의 죽음에 직면하는 일이야말로 '성장을 위한 가장 중요한 촉매'라고 했다. 엘리자베스 퀴블러 로스는 그의 저서 『죽음에 관하여』에서, 죽음에 직면한 환자들이 사망에 이르기까지 '부인 – 고립-분노-타협-우울-수긍'의 6단계를 거친다고 했다. 한편, 대니얼 토빈 박사는 죽음의 위기에 처한 사람이 보이는 6가지 반응을 '충격 – 납득 – 슬픔 – 포기 – 치료 – 평온'의 단계로 설명했다. 그러기에 죽음은 누구에게나 두려운 대상이면서 피할 수 없기 때문에 차라리 당당하게 손을 내밀어 악수하는 용기가 절대적으로 필요하다.

미국, 셰퍼드 코미나스 박사의 『치유의 글쓰기』(2007. 임옥희 옮김, 260~267쪽)

우주 만물 가운데 가장 공평한 것은 판 · 검사의 저울이 아니라, 신분과 상관없이 때가 되면 저승사자가 죽음을 향해 손을 내미는 일이다. 부귀빈천과 관계없이 공평하게 별천지로 잡아 이끈다. 이때는 누구의 도움도 후광도 통하지 않는다. 높은 벼슬아치든 재벌이든 범털이든 비렁뱅이든 실오라기 하나 이승의 물건을 가지고 갈 수 없는 불문율이 엄정하다. 죽음뿐 아니라 현실 생활 속에서도 저승사자와 같이 누구에게나 공평 · 공정 · 정의, 그리고 상식적으로 일이 처리된다면 얼마나 좋은 세상이 될까, 눈을 스르르 감으니 아수라 제국과 같은 우리의 정치현실이 머리를 지끈지끈 짓누른다.

"삶은 죽음의 시작이고 죽음은 삶의 연장선이다."라고 중국의 의사요 · 심리상담사 비수민은 그의 에세이 『흔들리지 않는 마음』(2016)에서 밝히고 있다. 꽃은 시각적으로도 아름답고 후각적으로도 향기롭다. 꽃은 오래 지속될 수 없기에 더 아름답고 향기롭다. 찬바람이 일면 사라진다. 우리 인간의 죽음도 꽃과 같이 잠깐임을 어찌하랴.

우리는 이러한 만고의 이치를 누구나 잘 알고는 있지만, 다음번이 자신의 차례라는 사실만은 애써 외면한다. 갑작스럽게 덜컥 들이닥친 죽음의 순번은 누구와도 바꿀 수도, 피할 수도 없다. 혹여 바꾼다 해도 저승의 왕 오르쿠스는 결코 용납하지 않는다. 이왕 갈 바엔 미련 없이 하던 일을 내던지고 황망히 떠나는 것만이 레테르의 강물로 갈증을 달래며 이승의 일을 말끔히 지울 수 있다. 그렇다고 이 길은 평탄대로가 아니다. 요양원이나 응급실을 수차례 드나들며 병마와 싸우기를 반복하다 보면 심신은 지칠 대로 지치고 마침내 가족들마저 소진되는 경우가 비일비재하니 말이다.

세상 사람들은 누구든 병마와 죽음 앞에 평등하다는 말을 절대적으로 수긍하면서도 득도의 달관에 이르지 못한 행내기들은 사후에 대한

두려움으로 지레 겁부터 먹고 죽음을 공포로 느끼는 경우가 다반사다. 정호승 시인은 그의 산문집 『내 인생에 힘이 되어준 한마디』(2006)에서, "죽음을 두려워하면 매일 죽으나 두려워하지 않으면 단 한 번밖에 죽지 않는다."라고 했다. 나는 이 문장을 되뇌며 『톰 소여의 모험』의 작가 마크 트레인이 했던 말을 반추해 본다. "죽은 후에 어떻게 될지도 두려워 할 게 없다. 태어나기 전 수십억 년 동안 우리는 죽은 상태였지만 그동안 고통은 전혀 느끼지 않았기 때문이다."

품위 있고 존엄한 죽음을 맞고자 수술대에서 마취제 맞듯 '안락사'란 의술에 의지하고자 하나 실정법이 허용하지 않는다고 하니 이마저 현실적으로 쉽잖다. 이보다 더 편안한 열명길은 일상생활하다 갑자기 죽는 '돌연사'가 으뜸이겠지만 이는 하나님의 선택을 받지 않고는 불가능한 일이다. 그런데 이런 행운의 주인공을 우리 부부는 10여 년 전, 전주시 「열린시민강좌」에서 '노래와 행복한 삶'이란 주제에 이끌려 만남을 가진 바 있다.

우리 대중음악 표준의 시작점이자 60~70년대 최고의 가수 현미(본명 김명선)는 위로 짧게 친 파마머리에 짙은 속눈썹 화장과 화려한 드레스를 입고 지금껏 건강미를 자랑해 왔다. 미8군 무대에서 「밤안개」(1962)로 데뷔, 「보고 싶은 얼굴」, 「떠날 때는 말없이」 등 풋장시절 그의 히트곡은 전국 극장가의 확성기에서 지축을 뒤흔들었다. 살아생전 카랑카랑한 목소리는 흰머리 소녀 그대로였으나 하나님의 부름만은 거역하지 못하고 향년 85세(2023. 4. 4.)로 긴 여행을 떠났다. 그의 예술적 영혼은 가장 아름답고 큰 별이 되어 우리 곁을 영원히 밝혀주리라. 좀 더 살았다면? 하고 애달파 하는 팬들도 많겠지만 히가시노 게이고의 장편 『변신』(2014)에서, 작중화자 나루세 준이치의 생각으로 고인의 슬픔을 대신하고자 한다.

"경찰에 체포되는 것은 두렵지 않다. 감옥에 들어가면 되지 않은가. 사형 판결이 내려져도 상관없다. 인간은 언젠가 죽을 테니까. 다만 시기가 빠르냐, 늦느냐의 차이일 뿐이다. 인간의 목숨은 기를 쓰면서까지 지연시킬 만한 가치가 있는 것은 아니다."

그렇다. 죽음이란 한식에 죽으나 청명에 죽으나 밤의 어둠을 피할 수 없듯이 언젠가는 당할 수밖에 없는 영겁 불변의 대 법칙이기에 떠날 사람은 어떤 의술로도 붙잡지 못한다. 인간이 죽음에 대항해 결코 승자가 되는 것은 불가능한 자연의 섭리를 가수 현미는 큰 아픔 없이 생을 마쳤으니 하나님 보시기에 얼마나 좋아 보였겠는가. 잠자듯 운명한 실체로서 가장 행복한 삶의 마무리를 보여주었다. 그는 생명의 끈을 붙잡고 안달복달하는 추한 모습은커녕 그의 시원시원한 목소리마냥 아주 멋있고 아름다운 쾌사로 한 생애의 아퀴를 잘 지었다. 마치 여류작가 엘리자베스 스트라우스의 첫 장편 『에이미와 이저벨』(정연희 옮김, 2018)에서, 주유소에서 기름을 채우는 동안 차 안에서 돌연사한 어저벨의 아버지(도티)와 같은 웰다잉이었다.

전날 KTX를 타고 대구에 내려가 「한국나눔연맹」이 주최한 '무료효도공연'를 마치고 무사히 귀가(용산구 이촌동), 다음날 지인들과 점심까지 약속했다. 제부(한순철)와의 마지막 통화에서 이렇게 말했다고 한다. "오늘은 좀 피곤하네." 그의 돌연사(심장마비?)처럼 나 역시, 그런 죽음을 영접하고 싶지만 내 분수도 모르는 과대망상일까.

친손과 다시 소통하다

이웃과 더불어 아름답게 살아왔던 우리 고유의 미풍양속을 '이웃사촌'이라 했다. 이보다 아름다운 우리말은 '사랑'이란 말이 으뜸이리라 나와 남이 둘이 아니고 하나로써[自他不二] 상대방의 모든 고통과 아픔을 내 가슴으로 끌어들이고 지혜와 사랑을 상대방과 함께 나누는 불교의 가르침이, 곧 더불어 살아가는 인간의 참모습이다. 옥스퍼드대 석학 데니스 노블 생리학 명예교수(85)가 한국의 사찰을 한 달 동안 순례(2019. 5.)하고 다음과 같은 말을 남겼다.

> 본래의 '나'는 내가 사랑하는 사람, 친구들과 맺은 관계 속에 존재해 내 주변을 둘러 싼 관계에 집중하다보면 고통이 완전히 사라지진 않아도 견디지 못할 정도로 괴롭진 않았습니다. 순례 동안의 명상은 힘든 순간을 버티도록 도와줄 뿐 아니라, 타인을 향한 연민을 길러주고, 주변에 좀 더 친절한 사람이 되게 해주었습니다.

시작부터 불심을 얘기하다보니 나와 중학교[井邑中] 6년 후배 손주갑 동문의 고태가 번뜩인다. 후배와는 40여 년 전부터 동문회 관계로 각별한 인연을 맺은 후, 친교를 이어오다가 한 동안 만남이 끊겨 소통이 단절되었다. 그러다가 정읍고등학교 제자들의 졸업 30주년 기념 은사 초청의 자리에 동문의 자격으로 후배도 참석했기에 다시 만나게 되었다. 그리고 마침 제자들에게 줄 요량으로 준비해 간 나의 수필집(『마음밭에서 해밀을 만나다』)과 바뀐 휴대폰 번호도 주고받았다. 그리고 3년 후 나의 제7집(『눈으로 말하니 만상이 보이네』)을 보내주니 그 답례로 이이화 선생의 『동학농민혁명사』(2020, 전3권)와 송정수 교수의 『전봉준 장군과 그의 가족 이야기』(2021)를 보내왔다. 나는 이 두 저작물에 대한 독후요약(11p, 11매)으로 하나의 졸품을 탈고시킨 바 있다.

보내온 두 책에는 손주갑 후배에 대한 가족 관계가 선명했다. 나는 깜짝 놀라지 않을 수 없었다. 그 동안 후배는 일체의 가족관계를 나에게 내비친 적도 없었을 뿐만 아니라, 나 역시 관심조차 없었다. 그런데 이 책을 통해 손주갑 후배가 아주 존귀한 인물로 각인됨으로써 지난날, 나의 그에 대한 무관심과 무지가 낯 뜨거웠다. 책을 통해 알게 되었지만 손주갑 후배는 동학농민혁명군 정읍접주 손여옥(孫如玉, 손화중의 족질, 사발통문에 서명) 장군의 친손이었고, 할아버지 손여옥 장군의 부인은 전봉준 장군의 여동생 전고개全古介였다. 그래서 나는 그에게 우리 할머님도 천안 전씨라고 이르니 그렇다면 "우리 선후배 사이는 '할머니 이종 간'이네요"하고 더욱 반가워했다.

그렇다. 요즈음은 이웃이 사촌이 아니라, 원수로 지내는 경우가 얼마나 많은가. 영국과 프랑스, 미국과 멕시코, 우리와 일본이 가까이에 있지만 서로 앙버티고 있으니 말이다. 우리의 농경시절, 논에서 써레질하던 그때도 그랬다. 이웃 논두렁 물코 때문에 얼마나 쌈박질을 해댔던가. 그런데 후배를 통해 할머니 이종을 뒤늦게나마 확인했으니 백락일고(伯樂一顧)의 기쁨일레라.

“동학농민혁명이 실패하고 손여옥 장군이 처형된 후, 그의 할머니(全古介)는 남편의 시신을 수습도 못한 채 가족의 안위를 위해 피신해야만 했다. 열 살도 안 된 자식(손규선, 후배의 부친)을 데리고 추운 겨울에 백양사로 숨어든 이후, 선운사 · 내소사 · 내장사 등지를 거쳐 순창의 강천사로 들어갔다. 아들은 이후, 주지가 되었다. 그녀는 손자(손주갑 형제)까지 보고 91세(1951)로 강천사에서 세상을 떠났다.” 이상은 송정수 교수의 『전봉준 장군과 그의 가족 이야기』(47~48쪽)에 잘 적기되었다. 동학농민혁명에 참여한 다른 집안에서도 이와 유사했으리라 추정된다. 나는 『동학농민혁명사』 독후요약에서 다음의 내용을 피력한 바 있기에 이 글의 이해를 위해 다시 인용한다.

박정희 집안에서는 그의 아버지 박성빈이 동학접주로 지냈다고 했다. 당시 23세였다. 그 뒤에 동학에 입도한 것으로 추정된다. 박정희는 이때의 농민봉기를 ‘동학혁명’이라 명명하고 5 · 16쿠데타와 함께 2대 혁명이라 했다. 1963년 10월에 ‘황토현 기념탑’ 건립에 당시 국가재건회의 의장이요, 대통령 권한대행 그가 참석했다. 김대중은 1980년 ‘서울의 봄’을 맞아 정읍농고(지금의 정읍제일고)에서 거행된 ‘동학혁명전국기념대회’에 국민연합의장 자격으로 참석해 강연했다, 대통령이 된 뒤로 황토현 전적지에 ‘동학농민혁명기념관’ 건립을 지원했으며 참여자 등의 명예회복에 관한 특별법을 제정, 윤철상 전 의원이 중심이 되어 국회를 통과시켰다. 1983년 전두환은 황토현 아래에 전적지를 조성, 농민군의 전승을 기렸다. 그는 “전봉준 할아버지가 이루지 못한 꿈을 내가 이루었다”고 떠벌렸다.

이렇듯 당시에는 반역의 가문이라 몸을 숨기면서 살아왔지만 이제는 어엿한 국가유공자로서 넉넉한 금전적 보상을 받지 못할지라도 만시지탄이나마 가문의 명예를 회복했으니 얼마나 큰 기쁨이랴. 그동안의 삶은 통한의 세월이었지만 이제는 이웃들에게 추앙받는 후손으로 거듭 칭송 받으리라. 나 역시, 이런 후배를 둔 아니, 할머니 이종 간으로서 그 뿌듯함이 오히려 동학혁명의 후광을 독차지하는 듯 흔감스럽다. 이제 지난날의 이웃사촌의 정기가 다시 돌아와 더불어 살아가는 아름다운 대한민국의 국민으로 성숙해 나아갈 때, 동학농민혁명의 의의는 성세盛世의 마중물이 되리라.

코로나로 집콕을 즐기고 있던 초가을(2021) 오후, 아파트 문 앞에 단정하게 포장된 밤고구마 상자가 놓였다. 우리 집 도로명 주소와 아파트 동과 호수의 굵은 활자가 눈에 비친다. 나는 외출한 아내와 통화하니 주문한 일이 없다고 했다. 귀가한 아내가 살펴보니 모 영농회사명과 수취인의 전화번호가 개미허리마냥 희미하게 찍혔다. 아내가 이리저리 전화하여 위층(20층)의 수취인을 찾아냈다. 자초지종을 말하고 돌려주니 고마움의 표시로 밤고구마 십여 개를 내준다. 그리고 닷새가 지났다. 똑같은 군고무마 상자가 문 앞에 또 놓였다. 나는 포장지도 자세히 들여다보지도 않고 보내는 사람이 생각 없이 전 주소로 보낸 것으로 착각, 아내에게 다시 돌려주라고 했더니 "내가 주문한 것"이라고 했다. 내용인즉슨, 밤고구마의 맛이 너무 좋아 주문했다는 것이다. 그렇다. 안착贋着된 상자를 주인 찾아준 답례의 선물이 다시 주문으로 이어진 착한 순환은 이웃과 더불어 사는 '이웃사촌'으로 돌고 돌았다. 이보다 할머니 이종 친손과 다시 소통할 수 있는 미뢰味蕾는 밤고구마 맛보다 더욱 새콤달콤했다.

나의 영원한 동반자여

생각은 마음의 전위대장으로서 마음이 시키는 대로 전두엽 등을 통해 신체의 각 부분들을 움직이게 하는 행동대장이기도 하다. 그런데 이 마음은 가끔은 철따구니가 없어 자기가 언제나 청춘인 줄 안다. 아무리 착각은 자유라지만 그래도 그렇지, 팔순을 눈앞에 둔 주제에 청춘이라니! 마음은 그렇게 꼬순내 날지 모르지만 육신은 구닥다리 되어 거의 해골처럼 그야말로 무덤에서 일어난 나사로 같은 몰골인데 말이다. 그래도 나는 오랫동안 계속해온 배드민턴과 탁구와 놀다 보니 쉽게 철따구니 없는 마음과 뜻이 맞아 교만해질 때가 한두 번이 아니다. 그러나 가끔은 몸이 말을 듣지 않아 배드민턴 라켓을 내동댕이칠 때면 마음은 크게 화를 내며 한마디 내쏜다. "포기하지 말고 다시 한 번만 쳐봐요, 치니까 되잖아요." 나도 참견 한마디 했다. 넌 나와는 샴쌍둥이로서 나에겐 절대 복종한다지만 다른 사람에게는 데면데면 매사를 관성적으로 대하는데 그러지 말고 좀 자별하게 대해줄 수 없겠나?

그나저나 나는 내 마음을 미워할 수 없다. 그저 살살 달래가며 항시 청춘을 불러 노니는 것도 때로는 인생의 달달한 삶이 되리란 착각도 하기 때문이다. 가끔은 엉뚱한 생각을 끌어들이는 마음을 마냥 나무라기 보다는 영혼의 뮤즈로 봐주면 이에 대한 보상으로써 이 세상 마칠 때 육신은 듬쑥한 열매로서 부패 아닌 다음 세대를 위한 파종의 씨앗 되어 영생으로 이어가리라. 한편, 내 마음에게 당부하고 싶다. 마음아, 더불어 아름다운 세상을 위해 너만 생각하는 교만보다는 이청득심耳聽得心의 교훈을 거울삼아 남의 말도 잘 듣는 지혜를 길러주기 바란다. 때마침 최명희의 대하소설 『혼불3』에서, 작중인물 강모의 전주고보 심진학 역사 선생도 한마디 거든다. "마음이 없으면 보아도 보이지 않고[心不在視而不見] 들어도 들리지 않는다.[聽而不聞]"

마음이라는 공간 안에 담겨 있는 '나의 몸 붙이 생각'들도 때로는 얄망궂다. 이놈은 억압하면 할수록 더 강해지는 속성이 있다. 무엇보다 고약한 것은 마음의 든든한 힘을 믿고 나대는 속 좁은 생각들이다. 프리드리히 니체는 『차라투스트라는 이렇게 말했다』(정동호 옮김, 147쪽)에서 이렇게 말했다.

"진정 속 좁게 생각하기보다는 악행을 저지르는 편이 낫다. 악행은 농양과도 같다. 그것은 가려움을 일으키며 긁게 만들어 결국 터지게 한다. 악행은 오히려 정직하나 속 좁은 생각은 진균과도 같다. 살금살금 기어 다니며 파고들어 자신을 드러내려 하지 않는다. 온몸이 작은 진균들로 인해 썩어 문드러지고 시들어버릴 때까지."

참으로 무섭고 직설적으로 속 좁은 생각을 서슴없이 토설했다. 그래도 속 좁은 생각일지라도 보듬어 주는 쪽은 역시, 마음이다. 마음은 얼굴에 그대로 나타남으로써 진균과는 거리가 멀다. 이반 투르게네프의 『첫사랑』(1860. 이항재 옮김, 63쪽)에서, 의사(무슈 볼데마르)가 작중화자 블라지미르에게 한 말이다. "자네 마음속에 있는 건 얼굴에 모두 나타난

단 말일세.” 허나 사람의 마음이란, 부침개보다 뒤집히기 쉽다 했으니 어찌 군눈 팔 수 있겠는가. 이에 대한 치유를 나쓰메 소세키(1916. 별세)의 장편 『우미인초』(송태옥 옮김, 61쪽)에서, 살갑게 제시했다.

“우주는 수수께끼다. 수수께끼를 푸는 것은 사람들 각자의 마음이다. 마음대로 풀고, 마음대로 안심하는 사람은 행복하다. 의심하고 들면 부모도 수수께끼다. 형제도 수수께끼다. 아내도 자식도, 그렇게 보는 자신조차 수수께끼다. ~부모에 대한 수수께끼를 풀기 위해서는 자신이 부모와 한 몸이 되어야 한다. 아내에 대한 수수께끼를 풀기 위해서는 아내와 한 몸이 되어야 한다. 우주의 수수께끼를 풀기 위해서는 우주와 동심동체(물심일여)가 되어야 한다. 이것이 불가능하면 부모도 아내도 우주도 의심의 대상이다. 풀리지 않는 수수께끼다.”

석가모니의 깨달음이 담긴 『대방광불화엄경』에서는 살뜰한 마음의 힘에 대해 “세상사 모든 일은 마음먹기에 달려있다”라고 피력했는데, 이를 ‘일체유심조’라 하여 자장의 폭을 넓고도 깊게 시사했다. 세계적 영성가 닐 도널드 월쉬는 『생의 2%』(2012. 조은경 옮김, 260쪽)에서, “마음은 이번 생에서 당신 육체의 생존을 보장해 주는 놀라운 장치다. 측정할 수 없을 만큼 세밀하게 육체가 생존할 수 있도록 기능하는 것이 마음이다.”라고 설파했다. 게이트는 『나를 통하여 이르는 자유』(리더스넷, 2006)에서, 이렇게 쓰고 있다. “이 우주는 마음에 의해서 이루어졌고 마음에 의해서 사라지고 있다. 그러므로 마음은 모든 창조의 근원이고 마음은 모든 소멸의 원인이다. 마음에 의해 의식의 흐름이 결정되고 의식의 흐름에 따라 생각이 형성되는데 그렇게 형성된 마음은 에너지를 띠게 된다.”

그렇다. 운명적으로 정해진 것은 아무것도 없다. 운명을 만드는 것은 바로 자기 자신의 마음[心相]이 가장 중요함을 영화 「관상」(2013)은 잘 보여주었다. "족상보다는 관상이 관상보다는 심상이 좋아야 하는 까닭이 바로 마음에 있기 때문이다."라고 했다. 마리아수녀회 대표 정말지 수녀는 『바보 마음』(2014)에서 이렇게 썼다, "내가 마음을 열고 미풍처럼 타인에게 먼저 다가가면 그들도 나에게 마음을 엽니다. 내가 마음의 문을 닫는 순간, 나는 돌멩이가 되어 다른 사람이 피해야 하는 존재가 됩니다."

마음을 열고 보면 별것도 아닌 것을 왜 우리들은 그토록 모질게, 남사스럽게 살 수밖에 없는지…. 베이징 중의학대학 하오완산 교수도 그가 쓴 『화를 다스려야 병이 없다』(2014. 정은주 옮김, 저자의 머리말)에서 그랬다. "마음이 안정되면 지혜가 생기게 마련이고 지혜가 생기면 아무리 어려운 문제도 손쉽게 해결할 수 있다. 또한 마음이 안정되면 몸이 편안해지고 몸이 편안해지면 활력이 생긴다."

그러기에 나와 운명을 함께 할 영원한 동반자는 가족도 아내도 아니다. 사도 바울이 말했다. "가난하지만 마음이 풍요로운 사람은 아무것도 소유하지 않은듯하지만 실제로는 모든 것을 소유하고 있다" 나를 두고 이른 말씀이라며 내 마음은 득의만만하다. 내 혼자만의 공간이 있고 간섭하는 진드기가 없고 손주들에게 줄 용돈은 항시 준비되어 있고 아직은 건강하니 그런대로 마음 꽃[建妻事友財]이 행복한 미소로 나를 만만滿滿하게 챙겨주고 있으니 나의 영원한 동반자여, 그대 이름은 내 마음이리오.

나이 들수록 혼자가 좋다

젊을 때는 그렇게도 늦잠 자는 맛이 꿀맛이었는데 나이 드니 이젠 새벽잠은커녕 밤늦게도 잠잘 생각은 도망치기 일쑤다. 단잠이 나를 싫어한 지는 꽤 오래되었다. 하기야 잔다고 해봤자 아주 깊은 귀잠은커녕 푹 자지 못하고 자주 깨면서 화장실도 드나드는 괭이잠과 노루잠이 내 몸에 딱 붙어 떨어질 줄을 모른다. 그러던 새벽 5시(2021. 6. 21.)쯤 인가 핸드폰을 만지작거리다 유튜브(youtube/io EVDYmg PM)에 멈췄다. '나이 들수록 혼자가 좋다'는 명상이었다. 두어 번 반복해 듣다가 이를 메모하니 다음과 같은 얼개가 엮어졌다.

자신을 사랑하고 아끼고 스스로를 존중하라. 인생의 후반전, 세상에 눈치 보고 배우자에게 매이고 자식에게 기대고 지친 마음, 이제 잠시 쉼이 필요할 때다. 남편에게 아내에게 자식에게 기대하지 마라. 기대하고 바라는 마음이 인생을 더 지치게 한다. 언젠가는 나에게 맞춰주겠지 변하겠지 나이가 들면 세월이 지나면 저 사람들도 변하겠지. 기대하지 마라. 변하지 않는다. 바뀌지 않는다. 잘 바뀌지 않는 것이 사람이다. 한두 번쯤은 나에게 맞춰줄 수 있겠지만 평생은 나에게 맞춰주지 않을 것이라고 푸념도 마라.

정말 어떻게 이렇게 맞지 않을까 낙담하고 실망하지 마라. 로또보다 안 맞는 것이 사람이다. 혼자 있으면 외롭고 두려울 것 같다고 고민하지 마라. 외로움은 인생의 동반자다. 혼자 있을 때도 외롭지만 둘이서도 외롭다면 그건 괴로움이다. 외로운 건 그래도 견딜 만하지만 괴로운 건 더 견디기 힘들다. 혼자 사는 것을 배우는 것이 인생이다. 혼자 행복할 수 있어야 평생 행복할 수 있다. 삶의 마지막까지 오롯이 함께 하는 삶은 배우자도 자식도 친구도 아닌 오로지 나 자신이다. 진정한 자유로움과 평온함은 혼자 있을 때 찾아온다. 힘든 인간관계 이으려 노력하지 마라. 그 노력으로 건강을 챙기고 나에게 충실하라.

사람을 만나 애쓰는 것보다 책 한 권을 친구로 삼아도 좋다. 많이 힘들었다. 참 많이도 지쳤다. 그동안 참 애썼다. 나이 들수록 혼자가 좋다. 혼자서 내 몸 내 맘대로 움직일 수 있도록 배우면 된다. 배우며 살아가는 것이 인생이다. 그래도 혼자인 것이 두렵다면 그저 맞춰 살아라. 남남끼리 만나 맞춰 사는 것이 인생이다. 맞춰진 사람을 찾지 마라. 아무리 맞춰진 사람을 만나더라도 또 변하는 것이 사람이다. 중년 이후에 큰 문제는 혼자 놀지 못한다는 것이다. 혼자 놀 때 진정한 행복을 만나는데도 말이다. 그 노력으로 건강을 챙기며 충분히 쉬며 나에게 보상하라. 인생의 후반전, 이제 나의 내면에 선물하라. 많이 힘들었다. 참 많이도 지쳤다.

나이 들수록 혼자가 좋다. 외로움이 두려워 사람을 만나고 누군가와 함께 있어야 하고 함께 놀아야 한다고 착각하지 마라. 심심한 것은 잠시다. 세월은 인간을 절대 심심하게 놓아두지 않는다. 살다 보면 혼자만의 내공이 생긴다. 외로움을 두려워하지 마라. 같이 살아도 외로움은 찾아온다. 오히려 괴로움이 올 때가 더 많다. 외롭다 착각하는 이유는 내 마음속 여유의 결핍이다. 매번 누군가에 기대여 온 습관이 지금 나를 만들었다. 혼자의 취미, 혼자의 산책, 혼자의 먹는 법, 혼자의 사색과 운동, 혼자의 차 한 잔, 혼자의 여유로운 시간을 잘 지낼 줄 알아야 진정한 행복을 발견할 수 있다. 사건 · 장소 · 인연, 어느 것에도 구애받지 마라. 나의 내면에 집중하라. 수십 년 동안 나를 기다렸으니 나에게 이제 인사할 때다. 지금 잠시 눈감고 숨을 쉬어라. 호흡하라. 지금 미소 지어라. 지금이 가장 좋은 때다. 오롯이 느끼는 행복감, 자유로움, 가슴 벅찬 평화로움은 혼자 있을 때 제대로 드러난다.

인간은 단둘이 있어도 서로를 통제하려 한다. 인간이 인간을 통제하고 간섭하려 할 때 인간은 본능적으로 방어한다. 간섭은 단 하나의 이로움도 없다. 내 인생을 헌 타이어로 취급하지 마라. 내 삶은 누군가에 끌려 다니는 것이 아니다. 나 자신을 사랑하라. 나 자신을 아껴라. 이 세상에 단 하나뿐인 존재, 그 누구도 닮을 수 없는 그 존재가 바로 나 자신이다. 그렇다고 혼자 산다고 자기도취에 빠지지 마라. 자신의 마음을 수양하고 진정 자신의 마음을 아끼고 배우는 것이 이 세상에 혼자 사는 법이다.

인생의 행복지수는 U자 곡선 그래프다. 책임과 의무가 넘치는 젊은 시절과 달리 나이가 들면 들수록 이런 스트레스에서 벗어나야 인생의 행복지수가 상승한다. 세상은 당신을 기다리고 있다. 나를 밝혀라. 집착하지 마라. 인생은 집착이 아니라 관계다. 모두 서로를 배려하고 관계를 미려하게 만들어가는 것이 인생이다. 기대하고 집착하다 보면 내가 혼자 설 수 있는 근력이 사라진다. 혼자서 가라. 무소의 뿔처럼 묵묵히 가다 보면 때로는 외롭기도 즐겁기도 하지만, 괴로움은 덜한다.

나이 들수록 혼자가 좋다. 혼자 있는 시간이 많아지면 마음이 편안함을 느낀다. 아직도 불편하다는 것은 누구에게 놓아버리지 못한 집착이 남아있기 때문이다. 내려놓지 못할 마음이 물질과 인연이라 착각하지 마라. 나의 자존심이 내 주변의 환경 때문이라 오해하지 마라. 그 내려놓지 못하는 마음, 지금 놔 버려라. 지금 놔 버리면 편안해진다. 지금 가진 것에 감사하다 보면 편안해진다. 정말 편안해진다. 놓아버려라. 지금 놔 버려라. 놓고 다시 놓고 놓아버리면 어느새 모두 다 흘러간다.

많이 힘들었다. 참 많이도 지쳤다. 그동안 참 애썼다. 지금 가정생활이 있다 하더라도 일주일에 꼭 한 번만이라도 혼자의 시간을 가져봐라. 둘이 먹어도 맛있지만 혼자 먹을 때도 더 맛있을 수 있다. 자신을 아끼고 사랑하면 혼자 살든 둘이 살든 행복을 느낄 수 있다. 혼자 살든 같이 살든 단점을 보는 순간, 느낄 때부터 불행은 시작된다. 나이가 들수록 혼자가 좋다. 인간은 혼자 와서 혼자 간다. 이 길고 긴 여정에 오롯이 함께 하는 유일한 존재 나, 나는 나를 아끼고 챙겨야 한다. 많이 힘들었다. 참 많이도 지쳤다. 그동안 참 애썼다. 늦었지만 나에게 주문을 붙여보자.

나는 나를 아끼고 사랑합니다. 나는 나를 아끼고 사랑합니다.
나는 나를 아끼고 사랑합니다. 나는 나를 아끼고 사랑합니다.
나는 나를 아끼고 사랑합니다. 나는 나를 아끼고 사랑합니다.

인문학은 우리 삶의 두뇌

뇌는 게으르고 바보일 때가 종종 있다. 나는 불면증에 시달렸던 악천후와 같은 지난날도 있었고, 요새처럼 저녁 숟가락 빼자마자 식곤증에 시달리듯 느른한 기분과 함께 잠자리를 꿀잠으로 이끌 때도 있다. 가끔은 한낮에도 한 시간쯤 단잠(시에스타)에 흠뻑 빠지기도 한다. 이런 행운은 기계적 당번과 같이 항용 찾아오지는 않는다. 모처럼의 운수 좋은 날은 손주들이 찾아오듯 가끔씩 비싸게 방문한다. '세계수면의 날'(2019. 3. 15.)을 맞아 열린 기자간담회에서 서울대 신경과 정기영 교수는 "밤중 수면은 뇌 속 노폐물이 빠져 나가도록 하는 기능을 하나 제대로 수면하지 못할 경우는 뇌에 노폐물이 축적돼 알츠하이머 치매와 같은 퇴행성질환의 발병 위험이 증가한다."고 했다. 가톨릭관동대 신경과 김혜윤 교수도, 서울대 이비인후과 김정훈 교수도 이와 비슷한 지적을 함으로써 수면이 건강에 얼마나 많은 영향을 끼치는가를 한 목소리로 강조했다. 나이 들수록 숙면이 보약임에 누가 모르랴만 종양과도 같은 불면증이 비 젖은 낙엽이 된 것은 알파요 오메가임에 어쩌겠는가.

나 역시, 평상시는 저녁 7시쯤 침실에서 비몽사몽 뒤적이다 10시 전후에 눈을 뜨면 상비약(전립선비대증)을 입에 털어 넣는다. 그리고 스마트폰 속 바둑판을 들여다보노라면 나도 모르게 사르르 눈이 감긴다. 두 벌잠에 눈을 뜨는 밤 12시쯤 화장실을 노크한다. 다시 새벽 3~5시 사이에 깨면 조간신문을 훑고 안마의자에 앉아 세상에서 가장 편안한 자세로 텔레비전 아침 뉴스와 함께 쪽잠을 다시 청한다. 8시 전후, 아내가 아침 식사를 챙기는 딸그락 밥그릇 소리가 들려 식탁에 앉으면 하루가 시작된다.

일과라 해봤자 늙바탕에 할 일이 뭐 있을까마는 책을 읽거나 자료 정리 혹은 글 쓴답시고 컴퓨터 자판기를 두들기거나 인터넷 바둑이 고작이다. 이제 산수(傘壽, 80세)를 향한 깔딱고개 9부 능선에 오르고 보니 치매기가 벅신거린다. 기억을 담당하는 뇌 속 해마 부위가 축소되어 잘 까먹거나 인지기능이 떨어지는 증상이다. 전문가들에 의하면, 뇌도 근육과 같아서 단련할수록 머리를 쓸수록 뇌신경용량을 키울 수 있다고 하니 이를 퇴치할 명약은 독서와 글쓰기, 그리고 운동이 아니겠는가. 낙엽 진다고 나무가 죽지 않듯 치매 걸렸다고 죽기야 할까마는 그래도 화불단행을 막기 위해 평일에는 아파트 둘레길 걷기와 길거리 운동기구도 만지작거리다 보면 30~40분이 후다닥 지나버린다. 그리고 격주에 한 번씩 고향 옛집을 찾아 1~2박하고 이런저런 모임에 불려 다니다 보면, 이놈의 세월은 활시위를 떠나 흐릿한 눈에는 보이지도 않는다. 그렇잖아도 하루하루가 금싸라기 같은데 너무 박리다매로 넘겨버린 우둔함을 탓할 새도 없이 그저 백발만이 잘코사니로 가가대소한다.

모두에서 뇌는 게으르고 바보일 때가 종종 있다고 했다. 나는 허리협착증 때문에 소염제와 취침 전에 복용하는 전립선 비대증 처방약을 매일 먹다시피 한다. 시간마다 잠에서 깨어나 화장실을 번질나게 드나들다가도 전립선 약을 복용하면 한두 차례 화장실에 인사하면 그런대로 잠자리에 들만하다. 그러다가 몸이 좀 가벼워지는가 싶으면 소염제나 전립선 약 복용을 이삼일에 한 번쯤 건너뛴다. 그래도 이 두뇌가 게을러서 그런지 아량이 넓은 탓인지 그냥 속아 넘어가준다. 복용하지 않았는데 복용한 것처럼 잠도 그냥저냥….

나의 학창시절을 뒤돌아보면 지금처럼 대학수능시험에서 문·이과를 통합했더라면 교직에 얼씬도 못했을 것이다. 나는 자타가 인정하듯 완전한 문과 쪽이기 때문이다. 수리나 과학은 아무리 친하게 지내고자 해도 이것들이 나를 기피하는지 내가 달아나는지 찬물에 기름 돌듯 버슷버슷하다. 천재나 영재는 문·이과 구별 없이 양쪽 다 만족스러운 결과를 이룬다. 이에 반해 둔재는 양쪽 모두 밑바닥이다. 나의 경우는 그래도 문과 쪽이 좀 밝다고 자족하는 편이니까 그래도 다행이라 치부置簿할 수밖에.

일반적으로 알려진 바에 의하면 좌뇌는 합리적이고 분석적이며 언어적인 영역을 담당하고, 우뇌는 창의적이고 정서적인 영역을 담당한다고 한다. 이 이론은 양쪽 뇌 모두가 분별력과 정서, 그리고 언어에 관여함으로써 명확히 설명되지 않아 어쩌면 자웅동주라고나 할까. 그러나 독일의 테레자 이어라인과 이스라엘 샤이 투발리의 공저『천재들의 생각법』에 따르면, “일반적으로 좌뇌는 보다 합리적 분석적 계산적인 특징으로써 전통적으로 남성성에 해당되고, 우뇌는 창의적이고 감성적인 특징으로써 여성성에 대당된다.”라고 기술하고 있다. 미국 캘리포니아 공과대학의 신경생물학자 로저 스페리 박사 역시, “좌뇌는 언어·수학·논리적 사고, 우뇌는 비언어·직관적·창의적·감각·예술적 소양 등으로 비대칭 기능으로 구성되었다.”고 밝혔다. 그렇다면 나는 분명 후자에 속한다 하겠다.

다행히 교단에 설 때만 해도 인문학은 존중받았다. 국어교과는 언제나 모든 학과의 앞줄에 섰다. 그런데 생성인공지능(AI)이 글 · 문장 · 오디오 이미지 같은 콘텐츠를 새롭게 만들어내는 시대가 되다보니 이젠 인문학이 그만 쇠락의 길을 걷게 되었다. 인문학이 대학가의 외톨이로 전락되고 노년층의 회고적 정서에 의지하는 현실이 되어버렸다. 한때 전성기를 누렸던 유럽과 미국의 클래식 음악시장이 청중의 고령화로 이미 사양길에 접어든 든 것과 동병상련이다. 오죽하면 '인구론(인문계의 90%가 논다)'과 '문송(문과여서 죄송하다)'이란 신조어가 대학가를 뒹굴고 있을까.

심지어 인공지능 '시아'가 시인이 되었다는 기사가 박돈규 기자에 의해 한 일간지에 소개(2022. 8. 2.)된 바 있다. 시아가 쓴 20여 편이 시극 「파포스」로 배우 5명에 의해 무대에 탄생되었다. 개발자 박근형 씨는 시아는 인터넷 백과사전과 뉴스 등으로 한국어를 익히고 한국 근 · 현대시 1만2천여 편을 학습한 결과, 글감을 입력하면 30초 만에 시를 뽑아낸다고 했다.

자연과학은 사실적 현실의 과학이라 한다면, 인문학은 상상적 꿈의 과학이다. 전자보다는 후자가 더 주목받는 이유는 아인슈타인마저도 지식보다 상상이 중요하다는 것을 인정했듯이, 세상이 뭐라 해도 상상 과학의 인문학은 어느 분야 못지않은 우리 삶의 두뇌임은 지금도 여전하다.

장생불사의 영혼을 기리며

육신의 나이 백세면 장수라지만, 영혼의 나이는 사람마다 천차만별이다. 육신과 영혼의 나이가 같으면 순간이요, 다르면 영원하다. 전자는 범인凡人이요, 후자는 역사적 인물이 이에 속한다. 비록 육신은 청춘에 묻혔지만 지금까지도, 다음 세대까지도, 인류가 존재하는 한 장생불사하는 생명들은 즐비하다. 대조선을 건국한 단군(1~47대) 왕검을 비롯하여 동예를 통합하고 동부여를 정벌한 고구려 19대 광개토대왕(담덕), 훈민정음을 창제하여 애민정신을 드높인 세종대왕, 삼군수군통제사로 왜군을 물리친 충무공 이순신 명장, 대한의 영웅 안중근(30세) 의사와 영원한 누나 유관순(17세) 열사와 같은 순국선열과 나라 안팎에서 인류의 빛이 된 영재들의 삶이 바로 장생불사의 영혼들이다.

F.니체는 『짜라투스트라는 이렇게 말했다』에서, 소크라테스는 독배를 마시고 모든 움직임이 불가능해지자 더듬거리며 제자들에게, "들어라, 나는 여전히 그대로 '나'이다. 사라지는 것은 육체뿐이다. 내 의식(영혼)은 아무도 손댈 수 없는 그대로이다. 죽음도 더 이상 나를 죽이는 일은 하지 못한다." 그리고 그는 "인간의 몸은 조만간 사라질 허상이며

영원한 것은 영혼이니 우리는 조만간 사라질 육체에 아부할 것이 아니라, 영혼을 위해 복무해야 할 것이다."라고 주문했다. 그렇다고 우리는 예수나 나사로처럼 생명의 부활을 꾀하는 영혼까지 기대하지 않는다. 다만, 생물학적으로는 짧게 이 세상을 마쳤으나 오늘에까지 아주 영원히 살아 숨 쉬고 있는 다기능의 생명을 나라 안팎에서 쉽게 찾아볼 수 있다. 제임스 조이스의 성장소설 『젊은 예술가의 초상』(1916)에서 아놀 신부의 말이다. "불멸의 영혼을 잃어버리게 된다면 온 세상을 얻은들 무슨 소용이 있겠습니까?"

예수는 서른 살에 공생애公生涯를 시작해 서른셋에 삶을 마감했다. 알렉산드로스 대왕은 역시, 광활한 제국을 건설하고 또 다른 원정을 준비하던 중 예수와 같은 나이에 요절했다. 극작가 오스카 와일드(1854~1900)는 아일랜드에서 더블린대학 교수를 지낸 안과의사 겸 고고학자로서 46세란 짧은 삶을 살았으나 한때(28세)는 미국과 캐나다 순회강연도 했고 이 무렵 런던에서는 그의 극이 세 군데 극장에서 동시에 공연되기도 했다. 스페인 식민정부에 대항하다가 35세에 사형당한 필리핀의 영웅 호세 리잘(1861~1896)은 필리핀에서 법학을 전공하고 유럽으로 건너가 마드리드 국립대학교에서 의학을 전공, 안과의사가 되었고 시인 · 컬럼리스트 · 지도 제작으로도 활동하며 부패근절을 촉구한 혁명가이기도 했다. 그는 인류학에도 조예가 깊었으며 단기간에 20개가 넘는 언어를 구사하였고 조각가로서 취미생활도 전문가 못지않았다. 체스 · 펜싱 · 음악(플루트) · 권총 사격에도 뛰어났다. 농장도 경영하면서 식물학을 연구, 다양한 품종을 재배했다.

18세기 정조대왕 밑에서 도시공학자로 일하면서 수원의 화성을 설계했고 경기도 암행어사가 되었던 정약용(1762~1836)은 아홉 살부터 글을 쓰기 시작해 시인으로도 이름이 높았으나 천주교 박해를 당해 유배생활 중에 정치에서 철학, 경제, 자연과학, 의학, 음악에 이르기까지 다양한 주제에 관해 무려 500여 권에 달하는 책을 썼다.

윌리엄 시디스(1898~1944)는 아인슈타인보다 아이큐가 두 배 높았고 미국에서 수학의 천재로 널리 알려졌고 생후 18개월에 『뉴욕 타임스』를 읽었고 여덟 살 때까지 독학으로 8개 국어(라틴어 · 프랑스어 · 러시아어 · 독일어 · 히브리어 · 터키어 · 아르메니아어)를 깨쳤다. 11세에 역대 최연소 나이로 하버드대에 입학, 16세에 최우수 등급으로 학부를 졸업하고 대학원에서 수학을 전공, 학생들을 가르쳤다. 이후 하버드대 로스쿨에 입학, 열역학 이론을 대체할 이론을 제시한 『우주론』과 아메리카 원주민의 역사와 인류학을 다룬 『부족과 국가』를 썼고, '밴더굿'이라는 인공어를 창조한 언어학과 자동차 운송 시스템 등 다양한 주제의 글을 남겼다.

니콜라우스 코페르니쿠스(1493~1543)는 폴란드의 현대 천문학의 아버지로 불리며 태양중심설(자동설) 주창자로서 성직자 · 경제학자 · 화가 · 외교관 · 의사 · 변호사로 살다가 지천명에 작고했다. 유럽의 낭만주의 운동을 이끈 요한 볼프강 폰 괴테(1749~1832)는 소설과 희곡, 그리고 시인 이전에는 소묘와 수채화를 그리는 화가로 경력을 쌓았다. 변호사 · 궁정 관료 · 철학자로도 활약했으며 생물학 · 식물학 · 물리학과 같은 과학 분야에도 큰 업적을 이루었다. 영국의 윈스턴 처칠(1874~1865)은 20세기 뛰어난 지도자로서 해군성 · 재무부 · 상무부 · 내무부 장관 등을 거쳐 총리가 되었다. 이에 앞서 그는 유능한 군인이었고 학자였고 100여 점의 유화를 남긴 화가요, 작가로서 노벨 문학상(1953)까지 수상한 폴리매스였다. 알베르트 슈바이처(1875~1965)는 현대 철학사에서 돋보이는 사상가 · 신학자 · 음악가 · 선교사 · 의사로서 인도주의 영역에서 인류애의 빛을 발휘했다.

앞에서 장생불사의 영혼을 보았듯이 아무리 아름답고 으리으리한 저택에서 산다고 해도 그 안에 영혼이 깃들지 않으면 집이 아니라 숙소에 불과하다. 여기에서의 영혼이란, 비록 나라를 위해 고귀한 생명을 아낌없이 바치는 순국이나 인류문화에 온축의 빛을 남긴 폴리매스는 아닐지라도 아름다움과 선에 대한 사랑, 이웃과 다투지 않고 더불어 살아가는 평상심으로 살다간 순백한 삶도 이에 포함되리라.

초등학교 3학년 다니는 둘째 손녀에게 "넌 커서 아나운서하면 아주 잘할 거야. 할아버진 그땐 죽어있겠지만…."라고 말하니 손녀의 즉답이다. "할아버진 삼백 년은 살아야 해요." "그렇게 오래 살면 할머니도, 내가 아는 사람도 곁에 없으니 외로워서 어떻게 살아." "내가 있잖아요?" 참으로 재치 넘치는 명민한 치사랑의 발상이다.

그렇다. 보통사람은 삼백 년을 살 수도 없지만, 산다 해도 일찍 죽은 자와 덧없는 촌음임은 크게 다를 바 없다. 어찌 생각하면 삼백 년도 긴 세월이 아니다. 앞에서의 장생불사의 생명(영혼)에 비하면 찰나에 지나지 않는다.

나의 바람은 우리 조상님께서 부르시면 미련 없이 이 세상에 감사하며 떠나겠다. 다만, 생게망게할지라도 빈손으로 왔다가 빈손으로 간다지만 나의 귀요미 둘째 손녀(우희)의 자깝스런 사랑만은 보자기에 꼭 챙겨 가리라.

착각과 거짓말은 진실을 앞선다

참살이는 영원히 살 수 있다는 신념으로 살아야 오늘의 즐거움이 상크름하다. 죽기 전 바로 전날이 오늘이라면 이 하루가 얼마나 심각하고 팍팍하여 숨마저 제대로 쉴 수 있을까. 내가 쓴 글이 졸품이든 명품이든 영원히 간직되어 언젠가는 훌륭한 독자를 만나 칭찬받는 날이 올 것이라는 믿음이 있을 때 글 쓰는 보람도 충만하다. 백수까지 건강장수를 신으로부터 약속받았다 해도 이는 사형선고를 받은 것과 진배없다. 내 목숨은 이 우주가 사라지는 그날까지, 산다는 각오로 언제나 새롭게 다가오는 오늘을 맞이해야 숨 쉬는 보람과 가족애와 국가 및 세계, 그리고 우주를 사랑하는 힘이 솟지 않겠는가. 때로는 할아버지와 아버지 시대의 농경기로 돌아가 얼굴조차 보지 않은 할아버지도 만나 못 받은 사랑도 몽땅 받아내야겠다. 그리고 최고속도 320km의 에어택시를 타고 3D프린터로 지은 우리 손주들의 집도 찾아가 국제우주정거장 티켓도 예매하는 그날을 기다리는 행복한 순간도 있어야 살아갈 맛이 덕지덕지 묻어나리라.

나는 변신을 좋아한다. 시를 쓸 때는 시인이요, 수필을 쓸 때는 수필가요, 아들이나 딸 앞에서는 꼰대요, 손주들 앞에서는 용돈 주는 할배다. 그러나 지난날 학생들 앞에서는 존경받는 스승이라기보다는 무서운 호랑이었고 돈 잘 버는 기업체의 회장은 아닐지라도 소모임이나 문학단체의 회장님 소리는 여러 번 들어봤다. 선령님들을 모신 선산 앞에서는 종갓집 승중자의 신분이나 머잖아 저승사자 앞에서는 심판받는 피의자로, 천당에 입당하면 학생의 신분으로서 어린 시절 못다 꾼 꿈을 당차게 꾸는 소년으로 새롭게 태어난다는 믿음으로 오늘을 살아가고 있다.

웬만한 이들은 이 글을 읽으면서 "온통 착각 속에 정신이 나간 친구로군." 하겠지만 나는 결코 부정하지 않겠다. 인정한다. 그러나 착각 속에 살지 않으면 한날한시도 살아가기 고통스럽다. 아니 살아갈 수가 없다. 착각은 하얀 거짓말 속에 담긴 보석이이다. 거짓말이란 실행이 뒤따르지 않은 실속 없는 헛된 구두선口頭禪이요, 억지로 끌어다 붙여 그럴듯하게 꾸며대는 견합지설이나 견강부회요, 간교하게 속이거나 책략을 꾸미기 위한 마음이 듬뿍 담긴 기계지심[機巧]임에는 틀림없다. 그러나 우리는 일상생활에서 거짓말을 마냥 흉악한 대상으로 간주할 수만은 없다.

미국 작가 제롬 데이비드 샐린저의 장편 『호밀밭의 파수꾼』(1951)에서 보인다. "나는 반갑지 않은 사람을 만나도 늘 '만나서 반가워'라고 말한다. 살고 싶다면, 그런 식으로 말해야만 한다." 박완서 장편 『그 남자네 집』(2004. 294쪽)에서, "가끔씩 만나는 동창이나 나이가 비슷한 친구끼리 만나면 첫인사가 젊어졌다. 아니면 예뻐졌다고 곧장 말한다. 우리는 그 말을 믿지 않으면서도 그 말이 불러일으키는 만족도를 너무도 잘 알고 있었기 때문에 돈 안 드는 유쾌한 선물로 자주 써먹었다." 후지사키

사오리의 장편, 『쌍둥이』(2017. 이소담 옮김, 73쪽)에서, 고등학교 1학년을 마치기도 전에 그만 둔 쓰키시마가 나쓰코에게 건넨 인사말이다. "나쓰코, 학교는 어때?" "내가 학교에서 어떻게 지내는지 흥미 있어?" "없어, 예의상 물었을 뿐이야." "그거 아주 고맙네. 무사히 다니고 있어."

그렇다. 일상적으로 우리는 음식이 솔직히 맛이 없었어도 '너무 잘 먹었어'라고 말한다. 반갑지 않은 손님일지라도 '와주셔서 고마워요'라는 말은 거짓말이라기보다는 기본 사교예절의 아름다운 말로써 순진한 착각을 유도한다. 이렇듯 하얀 거짓말은 진실보다 앞서는데 임마누엘 칸트의 『실천이성비판』(1788)에서는 "만일 한 남자가 목숨을 지키기 위해 우리 집에 숨어들었는데 그를 죽이려는 남자가 혹 자신이 찾는 사람이 여기에 피신하지 않았느냐고 물어온다면 우리는 거짓말로 그를 잘못 인도해선 안 된다."라고 썼다. 하지만 미국의 랍비(유대교의 영적지도자) 조셉 텔루슈킨이 쓴 『죽기 전에 한 번은 유대인을 만나라』(2012. 김무겸 옮김)의 '71일째 일요일'에서는 이렇게 밝혔다. "무고한 사람을 희생되도록 그를 쫓아온 사람에게 사실 그대로 말하는 사람은 도덕적으로 무거운 책임을 져야한다. 다시 말해 진실은 큰 가치를 지니지만 절대적인 것이 아니며 무고한 생명을 구하는 것은 더 소중한 가치가 있다." 칸트의 거짓말에 대한 순수철학과 미국 랍비의 인도적 철학과의 시시비비는 독자의 몫으로 남기겠다. 다만, 긍정적인 차원에서 상대방을 위해 하는 거짓말은 진실보다 나은 하얀 거짓말임을 칸트 선생도 포용해 주었으면 좋겠다. 모든 길은 로마로 통할 수만은 없듯이 칸트의 진실은 철학적으로 인정될지라도 실생활에서는 꼭 그렇게 진실만을 토해낼 수 없는 것이 우리의 현실이 아니던가.

이렇듯 선의의 거짓말을 하얀 거짓말이라 한다면, 영국의 언론인 톰 필립스는 『진실의 흑역사』(2019. 홍한결 옮김)에서, 거짓말을 재밌게 펼쳤다. "부끄럽거나 창피하거나 겁이 나거나 결점을 감추기 위해 하는 노란 거짓말, 겸손한 마음에서 잘한 것도 못했다고 하는 파란 거짓말, 누구를 속이려거나 기만하려는 의도가 전혀 없이 대놓고 하기 어려운 말을 돌려 말하고자 하는 빨간 거짓말" 등으로….

이렇듯 "거짓말은 처음에는 부정되고 그 다음에는 의심받지만 되풀이하면 결국 모든 사람이 믿게 된다."라는 나치 독일의 선전장관이며 히틀러의 최측근 요제프 괴벨스의 말도 새겨들어야겠다. 아무리 거짓말일지라도 여러 사람의 입에 오르내리면 쇠조차 녹인다는 '중구삭금'이란 교훈을 뒷받침해 주고 있기 때문이다. 한편, 하얀 거짓말이 아무리 요요姚姚하고 우리 인간관계를 매끄럽게 하는 의례 표시라 할지라도 이를 밥 먹듯 스스럼없이 한다면 언어가 심각하게 오염될 우려도 없지 않다. 이에 덧붙여 셰익스피어와 더불어 영국을 대표하는 최고의 작가 찰스 디킨스의 『위대한 유산』(1861)에서는 "자기 자신을 속이는 거짓말은 이 세상의 어떤 다른 사기꾼보다 더 악랄한 사기꾼은 없다"라고 했다. 자기 자신마저 속이는 거짓말은 거짓말이라기보다는 자살 행위와 같으리라. 지구상에서 나와 같은 사람은 단 한 명도 없다. 나 자신은 이 세상에서 가장 소중한 사람이기 때문에 더욱 그렇다.

구시렁거린다 할지라도 오달진 착각과 하얀 거짓말은 일란성 쌍둥이는 못 될지라도 이란성 쌍둥이로서의 조건은 충분히 넘치리라 본다. 따라서 이 둘은 우리 삶의 세로토닉이나 아드레날린이 방출되는 행복 호르몬이기에 오히려 진실을 앞선다 하겠다.

사랑의 지혜와 나만의 특기를 찾아서

요새는 진실한 사랑을 비익조나 연리지에 비유하면 크게 탈난다. 결혼하는 남녀의 앞날을 축복할 때 흔히 쓰는 말로써 이 단어에 대한 전설의 원류 중국에서조차 세계에서 이혼율이 가장 높기 때문이다. 813만 쌍의 결혼 중에 433만 쌍이 이혼했다는 통계(2020년 기준)는 비익조 · 연리지가 복수난수覆水難收, 화잔월결花殘月缺로 전락했다는 반증이다. 우리나라라고 예외일 수는 없다. '부부 싸움은 칼로 물 베기'란 말은 이젠 흘러간 유행가 가사의 한 도막이 되어버렸다.

이처럼 헤어지는 경우는 사람마다 사연이 다르겠지만, 부부라 하여 막연히 일심동체로 비끄러맬 때 파경은 달음박질쳐 찾아온다는 경고다. 부부란 이심이체異心異體라는 끈을 놓칠 때 문제가 발생한다. 자식이 부모의 속인이 아니듯 부부 역시, 어느 한쪽의 속인이 아니다. 생각이 다른 독립적인 인격체다. 성인이 되어 한 가정의 초석으로서 각자의 자아실현을 위해 서로 사랑하며 도와가며 살아갈 뿐이다.

최인호의 수필집 『인연』(2010, 126쪽)에서, 남녀의 사랑을 아주 현대적으로 살핀 문장이 눈에 밟힌다. "사랑이란, 있는 그대로 자신의 모습을 먼저 보여주는 용기와 타인의 모습을 있는 그대로 사랑하려는 노력이 필요하다.” 젊은이들의 취향을 저격한 최인호의 이 사랑관을 후지사키 사오리는 그의 장편 『쌍둥이』(2017. 이소담 옮김)를 통해 판박이로 잘 우려냈다. 작가는 ‘그의 후기’에서 밝혔듯이 이 소설을 2012년 여름부터 쓰기 시작했고 그가 실제로 밴드(SEKAI NO OWARI)를 구성, 메이저 데뷔 1년 후였다고 회고했다. 그러기에 이 소설은 사랑의 지혜와 함께 작가의 특기를 잘 살린 자전적인 실화에 기반을 둔 소설이다.

작품 속 중심 캐릭터 쓰키시마는 싫은 것은 싫다 하고 재미없는 것은 재미없다고 분명히 표현하는 성격이었다. 그는 고등학교 1년도 제대로 마치지 못했으나 미국 유학을 위해 가족과 떠날 무렵, 한 살 연하의 여자친구(나쓰코)와 여름방학 때 미국에 동행했다. 그녀는 미국에서 그(쓰키시마)의 가족과 일주일 지내다가 먼저 귀국했으나 그마저 미국 유학생활을 오래 지속하지모가지 못했다.

그러던 어느 날, 그는 나쓰코와 전화하다 말고 갑자기 쓰려졌다. 입에 거품을 물고 구급차에 실려 급히 병원으로 옮겨졌다. 병명은 ‘공황장애’라 했다. 이후 그는 시도 때도 없이 그녀의 집을 드나들었다. 한번은 3센티 정도 길이의 카터 칼날 끝이 그녀의 목을 겨눴다. 그녀는 간신히 위기를 모면했다. 그는 ‘주의력결핍과잉행동장애(ADHD)’라는 병명으로 정신과 병원에 입원했다. 다행히 퇴원 후에는 예전처럼 환각증은 보이지 않았다. 식욕도 되살아나 식사도 제대로 챙겼다.

열아홉 살의 그녀는 음악대학에 입학했고 스무 살의 그는 공부를 다시 하겠다며 보습학원과 대입학원에 다녀봤지만 중도에서 그만두었다. 그러나 이들은 헤어진다는 생각보다는 각자의 실이 뒤엉키지 않도록 주의하며 불가근불가원의 지혜로운 선에서 시간을 함께 보냈다. 그러던 어느 날, 그는 약 15평의 월세 지하실을 마련, 밴드를 구성코자 자신이 직접 노래 부르기로 하고 기타와 베이스 연주자도 확보했다. 그녀는 통장의 잔액 10만 엔을 그에게 선뜻 건넸다. 그는 악전이나 화성을 배운 바 없기에 악보는 암기하여 기억에 의존, 다른 사람과 공유하며 흥얼거렸다. 그녀는 그에게 되물어가며 곡들을 채보함으로써 피아노에 담아냈다. 그들은 악보 없이도 귀로 익혀 곡을 만들었고 악기를 다루지 못해도 머릿속으로 음을 울릴 수 있었다.

쌍둥이처럼 옆에서 시간을 공유해온 그들은 멀어지는 듯하다가도 함께 꿈을 일궈가는 친구(연인)로서 서로의 부족함을 메꿔갔다. 그는 정신병원에 드나들면서 병마와 싸워왔지만 불굴의 의지로 밴드를 시작하면서부터 자신의 위치를 찾을 수 있었다. 인터넷에 여러 음원과 라이브 일정도 올렸다. 마침내 회사(미야케 쇼타)로부터 계약을 청해왔다. 그를 사회 구성원으로서 빛을 볼 수 있게 한 것은 역시, 음악의 힘이었다.

나는 이 소설 속에서 상대를 존중하는 사랑의 지혜를 보았다. 그토록 아끼고 사랑하면서 때로는 미워하고 슬퍼하면서도 같은 꿈을 향해 앞으로 나아가는 그 튼실하고 아름다운 모습에 감탄했다. 이 소설은 중학생이던 작중화자 나쓰코가 대학생이 된 이후까지의 꼭 10년 동안의 이야기다. "10년은 눈 깜짝할 사이에 흘러가는 짧은 시간이지만 10대 중반에서 20대 중반까지의 이 시기는 한없이 어리고 불안하기에 긴 시간이다."라고 이소담은 '옮긴이의 말'에서 피력했다.

미국 작가 샐린저의 장편 『호밀밭의 파수꾼』(1951)에서, 홀든(14세)은 콜필드 사립학교에서 쫓겨난다. 여동생 피비는 오빠가 정말 좋아하는 것을 말해보라고 보챈다. 오빠는 호밀밭의 파수꾼이 되고 싶다고 한다. 조그만 어린애들이 넓은 호밀밭 같은 데서 뛰어놀다가 절벽 밑으로 떨어지는 것을 막아주는 파수꾼! 조기 영재교육을 받고 잠깐 출세했다는 고위층 중에서 사회의 지탄을 받는 속물에 비하면 얼마나 심쿵한가.

친구들과 어울리지 못해 피아노에만 매달리던 소녀 나쓰코는 학교생활에 실패하고 괴로워하는 소년 쓰키시마를 만나 인간으로서 이성으로서 사랑에 빠진다. 나쓰코와 쓰키시마는 모든 것을 공유한 쌍둥이처럼 활동했지만 피를 나눈 쌍둥이는 아니었기에 적당한 거리를 유지하면서 부단히 부딪치고 깨지며 아픔을 겪으면서 오달진 사랑을 키워왔다. 어린 나이의 소년과 소녀가 꿈을 찾기까지는 비익조 · 연리지에서 살짝 비껴나 각자의 존재감을 인정하고 격려하는 지혜가 아주 돋보였기에 가능했다. 고등학교마저 마치지 못한 그가 자신만의 꿈을 만들어가기까지는 음악이란 자신만의 특기(재능)를 일찍 찾았기에 통과 제의할 수 있었다. 그에게 음악이 없었더라면 그는 경쟁사회의 허섭스레기로 남아 평생을 어둠 속에서 방황했으리라.

이 소설을 다 읽기도 전, 전주시내 초등학교 5학년에 다니는 맏손녀가 전교 부회장에 당선(2022)되었다는 복음이 전해졌다. 어쩌다 할아비 집에 들르면 잠꾸러기 같았고 특별한 행동을 발견치 못했기에 6명의 부회장 입후보자(6학년은 회장과 부회장, 5학년은 부회장) 가운데 당당히 당선되었다는 것이 나로서는 믿기지 않았다. 며느리의 말에 따르면, 원래 내성적이었는데 초등학교 암벽등반(클라이밍) 전라북도 대표선수로 활동하면서부터 성격도 활발해지고 매사에 적극성도 보여 아마 이 운동효과라고 진단했다. 마치 소설 속 쓰키시마가 음악이란 특기 때문에 새로운 세상을 열었듯이….

순갱노회蓴羹鱸膾

옛집의 향기 78
조상의 음덕 82
삶의 언저리 86

옛집의 향기

영국의 시인이며 화가인 윌리암 모리스는 『노동과 미학』(2018)에서, "예술은 우리가 가는 곳이면 예술이 없는 곳이 없다. 조용한 시골이나 번잡한 도시나 모두가 예술이다."라고 했다. 그는 보이는 곳마다 유현한 생각으로 예술과 하나 되는 삶을 살아온 것 같다. 그에게는 빈티지한 시골의 풍경 곧, 고향의 추억이 동양화의 한 폭으로 남겨져 있는 흔적마저 존재가치가 넉넉한 예술이란 영감을 부여했다. 그렇다. 고향의 야트막한 봉우리에도 더께 묻은 돼지막과 소망통의 거미줄에도 녹슨 삽과 괭이의 무딘 날에도 어머니의 휘늘어진 젖가슴의 향취에도 예술은 살아 꿈틀거린다.

오늘따라 거친 땅에 논밭을 일궈 곡식을 심는 무텅이 짓을 너나없이 했던 그때 그 시절이 당긴다. 자기 출생은 자기가 재단하지 못한다고 했던가. 나는 농가의 8남매 장남으로 해방 이듬해에 태어났다. 첫 어머니는 불임의 통한을 겪었고 두 번째 어머니로부터 기다리던 맏이로 태어났으니 얼마나 귀엽게 자랐겠는가. 당시만 해도 장손 우선주의에 힘입어 큰 사랑을 내 한 몸에 받았기에 지금 생각하면 동생들에게는 미안한 구석이 퍽 많았음을 느낀다. 소가 끄는 심경深耕 쟁기가 아니면 벼농사가 불가능했던 그땐 그랬다. 5~60년대만 해도 우리는 1인당 국내 총생산이 지금의 아이티나 가나와 비슷해 인구 40%가 절대빈곤 속에 살았다. 그런 때에 보릿고개와 무관했던 우리 집은 상머슴과 애머슴을 두었으니 나의 오롯한 기세는 등등했다.

이 무렵 『정읍향토편람』(1965)에 따르면 정읍군의 총인구는 28만여 명이었다. 지금의 정읍시는 10만 6,814명(2021. 10.)으로 절반 이상 팍 쪼그려들었다. 그래도 당시 정주읍의 인구가 48,212명일 때 우리 소성면은 16,441명으로 당당했다. 그러나 지금은 2천 명 안팎의 초라한 모습으로 추락했다. 이는 저출산과 함께 국가의 미래와 국토균형발전을 내팽개친 채 끗발 좋은 우량기업을 수도권에 재우친 결과, 지방과 수도권의 차이는 다윗과 골리앗이 되어버렸다. 쓸 만한 일자리가 지방에 즐비하다면 뭣 땜에 젊은이들이 수도권으로 몰려들까. 땅과 집값 때문에 수도권이 몸살을 앓는다면 알토란같은 취업자리를 지방으로 내려 보내면 될 일이 아닌가. 이처럼 수도권의 비대화는 힘깨나 쓰는 기득권층과 졸부들의 편집증적 축재의 수단임을 누가 모르랴만….

폐일언하고, 우리 집은 70년 초까지는 살림이 괜찮았지만 연 3년째 가뭄을 겪은 이후부터 가세가 급격히 기울어갔다. 지금은 바둑판처럼 경지정리가 잘 되고 농수로마저 도시의 상수도가 부럽지 않을 정도로 현대화 되었다. 당시에는 천수답이 대부분이던 터에 우리 집처럼 둠벙 낀 논은 기름진 옥답이 아닐 수 없었다. 그러나 긴 가뭄 끝의 논바닥이나 물웅덩이가 희부윰한 돌덩이로 변해버린 기억이 아직도 얄밉다. 비가 때맞추어 알맞게 내리고 바람이 고르게 부는 우순풍조를 얼마나 기다렸던가. 부모님의 가슴까지 타들어갔던 가뭄 앓이를 그 어떤 펜으로도 쓸 수 없고 어떤 종이에도 기록할 수 없을 정도로 메말라갔던 그때가 아직도 생생하다. 옛말에 논에 물이 차면 밥 안 먹어도 배부르다고 했는데, 이 끔찍한 한발기화旱魃起禍로 환갑을 갓 지나 소천하신 아버님과 이미 작고하신 두 어머님이 오늘따라 눈앞을 아른거린다. 한편, 백년해로의 언약을 잘 지켜주고 있는 조강지처와 튼실한 1녀 2남의 육아 시절, 그리고 향수에 어린 추억들이 곡진하게 다가온다. 지금 정도의 열린 마음으로 부모님과 가족, 그리고 고향 이웃들에게 효와 사랑의 열정을 얼추 쏟았더라면 요새는 더 많이 행복해야할 이유가 되었을 텐데, 아쉽다. 늘그막이나마 이 회한을 깨달았으니 그래도 참 다행이라고 억척 부려도 될까.

오늘보다 내일, 내일보다는 먼 훗날의 미래를 위해 뒤돌지 않고 앞만 보고 직진의 가속페달만 밟아왔던 지난날들이 참 바보 같고 후회스럽다. 그래도 아직은 내 곁을 지키고 있는 행복 알갱이들이 남아있으니 감사할 따름이다. 가람 이병기 선생의 삼복 자랑이 잊히지 않는다. 선생은 술복·제자복·난초복을 제자들에게 자랑했다. 그래서 생각해 봤다. 나의 경우는 술복과 제자복은 같을지라도 난초복 대신에 다음 것들이 감사함을 저울질한다.

비록 노쇠한 몸뚱이지만 구석구석을 가볍게 마사지하면서 '감사합니다. 감사합니다'를 되뇔 수 있는 여유가 첫 번째요, 아내가 아직까지는 건강하게 곁을 지켜주면서 살뜰히 내조하고 있으니 두 번째요, 도서관에서 맘대로 책들을 빌려 재밌게 읽고 글을 쓸 수 있음이 세 번째요, 지인이라도 만나면 신선이 마신다는 유하주는 아닐지라도 소주 한두 병 정도는 거뜬히 비울 수 있음에 감사하지 않을 수 없다.

부모님이 남겨주신 밭뙈기는 마을 이웃에게 선산 지킴용으로 내주고,

양전광택良田廣宅의 생가는 지난해 말끔히 손질하여 화단과 쬐끔한 채마밭까지 조성하니 200여 평이 마치 별장처럼 온몸이 평온함으로 스멀거린다. 돌아가신 어머니의 솥뚜껑 여닫는 소리도 들려줄 겸 나의 사랑 제자들과 지인들을 때때로 고택으로 초대, 번철로 구운 삼겹살 주효로 취흥을 돋우니 그런대로 살맛나는 한 세상이 오달지다.

젊은 시절엔 돈과 출세가 인생의 전부라고 여기고 그것만이 행복이라고 믿었지만, 세월에 지치다보니 마음의 평화와 건강이 가장 절절함으로 다가온다. 슬픔과 고통 속에서도 밝은 마음으로 묵묵히 걸어가는 게 진짜 행복임을 이제야 알 것 같다. 젊은 시절의 꼬장꼬장하고 가슬가슬한 성격도, 몹시 서두르며 부산하게 굴던 설레발치는 성격도, 지금은 많이 무디어져 남이 보기에는 너답지 못하다 할지라도 오늘의 내 모습이 진정한 내가 아니겠는가.

중국 윈난성 자연보호구역을 떠나 북쪽으로 1,300㎞ 넘게 이동했던 야생 코끼리 떼가 1년 반 만에 원래의 서식지로 돌아가는 모습이 드론으로 촬영, 언론에 보도(2020)된 바 있다. 하물며 인간이 잠시 떠난 고향을 다시 찾는 귀소본능은 당연한 자연의 섭리가 아니겠는가. "고향은 끊어버려야 할 족쇄이거나 헤어나려고 허우적거릴수록 더 깊이 빠져드는 늪이었다."는 김훈의 장편 『강산무진』(2006)의 소회가 나를 사로잡는다.

이제 유의유식하는 할배가 되고 보니 상서로운 기운이 집 안에 가득히 모인다는 서기집문瑞氣集門은 역시, 옛집의 향기가 일품일레라.

조상의 음덕

고향 시골 옛집 내부를 크게 수선하여 격주마다 이삼일 지내다 보니 삶의 활력소는 물론, 4칸 겹집 맞배지붕으로 아름답게 지으신 부모님에 대한 감사한 마음이 파르무레한 가을하늘만큼이나 높아 보인다. 그러나 무심한 세월은 뭐가 그리 바빠 쉼 없이 질주하는지 이 몸 또한 세월에 등 떠밀려 덩달아 노쇠할 수밖에. 그래도 고향의 집들은 허허하고 몇 남지 않은 이웃마저 허리는 굽고 다리는 뒤뚱거릴지라도 지난 시절의 추억거리만은 아름다움으로 살아 숨 쉬고 있다.

먼 곳에 뿔뿔이 흩어졌던 조부모님과 증조부모님, 그리고 고조부모님을 선친 형제께서 지금의 고향 선산宗山에 모시고 바로 옆에 사래밭까지 마련하셨으니 지금 생각하면 참으로 대단한 사업을 하셨다는 생각이 든다. 젊었을 때는 8남매 장남으로서 5대 봉사해야 한다는 부담감도 없지 않았으나 철들어 나이 드니 종산 지킴이가 곧, 노후의 행복 도가니가 될 줄이야. 산과 밭이 각각 300평 씩 모두 600여 평 중에 밭은 조상님들 봉분 벌초용으로 이웃에게 경작토록 했으나 선산 가녘은 잡목으로 우거져 이제껏 방치되어왔다. 엊그제까지만 해도 추석 때만 훌쩍 다녀보던 것을 지금은 고향 집을 찾을 때마다 두어 시간씩 잡목 제거를 하다 보니 힘들기는 해도 그 재미가 쏠쏠할 뿐 아니라 정신건강에도 보약으로 만만했다. 남들의 눈에는 눈먼 고양이 달걀 어르는 할묘농란瞎猫弄卵이라 할지라도 내 딴에는 승중자로서의 책임을 다하려는 자세로 이 작업을 시작했다.

이를 지켜보던 선산 관리인은 내 작업하는 모양새가 여들없던지 돕겠다고 나서는 것을 허실삼아 잡목을 제거하고 있으니 방해하지 말라는 맘에도 없는 말로 완강히 거절은 했지만 내심으로는 참 고마웠다. 전기톱보다는 크고 작은 새 톱과 황새낫만 들고 조금씩 잡목을 제거해 나갈 때마다 그 시원함은 칠칠했다. 선산 주위의 도래솔 36그루가 볼수록 청청하다. 이 중에서 확실한 연륜은 모르겠으나 200여 년이 훨씬 지난 세월 속에 한 아름이 넘는 거목들도 절반 이상이었다.

바오밥나무는 아프리카를 상징하는 거목이라면, 소나무는 우리나라 산세를 형성하는 상록수로서 고궁이나 왕릉을 비롯한 우리 조상님들의 영혼을 지키는 수호수이기도 하다. "남산 위에 저 소나무 철갑을 두른 듯 바람서리 불변함은 우리 기상일세"라는 애국가가 있음에도 우리는 큰 행사 때마다 편의상 1절만 부르다 보니 이마저 들을 수 없어 안타깝다. 그래도 겐찬허다며 대롱대롱 매달린 솔방울은 고향의 변함없는 친구처럼 그리움이 농익은 향수의 열매 되어 그 자태를 뽐어내고 있다. 조용헌은 『동양학을 읽는 월요일』(2012)에서, "소나무는 육체의 쇠락을 한탄하는 인간을 위로하고 안심시켜주는 영목이다."라고 했다. 그러기에 소나무처럼 늘 푸르고 젊게 학처럼 건강하게 오래 살라는 '송무학수'란 말을 우리는 곧장 덕담으로 주고받지 않은가.

아뿔싸, 지난날 어머님이 밭두렁에 불을 지피다가 그만 선산에까지 옮겨져 소방서에서 출동한 흔적이 아직도 소나무 밑동에 그을림으로 남아 있다. 그 화급 이후, 소나무들이 고사하기는커녕 여전히 의젓한 자태는 선산에 계시는 조상님 음덕이 아니겠는가. 한편, 소나무의 솔방울 안에는 빽빽한 비늘에 싸인 씨앗들이 빈틈없이 들어차 있는데 솔방울 껍질을 열어 씨앗을 방출시키기 위해서는 산불과 같은 강렬한 열기가 필요하다고 한다. 이를 위해서는 산불을 통해서만 튼튼하게 소나무가 자랄 수 있다는 통과의례는 과학적 이론일지라도 어쨌든 화마를 잘 견딜 수 있었음에 감사하며 나로서는 선산 둘레를 말끔히 잡도리할 수밖에. 사람으로 태어나서 수구초심하지 못하고 객사하는 운명이 얼마나 불행할까를 생각하면 왕릉에 비하면 초라할지라도 내가 묻힐 이 선산이 나에겐 국립묘지가 부럽지 않다.

소나무 이외의 웬만한 잡목은 톱으로 잘라내고 자잘한 것들은 긴 세월 쌓인 낙엽[腐葉] 때문에 낫으로 뿌리를 캐면 쉽게 제거되었다. 문제는 제멋대로 뒤엉킨 가시나무였다. 이놈은 얼굴이며 긴소매며 바지 사이로 깊이 파고들어 온몸에 상처내기 십상이다. 살갗을 살피면 여기저기 면도칼에 긁힌 자국처럼 그 흔적이 한두 군데가 아니다. 가시나무 이외는 톱으로 베거나 낫으로 치면 순순히 묵종하는데 이놈은 어찌나 다루기가 까다롭고 벌집을 쑤셔놓은 듯 온몸을 휘감으며 달려드는지 마냥 곤욕스럽다. 정호승의 인생동화집 『울지 말고 꽃을 보라』(2022)에서, 「대통령이 된 가시나무」 이야기가 주적거린다.

민주주의를 해보고 싶은 남해안 어느 섬에 나무들이 모여 회의를 했다. 그들은 그 자리에서 직선제 대통령을 뽑기로 의결하고 서둘러 대통령선거법을 정했다. 그런데 뜻밖에도 아무도 후보 등록을 하지 않았다.

> 나무들은 다시 긴급회의를 열었다. 이번에는 '대통령추대위원회'를 만들어 가장 나이 많은 나무를 대통령으로 추대하기로 했다. 위원장은 나무들 사이에서 가장 젊고 인기 있는 사과나무가 맡았다. 사과나무는 가장 나이가 많은 동백나무를 찾아가 간청했다. 그러자 동백나무는 "사람들이 좋아하는 동백기름을 만드는 일만 해도 벅차다"며 사양했다. 사과나무는 다시 오동나무를 찾았다. 오동나무는 "사람들이 즐기는 거문고의 좋은 재료가 되고자 노력하기에 마음이 바쁘다"고 거절했다. 포도나무를 찾았으나 역시 사양했다. 사과나무는 마지막으로 가시나무를 찾았다. 가시나무는 기다렸다는 듯이 선뜻 대통령직을 수락했다. 사과나무는 어깨에 힘이 잔뜩 들어가 있는 가시나무가 독재자가 될까 봐 은근히 걱정이 되었다. 그러나 이제 달리 선택할 길은 없었다. 대통령이 되겠다고 수락해 준 것만도 고마운 일이었다. 사과나무의 걱정은 그대로 적중되었다. 대통령이 된 가시나무는 자신의 분수를 알지 못했다. 자기가 가장 잘나서 대통령이 된 줄 알고 왕성한 번식력만을 자랑해 나갔다. 섬은 점점 가시나무 숲으로 뒤덮여갔다. 포도원도 과수원도 다들 못쓰게 되었다. 나무들은 후회했으나 이미 때는 늦은 뒤였다.

그렇다. 노계 박인노의 진중가사 「태평사」에 나오는 명구다. "유패회진有敗灰塵하니 불재험不在險을 알리로다." 이는 패전하여 잿더미가 된 후에는 요새지도 소용없다는 뜻인데, 전쟁의 승패는 지세의 험함에 있지 않고 사람의 지도력[德]에 있다는 말로 풀이되는 교훈이다. 우리나라 역대 대통령 중에서 누가 소나무이고 누가 가시나무인지는 우리들 가슴과 청사에는 명쾌하게 새겨져 있다. 그나저나 잡목을 제거할 때마다 온몸에 흠뻑 젖은 땀을 씻어낸 후, 소주잔과 대화하며 선산의 소나무 군락을 바라보노라니 조상의 음덕蔭德에 그만 취기가 불콰하다.

삶의 언저리

거친 땅에 논밭을 일궈 곡식을 심는 무텅이 짓을 너나없이 했던 그 시절, 잠시 부농을 일구셨다가 박정희 군사정권의 '농어촌부채탕감정책'이란 덫에 걸려 휘청거리던 깔딱고개에서 연 3년 가뭄까지 덮쳐 논밭을 태우니 자연스럽게 채무자가 된 기화奇禍로 환갑을 갓 넘기고 소천하신 아버님, 이미 작고하신 두 어머님(낳은 어머님과 길러주신 어머님), 백년해로의 언약을 잘 지켜주고 있는 조강지처, 든든한 1녀 2남, 그리고 이웃들과 함께 한 지난날들이 주마등처럼 머리를 스친다. 지금 정도의 열린 생각으로 이들에게 사랑의 열정을 얼추 쏟았더라면 지금쯤은 더 많이 행복해야할 이유가 되었을 텐데. 아쉽다. 늘그막이나마 이 회한을 깨달았으니 그래도 참 다행이라 억척 부려도 괜찮을까.

미국 출신 빌 브라이슨이 쓴 『재밌는 세상』(2006. 강주현 옮김)에서, 저자의 서문이다. "대체로 나는 어린 시절을 무척 즐겁게 보냈다. 부모는 말없이 나를 지켜봐주었고 자상했다. ~성장과정은 평탄했다. 특별히 고민하거나 땀 흘려 애쓰며 지낼 필요가 없었다."라고 했다. 나의 성장기와 어쩌면 그리도 어듬버듬하다.

젊은 시절 직장생활 때는 오늘보다 내일을, 내일보다는 먼 훗날의 보이지 않은 미래를 위해 뒤돌지 않고 앞만 보고 직진의 가속페달만 밟아왔다. 지금 생각하면 참 바보 같고 후회스럽다. 에움길의 여유와 아름다움마저 그냥 지나쳤으니 말이다.

그래도 다음과 같은 것들이 내 곁을 지키고 있으니 엄청 감사하고 행복이 어뜩어뜩하다. 미국의 호스피스 의사 카렌 와이어트가 25년간 저소득층 시한부 환자들을 돌봤고 그 중 8년간은 호스피스 병동에서 환자들의 마지막 나날을 모아 엮은 『일주일이 남았다면』(2011. 이은경)을 통해 나는 비운의 주인공들을 많이 만나 볼 수 있었다. 그들에 비해 나는 아직 건강한 신체에 감사할 여유가 있어 노쇠한 몸뚱이지만 구석구석을 가볍게 마사지 하면서 '감사합니다. 감사합니다'를 되뇔 수 있음이 첫 번째요, 아내가 아직까지는 알뜰히 내조하면서 살뜰한 모습으로 곁을 지켜주고 있으니 두 번째요, 넘치는 책들을 재미나게 읽고 글을 쓸 수 있음이 세 번째요, 지인이라도 만나면 신선이 마신다는 유하주는 아닐지라도 막걸리나 소주 한두 병 정도는 거뜬히 비울 수 있음에 행복 알갱이가 미덥다.

이왕 행복이란 말이 나왔으니 가람 이병기 선생의 삼복 자랑이 뒷골을 당긴다. 선생은 술복 · 제자복 · 난초복을 제자들에게 자랑했다. 그래서 생각해 봤다. 나의 경우는 어쩌면 술복과 제자복은 같을지라도 난초복 대신에 독복讀福 정도가 아닐까 한다.

아버님의 유산 양전광택良田廣宅 중, 밭은 이웃에게 종산宗山 지킴용으로 내주고, 생가는 지난해 말끔히 손질하여 화단과 쪼끄마한 채마밭까지 조성하니 200여 평이 마치 별장처럼 느껴져 평온함이 온몸을 스멀거린다. 내친김에 나의 사랑 제자 네댓 명과 지인들을 두어 차례 각각 초대하여 삼겹살 주효酒肴로 취흥을 돋우니 그런대로 살맛나는 한 세상이 여유롭게 그려진다.

젊은 시절 한때는 돈과 출세가 인생의 전부라고 여기고 그것만이 행복의 전제라고 믿었지만, 세월이 흐르다보니 마음의 평화와 건강보다 더 중요한 것은 없음이 절절히 느껴온다. 영국의 극작가 버나드 쇼는 『인간과 초인』(전4막, 1905)에서 "평생 동안의 행복! 그런 것을 견뎌낼 사람은 아무도 없다. 그건 생지옥과 마찬가지이기 때문이다."라고 했다. 그렇다. 슬픔과 고통 속에서 행복을 향해 묵묵히 설계하고 걸어가는 게 진짜 행복임을 이제야 알 것 같다.

그래도 천만다행인 것은 퇴직 이후, 책읽기와 자료정리, 그리고 글쓰기를 통한 문단활동은 제2의 안정적 직업인양 하루하루가 짭짤하게 바쁘기만 하다. 일상적 삶이 얼마나 단조로운 무채색인가. 특히나 늙어갈수록 무채색은 더 짙어오기 마련이다. 이 무채색에 고운 색깔을 덧입히는 것이 나로서는 '글쓰기'라 생각된다. 더군다나 노쇠해갈수록 창조적 상상력은 어두워지는데 글쓰기는 이러한 상상력을 자극하는데 최적이 아닐 수 없다. 아인슈타인은 상상력이 지식보다 낫다고 했다. 그럼에도 우리는 얼마나 상상력을 차단한 채 틀에 박힌 일상에 발이 묶여 살아왔던가. 다행히 글쓰기를 통해서나마 묶어진 발을 풀고 젊음 못지않은 창조적 상상력으로 훨훨 나는 오늘의 삶이 무던히도 값질레라.

젊은 시절의 꼬장꼬장한 성격도, 억척스럽던 걸쌈스런 성격도, 몹시 서두르며 부산하게 굴던 설레발치는 성격도, 지금은 많이많이 무디어졌으니 그런대로 남이 보기에는 '나'답지 못할지라도 오늘의 내 모습이 진정한 내가 아니겠는가.

그럼에도 지난날의 어리석고 미흡함의 언저리가 스산할 때마다 가수

정수라의 노래 「어느 날 문득」(2017. 작사 · 곡 홍진영)을 듣노라면 내 마음을 사진寫眞하는 것 같아 회한에 젖곤 한다.

어느 날 문득 돌아다보니/ 지나온 모든 게 다 아픔이네요
날 위해 모든 걸 다 버려야는데/ 아직도 내 마음 둘 곳을 몰라요
오늘도 가슴엔 바람이 부네요/ 마음엔 나도 모를 설움이 가득
어디로 갈까요 어떻게 할까요/ 아직도 내가 날 모르나 봐요
언제쯤 웃으며 날 볼 수 있을까/ 언제쯤 모든 걸 다 내려놓을 수 있을까
그땐 왜 그랬을까 그땐 왜 몰랐을까/ 사랑에 이별이 숨어있는지
어느 날 문득 생각해 보니/ 내가 없으면 세상이 없듯이
날 위해 이제는 다 비워야는데/ 아직도 내가 날 모르나 봐요
언제쯤 웃으며 날 볼 수 있을까. 〈이하는 반복적 가사라 생략함〉

인순고식因循姑息의 세태

나의 자화상은 92
에어컨 넋두리 96
그레섬의 법칙 100
삼남매의 아빠 104
옴마니 반메 훔 108
하루에 두 번을 112
메뚜기와 황충이 116
저 바다가 없었다면 120
인간 의지에 달렸다 124
우리 군대가 왜 이래 128
새 정부에 다시 기대해 본다 132
나의 손발 노비님께 감사를 136
분노는 필요악이 아닌 필요선 140
인공지능(AI)의 폐해를 예고한 프랑켄슈타인 144

나의 자화상은

내 자신은 나보다 상대가 더 잘 안다. 나는 내 얼굴도 마음도 볼 수 없다. 오직 구름과 같은 생각과 소 멱미레 같은 고집스러움이 나를 움직이다보니 제 논에 물대기일 뿐이다. 그러나 상대는 내 얼굴 표정과 눈빛, 그리고 행동 하나하나를 통해 마음까지도 꿰뚫어본다.

나는 나 자신에 대해 이토록 무지한 반면, 상대는 나를 수치로 나타낼 정도로 적확히 판단하고 있다. 나에 대한 나 자신의 생각은 유아독존이지만, 상대의 판단은 나를 알고 있는 많은 사람들과 대체로 공감대를 형성하고 있다. 그러므로 다른 사람들에게 나 자신을 소개하는 경우는 교만으로 치닫든, 겸손으로 몸을 낮추든 속심보다는 외양 가꾸기에 머무를 수밖에….

셰익스피어의 『베니스의 상인』(1막1장, 1596)에서도 자신의 무지에 대해 투덜대고 있다. "진실로 말하지만 나는 나 자신이 왜 이렇게 슬픈지 이유를 모른다. 갑갑해서 미치겠다. 내가 왜 그렇게 슬픈지, 원인이 무엇인지, 어디서 생겨났는지 도대체 모르겠어. 아직 나 자신에 대해 배워야할 게 너무 많아."

멋들어진 자아탐지기가 있다면 모를까, 역시 나 자신을 나보다는 상대가 정확히 판단한다는 사실을 아직까지는 부정할 과학적 수단은 없다. 어쩌면 우리는 진정한 내가 아닌 허상의 움직임 속에서 이제껏 살아온 것 같다. 진정한 내가 나를 챙기면서 산다는 것은 시심 속에서나 소설 속 문장에서나 가능한 일인가 싶다. 그러기에 나 자신을 감추고 속이고 그것도 모자라 고개 숙이며 사는 것을 아름다운 삶으로 착각하면서 지금까지 살아왔지 않나 생각된다. 정녕 나의 자존감을 목청껏 왜장치고 싶거든 가수 남진의 '나야나'란 노래로 대체할 수밖에….

어쩌면 나 자신의 소멸 시대에 우리는 살고 있다. 독일 프란츠 카프카의 중편 『변신』(2016)이 20세기로 넘어오는 자본주의의 체제 속에서 개인이 마주하는 존재의 불안과 죽음만이 개인의 자유라는 개인의 실존적 비극을 그렸다면, 21세기의 자본주의는 개인의 존재 자체를 소멸시키는 정어리 떼에 비유한 미국 출생 호시노 도모유키의 장편 『오레오레』(2010)가 이를 잘 묘사해주고 있다.

> 정어리 하나는 자유자재로 바다를 헤엄치는 것 같지만 실은 주위의 정어리에 맞춰서 군무를 함께 추고 있을 뿐이다. 거기에는 자신의 생각은 없다. 무리에서 떨어져 나가면 잡아먹힌다. 그러니까 주위의 정어리에 뒤처지지 않도록 열심히 움직인다. 전후좌우 위아래 어디를 봐도 정어리 떼만 있을 뿐 자신은 없다. 멀리서 바라보면 은빛으로 반짝이는 정어리의 무리는 장대하고 아름답고 역동적일지 모른다. 그러나 무리를 채우는 개개의 정어리는 단지 공포의 법칙에 이끌려 이리저리 휩쓸리고 있을 뿐이다. 무리에서 탈락하여 도태되지 않기 위해 시류에 물들고 시류에 올라타 부단히 헤엄친다.

역시 달마대사의 외침이 그럴듯하다.

“경전을 떠나 따로 전하니[敎外別傳], 문자에 의존하지 아니하고[不立文字], 곧장 사람의 마음을 가리켜[直指人心], 지성을 보고 깨달을 지니라[見性成佛].” 그렇다. 나를 제대로 볼 수 있는 견성見成을 깨닫는다면 내가 바로 보일 것이라 했지만 모호하기는 마찬가지이다. 프랑스의 베르베르의 장편 『죽음』(2019)에서, ‘나는 누구인가?’라는 대답으로 쾌답을 듣고자 했으나 “육신이라는 수단을 빌려 영혼을 보다 발전시키기 위해서 살아가는 존재라고 생각한다.” 두리뭉실하기는 마찬가지다.

그래도 현실적인 견해는 버지니아 대학 심리학 교수 티모시 윌슨이 쓴 『나는 내가 낯설다』(진성록 옮김, 2007.)라는 책을 통해서나마 조금은 이해할 것 같다. “자기 자신을 잘 모르는 이유는 자기통찰이 부족한 점과 자신의 오만함으로 눈이 멀게 될 수도 있고 그것도 아니면, 자신의 삶과 심리를 매우 조심스럽게 검토할 시간을 갖지 않았기 때문이다.”라고 진단했다.

사람들은 자기 자신을 들여다볼 때에는 아마 장밋빛 색깔의 안경을 끼고 보기 때문에 굴절된 자아상으로 인식되지 않나 생각된다. 마치 자신의 허물이나 잘못과 같은 단점을 덮고 얼토당토않은 이유로 스스로를 포장하는 사람을 일컬어 ‘정신승리’라고 일컫는다. 이 정신승리의 원조는 『아Q정전』(1923)으로 널리 알려진 ‘아Q’이고 그를 탄생시킨 사람은 바로 중국 근대문학의 아버지 ‘루신’이 아니던가. 영국의 대문호 셰익스피어는 자주 인생을 연극에 비유했다. 그런데 그 연극은 극작가도 연출가도 주인공도 자기 자신이면서 단 1회의 공연뿐이라는 사실을 우리는 깨달아야 할 것이다. 미국 출생의 영국투자자 존 템플턴의 『템플턴 플랜』(2020)의 책 표지에 쓰인 문구다.

삶이 당신에게 어떤 것을 가져다 주느냐보다는 당신이 어떤 자세로 살아가느냐에 따라 당신의 삶은 결정된다. ~당신에게 주어진 환경은 당신의 삶에 색칠을 할 수 있다. 하지만 그것이 어떤 색깔이 될 것인지를 선택하는 것은 당신의 마음이다.

불교에서는 뿌린 대로 거두는 것이 자연의 법칙이라 했고, 기독교에서는 사람은 무엇으로 심든지 그대로 거두리라 했고, 힌두교에서는 뿌리지 않은 것은 거둘 수 없다고 했고, 유대교는 남을 윤택하게 하는 자는 자기도 윤택해진다고 했다. 우리는 지금 자기 생각만 옳다고 굳게 믿는 자기만의 신념과 세계관을 지키고 관철하기 위해 물불을 가리지 않는 혼돈의 세상 속에서 살아가고 있다.

이렇게 자기중심적으로 행동하기 때문에 나중에 독특하게 치러야 할 대가가 산더미처럼 쌓이고 결국엔 짊어져야 할 짐이 너무 많아 삶이 고단해질 것임은 모를 리 없으련만. 마치 동물적 본능에 의한 자기 이득 쟁취의 사고로 모든 일을 판단하는 미국의 전 대통령 도널드 트럼프처럼 말이다. 오직했으면 화가 김용민은 그림마당(경향신문, 2019. 8. 27.)에서, 우리나라의 방위비 분담금 인상만을 노래하고 일본한테는 70억 달러 미 농산물 추가개방을 힘으로 강제한다고 하여 '동맹'을 '돈맹'으로 표현했겠는가. 이 같은 실체가 나의 자화상은 아닐는지, 마냥 수긋해진다.

에어컨 넋두리

여름철도 잠깐인데 그마저 뜨겁다고 설레발치는 것은 자발이 지나쳐 순간의 안락만을 쫓는 인간의 과람이 아닌가 한다. 우리 집은 성능 좋은 선풍기가 무려 세 대나 있다. 우리 부부 각 방마다 하나씩, 거실의 중형선풍기 정도면 바람이 넉넉하다. 아내는 에어컨 바람에 대한 절대적 감정이 6·25 급으로써 나의 감정과 동급이니 역시, 부창부수일 수밖에. 그러나 한여름, 손주들이나 어쩌다 손님이 들이닥치면 좀 뜨악한 것은 사실이다. 하긴 요즘 담배 피우는 사람들을 '야만인'이라고 한다는데, 에어컨 없는 사람을 '좀팽이'라 여길까봐 때로는 눈치도 살펴진다. 그렇다고 에어컨까지 매달고 싶지는 않다. '살면 얼마나 산다고?' 한다면야 지금 당장 아파트라도 팔아 살 수는 있겠지만 굳이, 호수 속의 달을 건지려고 어리석게 굴 수는 없잖은가.

공부한답시고 호롱불 밑에서 몽당연필에 침 묻혀가며 회푸대 위에 꾹꾹 눌러쓰던 그땐 두레방석 위에서 나뭇잎 부채 대신 종이부채만 가져도 우쭐댔다. 선풍기는 당시의 부채에 비하면 지금의 인공지능(AI) 이상이었다. 부채의 다른 이름을 나는 손풍기手風器라 부르고 싶다, 손풍기가 발전하여 선풍기가 되었고, 다시 발전하여 에어컨, 이보다 태초부터 기능이 탁월한 선풍기(sun風氣)가 곧, 물바람임에도 '덥다 덥다' 하니 참으로 초랭이 방정의 임계점이 어디까지인지 어지럽기만 하다. 에어컨이 없던 시절, 밖은 실내보다 쾌적했다. 사람들은 더위를 피해 나무 그늘이나 시원한 모정茅亭을 찾아 이웃과 담소로 친교를 나눴다. 아이들은 친구들과 물놀이로 더위를 즐겼다. 지금도 그렇다. 더울수록 산을 찾아 삽상한 산들바람 쐬는 신선은 못될지라도 아파트 출입문을 살짝 열어젖히면 황소바람이 "에어컨은 사치품이다"라고 왜장치는 소리가 내 귀를 때린다.

토머스 에디슨의 백열전구(1879)가 세상에 선보이자 사람들은 그를 '마법사'라고 불렀다. 내가 처음 겪었던 전깃불은 호롱불을 쓰던 농촌에서 정읍시내로 이사 온 1956년이었다. 그땐 큰방과 건넌방 사이 벽에 구멍을 뚫고 전구 하나로 양쪽 방을 비췄다. 그것도 특선이 아닌 일반선(밤에만 전력 공급)이었는데 호롱불보다는 편리했다. 일본의 소설가 나스메 소세키(1867~1916)의 부인 나쓰메 교코의 『나쓰메 소세키 평전』(2018)에 따르면, 소세키의 집에 전등이 들어온 것은 1911년이라고 했다. 고루한 소세키가 '전등은 사치'라며 허락하지 않았기 때문에 그가 입원했을 때 부인이 혼자 결정하여 전기를 끌어왔다고 한다. 100여 년 전의 소세키와 지금의 나와의 생각이 같아 좀 씁쓸한 생각마저 든다.

우리 아파트는 전주에서 비교적 공기가 맑다는 효천지역의 12개 동 1,125세대다. 에어컨 실외기가 없는 곳은 우리 집을 포함, 한 동에 한 가구 정도나 그마저 없거나 했다. 한여름 실외기에서 열기를 뿜어대면 청정지역이란 말은 허상일 뿐이다. 각 모델과 바람의 세기에 따라 편차가 많겠지만 에어컨 2,000W, 선풍기 45W를 평균 기준으로 할 때 에어컨 하나가 선풍기 44.4개를 포식하는 소비량이다. 여름철 공동주택일지라도 거실 쪽과 개수대 쪽 창문만 열어놓아도 바람맞이는 거뜬한데 말이다.

설상가상으로 우리 정부기관조차 에너지 절약을 선도하기보다는 오히려 전력낭비를 부추기는 측면이 없잖다. 최근 10년 사이에 새청사로 이전한 지자체 및 공공기관 에너지 사용량을 신·구청사 별로 비교하면 경북도청 6.6배, 세종시청 3.9배, 충남도청 2.7배, 울주군청 3.1배, 춘천시청 2.6배, 한국전력거래소 3.1배 등으로 더 많이 소비하는 것으로 나타났다. 인구는 줄어드는데 청사는 골리앗처럼 커져만 가고 있으니 외화내빈이 어쭙잖다.

어찌 이뿐이랴, 시내 상가 대부분은 문을 닫아 인적이 거의 없는 시간인데도 건물마다 간판 네온사인, 전광판 같은 거리 조명으로 불야성을 이루고 있다. 외국의 경우, 프랑스는 간판에 네온사인을 거의 쓰지 않고 있으며 쇼핑센터도 15~17℃를 유지하고 폐점 후 불을 켜면 200만 원의 벌금까지 부여된다고 한다. 독일의 경우도 개문 난방을 금지하고 있으며 밤에는 공공건물 화장실 온수를 끊고 샤워는 5분만 하도록 절약하고 있다. 일본도 이와 유사한 것으로 알고 있다. 미국이나 유럽에서는 스마트 가로등을 도입, 사람이 드문 심야에 밝기를 낮췄다가 센서로 동작 감지 땐 다시 밝아지게 함으로써 에너지 절약을 지키고 있다.

미국의 에릭 딘 윌슨은 『일인분의 안락함』(정미진 옮김, 2023)에서, "에어컨은 마약과 같다"고 했다. 에어컨과 스마트폰에게 지배당한 오늘날의 포노 사피엔스(phono sapiens와 homo sapiens의 결합)들은 깊이 새겨들어야 할 명약이 아닐 수 없다.

나도 이참에 생각을 내비치고 싶다. 큰 거리 작은 거리 할 것 없이 자동차가 없음에도 좌회전과 직진 모두 신호등에 갇혀 필요 없는 공회전으로 인한 에너지 낭비와 매연을 뿜어내는데 정지선 도로바닥에 센서를 깔아 스마트 신호등과 연계, 에너지 절약 및 매연을 줄인다면 얼마나 좋을까.

한국전력은 2022년 32조 원의 영업 손실을 냈다. 2020년 자기자본 57조 원이 넘던 한전은 2년 만에 22조 원으로 콱 쪼그라들었다. 이럼에도 전기요금은 경제협력개발기구(OECD) 38회원국 중에서 37위로 가장 낮지만 전력 소비량은 미국 · 일본에 이어 3위란 징크스를 보이고 있다. 더욱 우려스러운 점은 한전의 송배전망의 시설 노후화로 대정전의 경우, 1초만 멈춰도 반도체 공장의 손실은 어마지두하다. 이처럼 한전의 부실 운영은 공기업은 물론, 민간 기업의 부실로 이어져 우리나라 산업 전체 생태계뿐만 아니라 국가안보에까지 심각한 치명타가 될 수 있음에도 정치권에서는 인기영합(표퓰리즘)에 찌들려 네 탓 내 탓만 하고 있다.

나는 이태 전에 농촌 옛집을 보수하여 아내와 함께 보름에 한 차례씩 1~2박을 하곤 한다. 수도권을 제외한 각 지방은 휑뎅그렁한 지 오래 되었고 우리 마을 역시 빙 둘러 빈집으로 허허한데도 밤새도록 켜놓은 상시등은 도시 못지않다. 우리 집 주변에도 서너 곳의 불빛이 겹쳐 농촌다운 맛을 잃어가고 있다. 심지어 안방에까지 훤히 비쳐 잠자리마저 불편했다. 참다못해 이장에게 가장 가까이 비치는 가로등을 우리 집과 반대 방향으로 돌리고 조도를 좀 낮추도록 부탁하니 이제 어슴푸레한 고향의 밤기운이 달빛과 함께 제 맛을 풍긴다.

그레셤의 법칙

악화가 양화를 구축한다는 말은 '나쁜 돈이 좋은 돈을 몰아낸다.'는 뜻인데 결국, 쉽게 번 돈이 피땀 흘려 어렵게 번 돈을 걷어차 버리는 경우를 일컫는다. 16세기 영국에서 활동했던 금융가 토머스 그레셤이 이러한 말을 했기 때문에 이를 '그레셤의 법칙'이라고 부른다. 그렇다면 과연 어떤 돈이 좋은 돈이고 어떤 돈이 나쁜 돈일까.

지금은 지폐가 통용되고 있지만 토머스 그레셤이 살았던 시대에는 은이나 동으로 화폐를 만들어 사용했다. 따라서 은의 경우, 순도가 떨어진 은화가 악화이고, 순도가 높은 은화는 양화이다. 순도가 낮든 높든 은화의 액면 가치는 같기 때문에 사람들은 순도가 높은 은화를 자신의 집에 보관하고 거래할 때는 순도가 낮은 은화만을 사용한다는 것이다. 그래서 악화가 양화를 구축한다는 말이 탄생되었다. 그러다보니 시장에서 나쁜 것이 좋은 것을 서서히 밀어내 나쁜 것만 남게 된다는 뜻으로 쓰였다. 모조품 때문에 정품이 사라지는, 가짜가 진짜를 밀어내는 현상이다.

2014년 브라질월드컵 조별리그 C조 최종전에서 우루과이 악동 공격

수 루이스 수아레스가 이탈리아와의 경기에서 수비수 조르조 키엘리니의 어깨를 깨물었다. 한두 번도 아니고 세 번이나. 갑작스럽게 당한 키엘리니는 기겁을 하며 쓰러졌고 수아레스는 오히려 자신이 피해자인 양 입을 손으로 감싸고 뒹굴면서 퍼포먼스로 위장술을 폈다. 심판 중에는 누구도 그 장면을 목격하지 못해 이빨자국까지 내 보이며 항의했지만 심판은 레드카드를 꺼내지 않았다. 이탈리아 팀은 이에 흥분한 나머지 한 골을 어이없이 허용, 16강 진출마저 좌초되었다. 기업들은 이것을 패러디하여 광고로 활용한 바 있었으니 악이 선을 이긴 사례로 널리 회자되었다. 스코틀랜드 출신의 로버트 루이스 스티븐슨의 괴기소설 『지킬 박사와 하이드 씨』(1886)에서 지킬박사는 키엘리니로서 양화, 하이드 씨는 수아레스로서 악화로 대치하면 안성맞춤이다.

한편, 아부 잘하는 직원이 능력 있는 동료를 모함한 후 승진을 거듭한다면 그게 바로 악화가 양화를 구축하는 꼴이다. 폭로가 난무한 선거판에서 청렴한 후보자가 부패한 후보자에게 밀리는 현상이 그렇다. 이러다보니 덕망과 양식 있는 지도자는 초야에 묻히고, 돈질 잘하는 알랑꾼들은 힘 있는 자리에서 악화를 주무르고 있음은 목하의 우리 정치판 현실이니, 이러한 더께가 쌓이면 쌓일수록 적폐가 되어 국민들의 원성은 높을 수밖에…. 우리의 지난 역사를 뒤돌아보면 정치적 적폐는 수없이 많았으나 '청일전쟁'(1894~1895)을 예화로 들면 보다 쉽게 이해된다.

청일전쟁이 이루어진 장소는 청나라도, 일본도 아닌 주지하다시피 우리의 조선 땅이었다. 청일전쟁은 근본적으로 일본에 의해 시작되었다. 일본은 청나라를 몰아내고 동아시아의 패권을 가지려고 안간힘을 다했다. 당시 청나라는 전쟁을 피하려고 했지만, 일본은 이미 청나라와의 전쟁을 내부적으로 결의한 상태였다. 그런 위기상황에서 방아쇠를 당긴 쪽은 청나라도, 일본도 아닌 우리 조선정부였다. 그 무렵, 조선 정황은 일촉즉발이었다. 1894년 동학혁명이 발발, 전주성이 동학군에게 점령당하자 정부군은 동학혁명군과의 싸움에서 결코 이길 수 없다고 판단, 청나라에 원병을 요구했다. 조선의 요청에 따라 청나라 군대가 출동하자, 일본정부는 1885년에 청나라와 일본이 맺은 '텐진조약'을 빌미로 조선에 함께 들어왔다. 이로 인해 청과 일본은 다툼이 일지 않을 수 없었다. 결국 1894년 7월, 일본이 선전포고도 없이 청나라의 군함을 공격함으로써 청일전쟁의 화약고는 터지고 말았다. 어쩌면 청나라 군대의 조선 출병은 일본정부로서는 전화위복의 발판이 되었다.

청나라는 조선이 오랫동안 그들의 조공국租貢國이며 속국일 뿐이라고 주장하던 터였다. 이런 상황에서 청나라에 파병을 요청했으니 조선이 자주국이란 말에는 자충수가 될 수밖에. 이에 조선의 대신들은 한결같이 파병요청을 반대했으나 오직 친일 반민족행위자 민영준 만은 파병요청을 강력히 주장했다. 청나라 군대가 들어오면 청나라의 권한이 강화되는 위험도 있겠지만, 동학군이 승리를 거두면 동학군에게 나라를 빼앗길 위험이 더 끔찍했기 때문이다. 이 같은 절체절명에서 우의정과 좌의정을 지낸 김병시金炳始 한 사람을 제외하고는 대신들 모두가 파병에 찬성하는 입장으로 돌아섰으니, 나라보다는 정권 구하기가 화급했다. 이야말로 악화가 양화를 제대로 구축驅逐해 버렸다. 국가를 위한다면 누가 정권을 잡는가보다는 조선의 독립국임을 먼저 생각했어야 했다. 그러나 민 씨 일파는 조선이 청나라의 속국이 될지라도 정권만 빼앗기지 않는다면 파병요청은 당연한 귀결로 보았다. 영화 「조선 명탐정」(2018. 2. 김석윤 감독)에 나오는 대사의 일부다.

왕이 나라의 주인이 되어서는 아니 되네. 나라의 주인은 백성이어야 하네. 지금의 조선은 백성의 것이 아닐세. 백성을 위해 일하는 자들이 백성 위에 군림하고 자기 것을 지키려 패를 가르고 싸우는 자들, 사리사욕에 눈이 멀어 왕 앞에 붙어 간언하고 자기와 다르다 하여 역도로 모는 그들, 지금의 조선은 그들 것이네.

그러고도 자그마치 130여 년이 지난 지금도 나라 걱정보다 패거리 정권 유지에 온갖 불법과 비상식적인 일들이 정치권 한복판을 누비고 있으니 하늘마저 어둑시근하다. 내 쪽에서 하면 로맨스, 상대 쪽에서 하면 불륜, 내 편에서 하면 옳고, 반대편에서 하면 그릇되고, 우리가 하면 체크리스트, 너희들이 하면 블랙리스트라는 편견이 정론으로 굳어져 가고 있다. 어쩌면 오늘의 정치판이 마치 청일전쟁 당시의 조선정부와 어찌 그리도 맞주름인지 선거판 공약들이 신기루였음을 깨닫게 한다. 힘깨나 쓰는 자는 '권력은 측근이 웬수이고 재벌은 자식이 웬수다'라는 말을 명경지수로 삼아야 하는데 말이다.

괄태충(민달팽이)은 개구리를 무서워하고 개구리는 뱀을 무서워하고 뱀은 괄태충을 무서워한다고 했던가. 고관대작은 대통령을 무서워하고 대통령은 국민을 무서워하면 우리 정치도 나날이 발전할 수 있었을 텐데. 그러나 그 누구도 무서워 할 줄 모르는 무뇌인들의 '그레셤의 법칙'이 현실을 지배하고 있으니 이를 어이할꼬.

삼남매의 아빠

꿀꿀이죽 · 보릿고개 등이 생활중심어가 되어 먹는 것에 껄떡이던 그땐 그랬다. 조국근대화를 위해 경제발전과 외화획득이 절절할 무렵, 독일에 간호사(1961)와 광부(1969)를 파견함으로써 지옥에서 부처를 만난 것만큼이나 반갑고 고마웠던 때가 엊그제 같다. 80년대도 그랬다. 우리 근로자들은 중동으로 진출, 가족들에게 외화를 송금함으로써 대한민국의 경제성장에 첨병 역할을 했다. 그러나 화교들은 지구촌 곳곳에 진출하여 성공하지 않은 곳이 없었는데 유독 우리나라에서는 눈물을 흘려야만 했던 때가 있었다.

일제강점기 때만 해도 조선에는 6만여 명의 화교들이 비교적 윤택하게 살았고 우리나라 전체 인구의 0.3%에 불과함에도 전체 납세액 5.3%를 납부했다. 우리의 평균 소득보다 20배 정도 많았다. 그럼에도 화교와 중국음식점이 사라지게 된 것은 1961년부터 외국인 명의의 토지와 건물 등 부동산 소유가 금지된 까닭이었다. 부동산은 예나 지금이나 재산평가의 주요 목록이었다. 화교들은 부동산을 소유할 수 없을 뿐만 아니라, 기 소유한 부동산마저 한국인에게 명도해야만 했다. 그리고 80여

년이 지나서야 법무부는 한국 영주권을 지닌 외국인의 미성년 자녀가 한국국적을 쉽게 취득할 수 있도록 하는 내용의 국적법 개정안을 입법 예고(2021. 4. 26.)한 것은 만시지탄이나마 다행이 아닐 수 없었다. 이런 수혜 대상자 가운데는 중국 국적의 화교자녀가 가장 많은 것으로 알려졌기 때문이다.

그러나 아직까지도 외국인을 배타적으로 대하는 것은 우리나라가 세계적 수준이다. 경남의 한 건축업자가 우즈베키스탄 출신 이주노동자 4명에게 밀린 급여 440만 원을 동전 2만2천여 개로 지급한 사건(경향신문, 2016. 6. 15. 사설)은 인면수심의 극치가 아닐 수 없다. 2004년 외국인 고용허가제가 시행한 후, 이주노동자들이 밀려들면서 외국인 노동자는 60만 명을 넘고 있다. 상당수가 한국인이 기피하는 열악한 환경과 근로조건 속에서 3D 직종에 일하고 있으며 저출산 고령화에 따른 노동력 부족을 이들이 겁나게 메워주고 있다. 그럼에도 이들에게 욕설과 폭행, 임금체불이 비일비재하다는 보도는 폭풍이 매섭게 치닫는 날씨에 허술한 뗏목을 타고 대양을 횡단하라는 갑질로밖에 비쳐지질 않는다.

한국을 기회의 땅으로 여기고 찾아온 이들을 단순한 경제적 도구로만 생각해서는 안 될 일이다. 근본적인 법적대책이 화급하다. 우리 민족은 세계 유일의 '단일민족'임을 이제껏 긍지로 삼아왔다. 그러나 세계화와 저출산 문제가 코앞에 다가오고 있으니 이제는 우리도 다민족과 다문화가정을 반갑게 맞아야 할 때가 되었다. 이것만이 미래사회에 대처하는 지혜로운 자세라 믿는다.

탈북 작가 장영진의 자전적 장편 『붉은 넥타이』(2015)에서의 지문이다. "이웃집 삼순이네는 줄줄이 딸만 여섯이었다." 길거리에서 누더기 옷에 보퉁이를 맨 사람들의 모습을 쉽게 볼 수 있었던 그땐 그랬다. 북쪽이나 남쪽이나 딸 여섯 정도는 거뜬했다. 그때만 해도 인구가 지나치게 늘어남에 따라 생활공간이 좁아지고 생활수준이 낮아질까 봐 인구압을 느꼈던 때였다. 그러나 지금은 저출산 시대로 역주행하고 있지 않은가. 다큐 미니시리즈로 방영된 KBS의 「인생극장」(2019. 10월 5부작)을 보노라니 대한민국의 인구정책이 호흡하고 있는지조차 의아했다.

남편 한경민(40)과 부인 박지연(42) 부부는 호주에서 만나 열애 끝에 결혼하여 3남 4녀를 두었다. 고향은 전남 구례에서 아버지 밑에 소와 과수원을 돌보다 독립하겠다고 나선 것이 제주도였다. 남편은 제주도에서 안정적인 일자리를 잡지 못하고 일용직으로 전전하고 있다. 이들에게 국가는 무엇을 해 주었는가. 집을 마련해 주었는가. 7남매의 학업과 진로를 책임 있게 선도하고 있는가. 이러지도 저러지도 않으면서 무슨 저출산 운운, 호들갑을 떨고 있는 정부의 꼬락서니가 참으로 원망스럽고 얄밉다. 이 정도는 그래도 봐줄만 하다. 이글을 쓰던 중에 나는 2021년 '어린이날'의 경향신문을 뒤적이다가 도대체 몰이해된 기사를 보고 대한민국의 인구정책이 과연 존재하는지 찜찜했다.

"서울 관악구 신림동 주택가에 있는 '베이비박스'에 태어난 지 1주일도 되지 않은 여아가 들어왔다. 2009년부터 올해 3월까지 이곳엔 출생신고가 되지 않은 934명의 아기가 맡겨졌다. 유기된 아기들은 주민등록이 되지 않아 국가가 제공하는 모든 복지에서 배제된다."

그렇다면 우리나라는 저출산에서 해방된 나라인가. 베이비박스는 서울만이 아니라 전국 각 도시마다 설치되어야 마땅할 것이며, 이곳에서 버려진 아이는 주민등록법을 고쳐서라도 해당 기관장이 보호자가 되어 주민등록에 곧바로 등재시키는 것은 물론, 정부는 이 아이들을 훌륭하게 길러내야 할 책무가 있다. 이러한 사각지대가 없도록 복지제민福祉

諸民을 위해 국가가 있고 정치가 있지 않은가. 이러고도 저출산 운운하며 너스레만 떨 일인가. '여성가족부'의 존재 이유가 던적스럽다.

3년 전, 시골 옛집을 개축하면서 마당에 시멘트 작업이 필요했다. 레미콘과 함께 인부를 쓰는데 외국인 근로자(시멘트기술공, 우즈베키스탄)를 인력시장에서 모시는데 15만 원이라 했다. 건장한 체구에 어찌나 호남好男인지 나는 그만 그에게 매료되고 말았다. 그래서 나는 "저 총각 내가 중매할까"라고 제의했다. 그랬더니 일행 중 하나가 "삼남매의 아빠예요."라고 귀띔한다. 우리말도 기본은 익혔고 일도 쉼 없이 잘했다. 점심은 배달음식이었는데 육류 중심의 반찬이었다. 그런데 안타깝게도 그는 계란말이와 야채만으로 반찬을 대신하고 우리와는 멀찍이 홀로 식사를 했다. 함께 가까이 와서 먹자해도 손사래를 쳤다. 아마 우한코로나 때문에 남에게 피해를 주지 않기 위한 배려가 아닌가도 생각됐다. 지금처럼 농어촌과 도시의 공장근로자 및 원양어선 등에서 외국인 근로자의 도움이 없었으면 어쩔 뻔 했겠는가. 우리의 청년근로자는 해마다 줄어가고 기피산업은 아예 넘보지도 않으니 외국인 근로자가 아니라면, 우리 경제는 아마 모두 멈춘다 해도 과장은 아니리라.

옴마니 반메 훔

한승원의 장편 『사람의 맨발』(2014)을 손에 들기 전, 한승원과 동향(장흥) 출신 이승우의 장편 『지상의 노래』(2012)를 억지로 읽은 직후였기에 큰 기대를 하지 않았다. 그러나 그것은 나의 건방진 착각이었음을 금세 알았다. 정말 맛있게 감동적으로 읽고 나의 태작駄作 「옴마니 반메 훔[唵麽抳鉢銘吽]」까지 탈고했으니 말이다. 전자는 후자의 20년 연상이다. 그래서 그랬을까. 그의 장편 『사람의 맨발』에서 "식물의 열매들이 세월 따라 익듯이 사람의 지혜도 세월 따라 익어갑니다."라고 했다. 후자는 아무리 대학교수라지만 전자의 지혜(소설가로서의 자질)를 붙잡기 위해서는 더 숙성이 필요했다.

그리고 전자의 소설을 감칠맛 있게 독파한 바로 그날, 조간신문을 들추니 '50억 퇴직금, 100억 · 1,000억 배당, 화천대유 요지경 돈 잔치'란 사설이 눈살을 찌푸리게 했다. 그 내용을 훑고 나서야 카필라성의 싯다르타 태자님이 출가를 결심한 그 심정을 넉넉히 헤아릴 수 있었다. 소설 속 불가촉천민(不可觸賤民, 인도의 최하층 신분)의 마을마저 싯다르타의 장인이며 숙부인 재정대신이 부동산 등을 착취한 기원전 5세기경의 분

탕질을 21세기 대한민국에서 몇몇 힘깨나 쓰는 몰지각한 야바위꾼들에 의해 복사판으로 재현되었으니 혼용무도의 세월마저 야심偌甚차다. 이 기회에 위 소설의 '불가촉천민의 마을' 교화와 그 결실을 착취한 몰골과 싯다르타가 출가를 결심하기까지를 먼저 살펴보고, 이어서 공정과 정의가 실종된 '화천대유'의 요지경 속 돈 잔치와 부동산 갈취에 대한 사설을 재탕해보겠다.

태자 싯다르타(19세)는 부왕(슈도나야)의 간곡한 간청으로 정사를 살피기 시작했다. 그는 부왕에게 카스트 계급 타파를 가장 먼저 간청했으나 계급사회는 신의 뜻이라면서 거부당했다. 한편, 태자의 최대 관심사는 '불가촉천민'의 마을을 우리의 지난날 '새마을 운동'과 같은 것을 벌이는 사업이었다. 그들은 전생에 너무 많은 죄를 짓고 이승에 태어났기 때문에 사람으로 대접 받지 못하는 것이라 믿고 한시바삐 다음 새 세상에서 불가촉천민을 벗어나 다시 태어나는 것을 소원하였다. 그런 믿음으로 그들은 아이가 출생하면 강물에 던지거나 생매장을 하여 빨리 죽게 하는 것을 당연시해왔다.

그러던 그들에게 돈벌이가 될 만한 뽕나무를 길러 잠실과 명주 짜는 공장, 양치기 농장과 카펫 공장을 세우도록 태자가 지원하고 매일 보살핀 결과, 불가촉천민들이 생기를 되찾기까지는 7년의 세월이 흘렀다. 이후 그곳은 촌민과 마을들이 불어나면서 유흥시설 등이 활성화되다보니 사람들이 운집하기 시작했다. 물론, 그 지역의 땅값은 서울 강남 이상으로 오르기 시작했다. 그런데 화천대유 · 천화동인 · 성남 대장동에서 보듯 가장 실권자인 태자의 장인이 부동산이며 공장을 모두 사들여 그곳 불가촉천민들은 다시 노예와 다름없는 지난날의 척박한 생활로 되돌아갈 수밖에…. 뒤늦게야 이런 사실을 안 싯다르타 태자는 부왕(슈도다나)께 재정대신 장인을 해촉시킬 것을 건의했으니 그의 위력은 신의 뜻이라며 받아들이지 않았다. 그러자 장인을 직접 찾아 담판을 벌였으나 적반하장으로 연금까지 당하고 말았다. 이제 출가할 때가 왔음을 결심하고 빠져나갈 기회를 엿보던 싯다르타는 망고나무 숲속을 무작정 걷기 시작했다.

싯다르타는 유리걸식하면서 수도 정진하다보니 몸에서는 광채와 향기가 나고 그를 대하면 편안한 마음과 훈훈한 분위기가 느껴지자 그를 따르는 제자들이 구름처럼 몰려들어 교단이 형성되기 시작했다. 벌치기 카샤파(가섭)를 비롯하여 사리푸트라 · 목갈라나도 기꺼이 제자로 합류했다. 마가다 왕(빔비사라)은 싯다르타의 가르침에 감화를 받고 교단을 위하여 거대한 죽림정사 전각을 지어 헌납까지 했다. 한 사문이 물었다. 수도를 하면 윤회와 저 드높은 신의 나라에서 다시 태어날 수 있고 극락세계라는 것이 존재합니까? 싯다르타는 빙그레 웃으면서 말했다.

"인간이 죽은 다음에 짐승이나 여러 계급의 사람으로 다시 태어난다고 집착하는 것은 스스로 미혹에 사로잡히는 것이고 마치 허깨비에게 집안 살림을 맡기는 것과 같습니다. 영원이란 시간이 쌓이고 또 쌓인 결과인데 이는 인간에 의해 만들어지는 것입니다. 현재 내가 정진하는 수양의 집적이 극락과 영원을 만듭니다. 당신도 해탈(속세로부터 벗어남)하면 부처가 됩니다."

싯다르타는 제자들과 함께 걸식을 하면서 고향 카필라바스투 성으로 향했다. 부왕 슈도다나는 태자 싯다르타를 보자마자 자기 몸속에 부처와 보살의 피가 흐르고 있음을 느꼈다. 부왕은 싯다르타를 향해 합장하고 "저도 부처님께 귀의하겠습니다." 그리고 엎드려 세 번 절하고 부왕은 말했다. "태자는 태자로서가 아니라 궁 안으로 들어가셔서 우리 사카족을 교화시켜주셔야겠습니다." 불가촉천민 마을의 부동산을 거머쥔 장인이며 숙부인 재정대신은 얼마 전 병이 깊어 자리에서 물러나 그의 저택에 있다고 했다. 싯다르타가 문병하니 눈 하나는 감기었고 틀어진 입술에서는 침이 흘러내리며 손마저 부들부들 떨고 있었다. 그는 자유롭지 못한 혀를 굴려, 어눌한 말씨로 "부처님께 귀의하고 싶습니다."라고 했다.

성남시 대장동 개발사업 시행사인 '화천대유'에 6년간 취업했던 곽상도 전 의원 아들이 퇴직금으로 50억 원을 받은 사실이 드러났다. 평상의 월급(32세, 대리급)은 230만~380만 원이었다. 이를 감안한 퇴직금은 2~3천만 원 정도다. 그런데 그 수백 배에 이르는 퇴직금을 받았다. '화천대유'의 대주주 김만배의 아내와 누나는 자회사격인 '천화동인'에 각각 872만 원을 출자하고 101억 원씩을 배당받았다. 남욱 변호사는 8,700여만 원을 넣고 1,007억 원을 챙겼다. 이밖에 사회의 저명 지도층 인사도 다발로 끼어들었다. 박영수 전 특검과 그의 딸, 이용해 · 권순일 전 대법관, 김수남 전 검찰총장, 강찬우 전 검사장, 원유철 전 의원…

〈『조선일보』 社說(2021. 9. 27.)〉

문재인 정부에서 '검찰개혁'이란 미명 아래, 사법권 및 민주주의를 '내 편 네 편[我是他非]'으로 환혹했듯이, 태자 싯다르타 시대의 사카족의 특권층은 '신의 뜻'이란 미명 아래 불가촉천민의 삶마저 갉아먹고 있었음은 예나 시방이나 인간의 끝없는 탐욕과 갈망과 위선은 조금도 변함없이 해일처럼 치솟았다.

태자 싯다르타 시절이나 '화천대유 하세요'란 인사말이 오간다는 대한민국의 요지경 속이나 조금도 다를 바 없는 비열한卑劣漢들의 각다귀판이니 싯다르타가 부처가 되기까지의 과정은 신화적 고전적 이야기만으로 지나칠 일이 아니다. 위 사설과 같은 실증적 사실의 논설과 어쩌면 그리도 판박이일까. 싯다르타 부처께서 이 사실을 아시게 된다면 "내 열반했기에 다행이지, 이 불법과 탈법의 꼬락서니를 어찌 또 보리오."라며 이승 밖에서도 결가부좌結跏趺坐를 풀지 않을 채 '옴마니 반메훔' 하시며 합장 묵언하시리라.

하루에 두 번을

미국의 가톨릭 평화주의자인 작가 도러시 데이는 스물여덟 살에 포스터와의 사이에서 임신했다는 기쁨을 에세이 『뉴 매지즈』에 실었다. "아무리 위대한 책을 썼다 하더라도 아무리 훌륭한 교향곡을 작곡했다 하더라도 아무리 아름다운 그림을 그렸다 하더라도 아무리 정교한 조각품을 만들었다 하더라도 내 아이(딸, 태머)를 품에 안은 그 순간의 기쁨보다 크지 않았으리라."

〈미국의 데이비드브룩스, 『인간의 품격』(김희정 옮김, 2016. 159쪽)〉

우리나라는 1970년 출생아 100만 명이 50년(2020)만에 24만 명으로 4분의 1이 줄어들었다. 합계출산율 0.78명(2022)은 충격을 넘어 경악스러울 정도다. 육아는 한 가정의 희생이 아닌 국가사회 책임이다. 결혼을 꺼리는 이유는 생계의 버거움과 자녀의 양육과 교육비(특히, 사교육비) 그리고 취업과 안정적인 주거 마련 등의 어려움이 겹겹이 쌓여있기 때문임은 강거목장의 지혜가 아니더라도 삼척동자도 다 알고 있다. 이에 국가는 아이 낳기에 필요충분조건을 채워주도록 코페르니쿠스적 사고의 제도개선과 실천이 절대적이다.

나는 8남매의 맏이로서 둘째와 셋째 동생은 일란성 쌍둥이였다. 쌍둥이는 이체일심으로 다른 형제와는 사촌 이상의 온도 차이를 풍긴다. KBS의 「인간극장」에서 '소문난 네 쌍둥이'가 방영(2009. 5.)된 바 있었고 10년이 지난 2019년에 '소문난 네 쌍둥이 그 후'가 다시 방영되었다. 다섯째 여자아이가 또 태어나 건강하게 잘 자라는 모습이 참 옴팡졌다. 4년 후에는 최초 자연분만으로 태어난 '우당탕탕 네 쌍둥이 육아진쟁'이 방영됐다. 네 쌍둥이는 70만 분의 1이라는 확률로 태어나므로 신의 선물이 아닐 수 없다. 가뜩이나 젊은이들이 육아문제로 결혼을 기피하는 세태를 고려한다면 '육아전쟁'보다는 '우당탕탕 네 쌍둥이 행복전쟁'이라 했더라면 윤슬처럼 빛났을 것이다. 이러한 프로그램을 통해 젊은이들에게 육아의 즐거움과 국가나 지방정부의 각종 혜택 등을 홍보하는 장으로 적극 활용, 일전쌍조一箭雙鵰의 효과도 누릴 수 있었을 텐데 아쉽다. 불편했던 공통점은 자기 집이 아닌 임대나 월세로 살고 있다는 것이다. 이들에게는 국가나 지자체에서 주거시설만은 제공했어야 온당했다. 한 가정의 자녀이기에 앞서 국력의 원천이기 때문에 그렇다.

다행히 가수 현진우(「나의 영토」의 원곡자)는 전처에서 낳은 아이 셋과 지금의 아내 사이에서 낳은 셋 등 여섯을 기르는데 다자녀 가정이란 큰 혜택으로 아파트 분양을 받았다고 『TV조선』 「스타다큐 마이웨이」에 출연(2023. 2. 26.)하여 밝게 웃었다. 현진우와 같은 다자녀의 가수는 각 지역의 행사장에 발바닥이 불붙을 정도로 마땅히 초빙돼야겠다. 결혼 적령기를 지나 비혼의 일급 몇몇 가수들에게는 두서너 곡 정도 부르도록 하고 4~5천만 원씩 아낌없이 주기보다는 이들에게 그 절반만이라도 나랏돈이 제대로 쓰여야 옳을 일이다.

정부는 2006년부터 16년간 280조 원의 예산을 쏟아 부었지만 저출산을 막지 못하고 오늘의 이 지경에 이른 것은 대통령을 비롯한 정책입안자들과 정치인들의 책임이 크다. 아마도 이들의 두뇌 깊숙이 곰팡이가 슨 탓이리라. 충북 제천은 아이 셋 낳으면 5천만 원, 경남 창원은 1억이란 금액을, 충남 청양군은 첫째부터 셋째까지 100만 원, 200만 원, 500만 원을 지급하던 것을 2021년부터는 500만 원, 천만 원, 천오백만 원으로 상향 조정하고 다섯째 이상이면 3천만 원까지 준다고 언론에 보도됐다. 참 어이없다. 이런 부스러기 잔돈으로 아이 낳겠다고 덤벼드는 젊은이들이 있다면 핑크색과 똥색마저 구분 못하는 얼치기가 아닐 수 없다. 이 언 발에 오줌 누기는 인권유린이요, 오히려 거지 근성을 키우는 역효과만 날 뿐이다. 나의 비견鄙見은 이렇다.

아이 셋 이상 낳으면 주택부터 해결해 주고 공무원이나 공기업 혹은 대기업에 취업하고자 하는 자녀에게는 우대조건을 넉넉히 주겠다. 아이의 숫자와 관계없이 부모에게 매월 한 자녀 당 50만 원씩, 다섯 자녀라면 250만 원을 '나라사랑 격려금' 명목으로 지급하는 제도를 도입하겠다. 필요한 예산은 전쟁의 승패는 병력이 결정하기 때문에 국방예산에 버금가는 국가예산을 우선적으로 책정하고, 이마저 부족하면 경제적 신체적 능력이 충분함에도 결혼이나 출산을 기피하며 자신의 행복만을 추구하는 차도지계借刀之計의 젊은 심뽀들에게 '독신세(싱글세)'를 아주 당당히 거둬들이겠다.

19세기 아일랜드 소설가 오스카 와일드는 "싱글들에게는 세금을 더 매겨야 한다. 그들만 더 행복하면 불공평하잖아"라고 했다. 결혼하여 육아까지 해당 가정에만 책임을 전가시킨다면 얼마나 불공평할까를 생각하면 오스카 와일드의 말은 세상에서 아주 공평정대한 말이 아닐 수 없다. 고대 그리스는 병력 유지를 위해 남성이 결혼 적령기를 넘기면 독신세를 부과하고, 30세가 넘으면 선거권마저 박탈했다. 로마의 아우구스투스 황제도 미혼 남녀에게 독신세를 거뒀고 여성은 셋째를 낳은 후에야 납세의무를 면제해 줬다. 이밖에도 이탈리아의 무솔리니도, 독일의 히틀러도, 냉전시대에서의 소련 · 폴란드 · 루마니아도 독신세를 물렸다.

"지금이 고대 그리스 · 로마시대며 우리나라가 공산주의냐?"고 독신자들은 왈왈거리겠지만 초저출산으로 나라의 운명이 풍전등화인데 시대와 이념문제로 비화시켜 노작거릴 여유가 없다. 일단 나라를 지켜야 한다는 국가 존폐의 위기 앞에서 아귀다툼할 촌음마저 사치다. 결혼하여 아이 잘 낳고 잘 기르도록 젊은이들을 끌어들이는 정책만이 애국의 지름길이다. 모쪼록 르네상스 시대 화가 산치오 라파엘로의 '성모자상(1505)'이 비혼자들에게 큰 울림이 되는 명화로 보일 수 있기를 바랄 뿐이다.

능력이 있으면서도 결혼과 출산을 애써 외면하면서까지 자아 실현코자 하는 우리 대한민국의 젊은이들은 과연 행복한 생활을 누리고 있는가. 「한국보건사회연구원」에 따르면, 우리나라 행복 수준은 경제협력개발기구 회원 38국 중 32위로 최하위(2021)인 것으로 나타났다. 이럴 바에야 결혼하여 안정된 가정생활과 함께 자녀들과 알콩달콩 사랑하며 노후도 즐기는 참살이 이상의 행복이 또 있을까.

나는 지난 주말, 고향(정읍소성)에서 종산宗山의 대나무를 자르고 있었다. 이날따라 아내 지인의 부음을 받고 점심때는 전주 시민장례문화회관을, 오후에는 외사촌 형수님이 돌아가셨다기에 수원 연화장례식장을 밤늦게 다녀왔다. 하루에 두 번을 조문하다 보니 신생아보다 사망자 수가 더 많은 우리의 암울한 현실[多死]이 마냥 슬펐다.

메뚜기와 황충이

술 마셔야 할 자리이기에 승용차 대신 시내버스(79번)를 타기 위해 전주 완산구 효천초등학교 동편 버스정류장에 도착했다. 지갑을 여니 당연히 있어야 할 신용(교통)카드가 보이지 않았다. 현금 이천 원과 만 원짜리는 여러 장이었다. 가끔씩 시내버스를 이용하지만 버스비가 얼마인지도 모르고 이제껏 덜렁대며 지내왔다. 그러니 당황할 수밖에. 할 수 없이 차에 올라 기사에게 사정을 얘기하니 2천원을 넣으면 5백 원이 나온다고 한다. 참 다행이었다. 그런데 자리에 돌아와 거스름돈을 확인하니 동전 400원과 50원짜리였다. 그래서 기사에게 이를 보이자 의심 없이 50원을 100원짜리로 바꿔줬다. 참 친절한 기사 양반이기에 거듭 고개를 숙여 '고맙습니다'란 말을 건넸다. 토요일일 오후였기에 평소보다 거리도 복잡하지 않았다. 약속 시간보다 일찍 도착하니 기분도 넉넉했다.

오늘 모임은 2023년 '교원문학회' 정기총회와 제7회 '교원문학상' 수상 및 제4대 회장 이·취임이 전주역 근처의 모 음식점에서 개최(17시)되는 날이었다. 공식적인 의식이 끝나고 식사와 함께 술을 마시는 시간이 되었다. 새로 취임한 회장은 평상시 나와 자주 대작對酌하는 유일한 대선배이기에 오늘따라 축하주로 더욱 맛있게 술잔을 주고받았다. 자리에서 벗어나 헤어지는 순간, 조금은 아쉬운 듯해서 제2차를 물색하고자 이곳저곳 기웃거려도 마땅한 곳이 없어 다음 기회로 미루고, 나는 다시 79번을 타기위해 전주역 시내버스 정류장으로 발길을 재촉했다.

마침 79번이 대기하고 있었다. 차 안을 들여다보니 기사가 운전석에 앉아 있었다. 닫힌 출입문을 두드리니 창밖만 응시하며 일체의 미동도 하지 않았다. 다시 문짝을 주먹으로 두서너 번 두드려도 계속 못 들은 채했다. 화가 치밀어 오르기에 "저 못된 놈 봐…"라는 말이 나도 모르게 입 밖으로 튀어나왔다. 그 소리는 들렸는지 기사가 차문을 열며 "왜 욕을 하느냐"고 덤벼들 듯이 나를 흘기는 상판대기는 50대 중반쯤 되어 보였다. 싸움으로 번질 뻔 한 순간, 어린아이의 손을 잡고 있던 한 아주머니가 다가서며 "아저씨가 무슨 욕을 했다고 그래요."하며 나를 돕는다.

"그렇게 두드려도 귀가 안 들려?" 나는 다시 한 번 항변하면서 아주머니를 향해 "저런 놈이 운전하는 버스를 탈 수 없으니 우리 그냥 택시로 갑시다."하고 얼른 제안했다. 어디 가시냐고 물으니 서부시장 쪽이라고 한다. "그럼 제가 택시비 낼 테니 같이 갑시다." 날이 어둑어둑하고 나는 택시 잡느라 허겁지겁하다 보니 아주머니 얼굴조차 제대로 살피지 못했다. 아주머니는 시내버스 뒤 번호판을 스마트폰으로 찍으면서 "이런 놈은 고발해야 해요." 하면서 내 뒤를 따른다. 나는 택시의 앞자리에, 아주머니와 어린아이는 뒷자리에 앉아 달리기 시작했다.

자연스럽게 시내버스 기사의 밉광머리스런 얘기가 다시 튀어나왔다. 자기와 손녀가 여러 차례 시내버스 출입문을 두드려도 못 들은 채했다는 것이다. "오늘따라 즐거운 여행을 마치고 집에 가는 길인데 그 나쁜 기사 때문에 기분이 상했지만, 외지 사람이 저런 기사를 만났더라면 우리 전주의 인상이 어떻게 되었겠느냐?"며 버스기사에 대해 나보다 더 분기탱천했다. "0시 0에 출발, 0분 전부터 탑승할 수 있습니다"란 표지만이라도 버스 근처에 매달았어도 이런 불상사는 일어나지 않았을 텐데….

이야기에 취하다 보니 서부시장 쪽이 아닌 효자동 전신전화국(케이티) 방향으로 택시가 달리자 아주머니는 이 부근에서 내려달라고 한다. 그러면서 나에게 고맙다는 인사와 함께 이곳까지의 계기판 요금이 제시된 듯한 5천 원짜리와 2~3천 원?을 나에게 건넨다. 내가 사양해도 막무가내다. 그래서 나는 그 돈을 받아 뒷자석의 손녀에게 "아가, 이 돈은 할아버지가 주는 용돈이다."하고 손에 쥐여 주었다. 시내버스 기사의 몰지각한 몰골로 인한 언짢았던 기분이 아주머니와 손녀를 만나 이야기를 나누다 보니 불편한 마음이 조금은 정화된 듯했다.

전자의 시내버스 기사는 바보스런 내 행동을 친절하고 무탈하게 받아들이는 멋스러운 메뚜기에, 후자의 시내버스 기사는 몹쓸 행동으로 손님들을 짜증나게 했으니 농작물의 해충인 황충蝗蟲에 비유하고 싶다. 선과 악을 구분할 때 우리는 곧장 메뚜기와 황충을 빗대 설명한다. 메뚜기는 긴 다리로 천천히 이동하고 대부분 혼자서 조용하면서 우아하고 온순하고 점잖게 살아가는 반면, 황충은 대규모 떼를 지어 하늘을 까맣게 뒤덮으며 날아다니다가 농작물이 보이면 내려앉아 남김없이 먹어치운다. 이들은 같은 종임에도 사람들의 입장에서는 선과 악으로 확실히 구분한다.

본디 버스기사는 참 친절했다. 시골에서 노인들이 짐짝을 들고 시내버스를 탈라치면 후다닥 내려와 짐을 함께 운반해주고 얼굴에 미소 띠며 승객을 내 집 손님 대하듯 했다. 짐바리로 물건을 실어 나르던 그땐, 버스 운전수 모두는 밝은 용모에 마음씨 고운 이웃 아저씨였다. 그런데 오작동의 민주화 바람으로 노동자의 처우개선 운운하던 노동운동이 마치 무슨 혁명운동인 양 기업의 생산성마저 떨어뜨리는 노조운동으로 변질, 마침내 '귀족노조'로 악화가 양화를 구축해버렸다. 이러다 보니 메뚜기가 돌연변이 하여 황충이로 탈바꿈하게 된 것이다.

심지어 대통령을 비롯한 정부 및 정치권, 그리고 국민들조차 이젠 민주노총과 전교조는 더 이상 사회적 약자가 아닌 강성체로서 자기네 이익을 위해서는 불법마저 일삼는 악성 바이러스 정도로 인식하기에 이르렀다. 민주노총 출범 당시 산파역할을 했던 김준용 국민노동조합 사무총장을 비롯한 노동계 인사들이 '만민토론회'(2021. 8. 10)에서 "양아치 같은 노동귀족 주사파"라며 민주노총을 향한 비판을 쏟아냈다. 김 사무총장은 이날 '끝없는 타락 노동운동, 해묵은 숙제 노동개혁'이라는 주제로 서울시의회에서 열린 만민토론회에 참석해 "민주노총은 입으로는 약자 코스프레(피해자인 척)를 하지만 자본주의가 주는 온갖 혜택은 다 누리는 수혜자요, 비겁하고 불량스럽고 이익은 다 챙기는 양아치 같은 노동귀족"이라고 했다.

이젠 세상이 바뀌어 기업들도 강성노조에 시달리지 않아도 되는 때가 지금 눈앞에 다가왔다. 귀족 노동자 대신 AI로봇이나 챗GPT가 대신할 수 있는 직종이 늘어나면서 노동자 채용을 중단하는 사례가 현실화되고 있으니 말이다. 메뚜기가 황충이 되어 손님을 외면한 버스기사 양반, 이 글 잘 읽고 정신 바짝 차리게나. '자율버스'가 머잖아 거리를 주행할 테니까….

저 바다가 없었다면

당신과 나 사이에 저 바다가 없었다면/ 쓰라린 이별만은 없었을 것을/ 해 저문 부두에서 떠나가는 연락선을/ 가슴 아프게 가슴 아프게 바라보지 않았으리/ 갈매기도 내 마음같이 목메어 운다. 〈후략〉

위는 남진의 「가슴 아프게」(1960년대)란 가사의 모두冒頭이다. 남녀 사랑의 이별이 주제이다. 이즈음 나는 청소년 시절이었다. 물론 「가슴 아프게」도 애창하였지만, 안다성의 「바닷가에서」를 맨날 부르다보니 다른 노랫말은 어마지두 했을지라도 이 가사만은 줄줄이 외워 기회 있을 때마다 열창했다. 역시, 이 노래도 멀리 떠난 애인이 아직도 가슴에서 지워지지 않은 추억이 담겨 있다. 그러나 내가 이글에서 다루고자 하는 바다는 해상을 통한 통상 경제활동에 대하여 생각을 키워보고자 한다.

지금의 우리나라는 세계적인 경제 강국이 되었다. 우리의 문화 역시, 한류의 바람을 타고 세계로 뻗어가고 있다. 그래서 지나칠 정도로 우리의 자존감이 높아졌다. 이제는 우리나라가 미국의 그늘에서 벗어나 독자적인 길을 갈 수 있다고 착각할 정도에 이르렀다. 어쩌면 문재인 정부 시절, 중국과 북한 김정은의 눈치만을 지나치게 의식하여 미국의 오해를 불러일으켰듯이….

한편, 우리는 북한과 통일만 된다면 일본과 충분히 싸울 수 있다고 믿는 경우도 이해됨즉하다. 그러나 남북이 통일되기란 벌레 먹힌 나무가 강한 태풍을 이겨내기만큼이나 지난至難하다. 남북이 통일되어 군사력을 합치면 미국·중국 등에 이어 세계 3~4위의 군사력을 가지게 될 테니 이 정도면 일본과 싸워도 충분히 이길 수 있을 것이라는 자신감도 묻어날 만하다. 물론, 경제력과 군사력만 가지고 보면 지금의 우리나라는 강국이다. 하지만 우리나라는 다른 나라에 기댈 수밖에 없는 한 가지 치명적인 약점이 있다. 이 문제가 해결되지 않는 한 우리나라는 미국의 그늘에서 벗어나기 힘들다. 진정으로 자주적으로 국제문제를 결정할 나라라고 믿기 어렵다.

군사 무기가 아무리 좋아도 석유가 없으면 작동시킬 수 없다. 너비 약 50㎞, 최대수심 190m, 해협 북부에 케심·라라크·호르무즈 등의 섬이 있다. 교통·전략상의 해양요충지로 특히, 세계적 산유국 사우디아라비아·이란·쿠웨이트 등에서 생산되는 석유가 이 호르무즈해협이란 바닷길을 경유, 유조선으로 전 세계에 공급된다.

아무리 좋은 군대가 있어도 식량이 없으면 무용지물이다. 그런데 우리나라는 어떤가. 경제 강국이라고는 하지만 우리의 수입 의존도는 80%나 된다. 외국에서 식량을 수입하지 않으면 살아갈 수 없다. 쌀은 국민 주식主食이요, 농가의 60~70%나 되는 중심 소득원이다. 이런 쌀의 재고량이 연간 소비량의 절반에 이르는 200만 톤(2016년 기준)까지 치솟으면서도 수입에 의존하다보니 시장가격은 큰 폭으로 하락할 수밖에 없다. 그럼에도 수도권 등을 비롯한 전국토가 절대농지에서 풀려나 건축물 홍수 지역화가 되어 가고 있을 뿐만 아니라, 정부는 앞으로도 농지 보호는커녕 농업진흥지역 추가 해제를 저울질하고 있다. 우리나라 곡물 자급률은 23%에 그쳐 경제협력개발기구에서 최저수준이다. 통일 대박의 꿈을 이루려면 우량농지가 늘어나야 함에도 어쩌자고 번갯불에 콩만 튀기자는 것인지 유비무환의 비책이 절대적으로 필요한데 말이다. GDP에서 우리의 수출 기여도는 50% 이상이다. 우리는 수출하지 않으면 GDP가 바로 하락한다. 무엇보다도 우리는 석유가 나지 않기 때문에 전량을 수입에 의존하기 때문이다. 식량 및 석유 수입, 그리고 가공품 수출 등 이 세 가지가 현재 우리나라를 움직이는 생명줄이다. 그런데 이것들은 모두 바닷길을 이용해야만 가능하다. 더군다나 육로는 이미 북한에 막힌 상태이다. 그러므로 바닷길이 끊기면 우리는 바로 50~60년대의 후진국으로 다시 돌아설 수밖에 없는 퇴행을 맞는다.

바닷길을 주도하는 미국이 중동지역에서 우리나라로 오는 바닷길을 막고 유조선마저 우리나라로 들어가지 못하게 하면 만사가 끝장이다. 우리의 석유 비축량은 90일 정도이다. 그렇다면 유조선의 입항을 90일 정도만 막으면 우리는 원시사회로 복귀할 수밖에 없다. 생각만 해도 아찔하다. 비행기나 탱크가 아무리 좋아도 석유가 없으면 고철덩이에 불과하다. 길거리의 자동차도 마찬가지다. 전기가 끊기면 현대문명은커녕 암흑천지의 유령도시가 된다. 우리의 적은 북한임은 삼척동자도 다 알고 있지만, 이보다 더 무서운 적은 바닷길 위에서 유조선이 묶이는 극한상황이다. 그렇다고 멀리 태평양을 향해 총을 쏠 수도, 대포를 들이댈 수도 없지 않은가.

뱃길이 막히면 식량과 유류들 비롯한 모든 물자는 적막강산에 뒤덮인다. 그렇잖아도 우리의 식량 자급률은 절대적으로 태부족한 상황에서 식량이 제대로 조달되지 못한다면 80%는 굶어 죽게 된다. 바닷길이 막히면 일본도 우리의 처지와 오십보백보다. 그래도 중국은 자체적으로 석유도 조금은 조달할 수 있고 바닷길이 끊기더라도 육로의 유라시아길이 번듯하다. 문제는 걸프만 · 인도양 · 동남아시아바다 · 차이나해와 같은 바닷길에 대한 통제력을 미국이 쥐고 있다는 현실이다.

일본은 센카쿠 제도 등에 대한 지배권을 강화하고, 중국은 동남아시아 바다에 자신들의 힘을 키우기 위해 남사군도 등에 기지를 만들고 있다. 그런데 우리는 북한군을 상대하기 위한 해군력 이외, 대양에서 활동할 군사력이 없다. 우리의 바닷길은 전적으로 미군에 의존하는 상황에서 어찌, 미국을 가벼이 상대할 수 있겠는가. 따라서 우리는 미국 · 중국 · 일본 등 주변 국가들에게 잘난 척할 수 없는 지정학적 위치에 놓여있음을 망각해서는 안 된다. 그러기에 북한과 적대적으로 대치하고 있는 작금의 상황에서 '저 바다가 없었다면' 우리의 생명 길은 치명적인 크레바스와 같은 질곡일 수밖에 없다. 바다는 쉬는 법이 없고 쉼 없이 파도와 함께 움직인다.

그러므로 우리는 그리스신화에 나오는 바다의 해신 포세이돈과 그의 아내 바다의 여신 암피트리테와 함께 미국이란 바다의 수호신에게도 비대발괄할 할 필요가 충분한 현실을 어찌하랴.

인간 의지에 달렸다

그리스는 국토의 절반이 삼림지대였지만 기원전 600~200년 사이에 전 지역에서 집중적인 숲의 파괴가 진행되면서 1/10 정도로 줄었다. 난방과 도자기 및 선박 제작과 건설, 그리고 제철 등의 연료를 위한 목재 수요가 급증했기 때문이다. 또한 목초지 확보를 위해 숲을 불태웠고 그 자리에 가축을 방목하면서 삼림 황폐가 가중되었다. 나무가 사라진 허약한 토양은 비가 내리면 쉽게 침식되어 기원전 3세기에는 해안에 늪지대가 형성되었고 그로 인해 '말라리아'가 발생했다. 이처럼 삼림 황폐는 어느 시대나 환경문제의 척도이고 나라 운명에 직접적인 영향을 주었다. 이병철의 『역사의 시작은 현재다』(2017. 132~133쪽)에서는 다음과 같이 기술했다.

단일국가로는 가장 긴 역사를 자랑하는 천년왕국 신라의 멸망 원인을 삼림 황폐화에서 찾는다. 신라는 초기부터 제철업이 발달했다. 쇠를 녹일 수 있는 10,000C 이상의 열을 얻기 위해서는 숯이 필요했다. 숯은 일반 나무보다 열효율이 높지만 훨씬 비싼 연료다. 숯 1kg을 만들려면 나무 8~10kg이 필요했다. 삼국통일 이후로 서라벌에서는 숯이 가정용으로 쓰였다. 연기와 그을음이 없는 숯은 난방과 취사용으로는 최고급 연료였다. 그러나 숯의 지나친 사용은 삼림 황폐화로 직결되었다. 더구나 숯의 주재료였던 참나무를 남발하다 보니 흉년들 때면 구황救荒 식량으로 도토리 열매를 먹던 백성들의 굶주림은 더욱 심했다. 마침내 민둥산은 민심의 참독慘毒으로 작용했고 신라의 패망으로 이어졌다.

필리핀은 7천 개 이상의 섬을 가지고 있다. 미국 에린 엔트라다 켈리의 『안녕, 우주』(이원경 옮김, 2018)에 비춰진 남부 발라타마 섬에 관한 전설(작중화자 버질 살리나스 할머니의 얘기)이 섬찟하다.

발라타마는 한때 번성하던 섬이었다. 너무 번성한 나머지 사람들은 산짐승의 땅을 계속 빼앗고 또 빼앗았다. 언젠가부터 사람들은 날개가 코끼리만큼 크고 발톱은 칼처럼 날카로운 '파'라는 거대한 새의 숲을 겁 없이 베어냈다. 자신의 숲이 좁아지자 몹시 분노한 파는 점점 몸집을 키웠다. 마침내 거대한 날개로 햇빛을 가리게 되자 세상이 캄캄해졌다. 어둠에 갇혀 장님이 된 섬사람들이 길을 잃고 헤맬 때 파는 사람들을 집어 삼켰다.

나는 위의 '파'란 새가 '코로나'와 같은 악성 바이러스로 환생되었다는 생각이 번뜩 들었다. 木이란 한자는 나무 두 그루 모이면 숲[林]이 되고, 세 그루 모이면 삼림森이 되는 회의문자다. 한편, 쉴 휴休는 사람 인人변에 木자로 이루어져 있다. 사람이 나무 곁에 있을 때 휴식이 된다는 의미이다. 10분쯤 나무 아래 앉아 나무의 깊은 향을 음미하거나 낙엽의 바스락거리는 소리를 들으면 우리 뇌의 전두엽이 활성화되고 에너지가 배가 된다는 한 대학 연구물이 이를 뒷받침해 주고 있다. 프리드리히 니체는 심한 편두통과 우울증 때문에 교수직을 그만둘 수밖에 없었다. 두통을 벗어나기 위해 시간이 날 때마다 알프스의 산들과 호숫가를 걸으며 지냈다. 바로 이 시기(1879년 이후)에 쓴 책이 『차라투스트라는 이렇게 말했다』였다. 그렇다. 나 역시, 꼴값에 글 쓴답시고 컴퓨터 모니터만 쳐다보다 눈이 어질어질하면 창을 열고 먼 산봉우리에 이어진 숲을 한참 바라보노라면 눈이 맑아짐을 체감하곤 한다.

이처럼 숲은 우리 인간들에게도 건강이나 참살이의 청정에너지원으로써 그 가치를 셈할 수 없지만 숲에서 생존하는 동물들에겐 생명 그 자체이다. 감염병 연구의 세계적 권위자인 미국의 조나 마제트 교수는 "10년 동안 전 세계 숲이 황폐해지는 것을 막으면 코로나 이후 감염병이 다시 발발할 확률을 40%까지 낮출 수 있다"고 했다.

그렇잖아도 박쥐같은 동물들이 서식지를 잃고 동물을 키우는 농장 등지에 나타나면서 바이러스를 퍼트릴 가능성이 더 커졌다는 위험은 목하 현실이다. 사스와 메르스, 그리고 코로나19 등은 모두 박쥐가 가지고 있는 바이러스와 관련성이 깊다는 것이 일반적 학설이다. 박쥐는 전 세계 포유류의 약 25%를 차지한다. 밤하늘의 큰 별은 밝지만 짧게 살고, 작은 별은 어두워도 오래 산다지만, 동물의 수명은 대체로 몸의 크기에 비례한다는 통설이다. 이를 감안하면 박쥐는 쥐처럼 18개월 정도 살아야지만 수명이 무려 40년이나 되는 매우 독특한 생명체다. 이 바이러스가 박쥐의 분비물이나 침, 배설물 등을 통해 제2숙주에 전해지면 그 개체들은 즉각 감염이 되어버린다.

김진명의 장편 『바이러스 X』(2020. 72쪽)〉에서, "박쥐가 보유한 코로나 바이러스는 그간 인간에게 세 차례에 걸쳐 큰 위협을 주었는데 하나가 사향고양이를 통해 인간에게 전염된 사스이고, 또 하나가 낙타를 통해 인간에게 전파된 메르스이다. 그리고 세 번째가 2019년 우한에서 발생한 코비드19이다."라고 적시했다.

미국 콜로라도주립대학 콜린 웹 교수팀의 연구에 따르면, "박쥐가 보유한 바이러스는 총 137종이다. 박쥐는 바이러스를 보유하면서도 그 자신은 병에 걸리지 않도록 진화했다."고 했다. 과학자들은 이러한 박쥐를 없애면 오히려 바이러스가 확산할 수 있다고 한결같이 지적한다. 박쥐가 생물 다양성에 미치는 영향이 워낙 크기 때문인데, 박쥐가 멸종하면 이 바이러스들은 기생할 다른 동물을 찾기 때문이다. 그러므로 박쥐는 박멸하기보다는 보호해야할 대상이라고 질병생태학자들은 입을 모으고 있다.

아마존 원주민 카야포 부족의 족장(라오니메투크티레)이 브라질 대통령(보우소나루)의 아마존 개발을 작심 비판(2019. 1015)했다. "아마존 숲과 원주민이 심각한 위기에 처해 있으니 벌목과 파괴를 지속한다면 백인들을 포함해 우리 모두 이 땅에서 사라질 것"이라고 한 경고가 아직도 귓가에 뱅뱅 돈다. 숲 가꾸기는 목재생산, 물저장 및 공급, 탄소흡수 및 산소배출, 휴양 등 다양한 생태계 효과를 제공한다. 이밖에도 숲은 우리에게 경제적 · 환경적 · 사회적 효과 등을 발생시킨다는 것은 교과서에서만이 필요한 지식이 아니다. 우리 실생활에서 절대적으로 필요한 실용지식으로 옮겨질 때 비로소 코로나19 이후의 또 다른 변종이란 두려움에서 벗어날 수 있으리라.

그러기에 괘얀시하는 말이 아니다. '코로나19' 등의 악성 바이러스는 우리 인간의 끝없는 이기적 욕심이 그려낸 대작이다. 앞으로 이 대작을 걸작으로 승화시키느냐 아니면 졸작이나 안작, 더 나아가 폐품으로 폐기시키느냐는 오로지 인간 의지에 달렸다.

우리 군대가 왜 이래

최근 한국형 전투기(KF-21), 열 추적 미사일, 스텔스기를 잡는 양자·광자레이더, 디지털화된 조기경보기 및 전자장비, 그리고 북한 장사정포의 포탄 및 로켓탄을 요격할 한국형 아이언 돔 장사정포 요격체계 등 최첨단 무기개발은 우리 국방력의 버팀목이 아닐 수 없다. 그러나 전쟁의 승리는 최첨단 무기보다 강한 군사력인 군인정신에서 비롯됨은 상식적 평균법칙이 아니던가. 이러한 관점에서 부정적 마인드라 할지라도 시급히 채워 넣어야 할 군인정신을 중심으로 붓끝을 모아 보았다.

논 갈 때가 되어서야 물이 없어 허둥지둥 우물을 판다는 임경굴정臨耕掘井은 국방의 적이다. 나는 학사장교('69 ROTC)로 군 생활을 마쳤다. 보병학교 시절 귀에 농익은 교관의 말이다. "훈련 중에 흘리는 땀방울은 전쟁 중의 피 한 방울과 같다"는 말이나 빈틈없는 유비무환의 계략 즉, 기략종횡機略縱橫은 그때나 지금이나 시·공을 초월하여 변함이 있을 수 없다. 그럼에도 그때와 지금의 군인정신은 하늘과 땅 차이로 허발한 방향으로 변한 것 같아 마음이 착잡하다.

'군대 같지 않은 군대'는 『조선일보』의 원선우·이영관 기자가 연속적(上 · 中 · 下)으로 기획보도(2021. 5. 31.~6. 2.)한 기사 제명이다. 上에서 '군은 지금 적보다 민원이 두렵다'는 제1면 머리기사다. 병사들은 "밥이 부실하다, 코로나 방역이 과도하다"는 등의 휴대폰 폭로가 맹랑하게 이어진다고 한다. 지휘관들은 안절부절, 전 · 후방을 막론하고 '민원해결'을 위해 최우선 순위를 두고 근무하다보니 "여기가 군대인지 민원해결을 위한 동사무소인지 헷갈린다."고 호소하고 있다. 김정은에게 주눅 든 문재인 전 정부 시절의 이야기다.

군 관계자는 중 · 소 · 대대 급 훈련보다는 병사들의 '사고방지가 최우선'이라며 안달복달이었으니 대규모 한 · 미 연합훈련이 지난 2018년 9 · 19남북군사합의 이후 3년 째 컴퓨터 시뮬레이션으로만 진행되는 것과 어쩌면 맞주름이다. 실탄 사격장 군기는 엄격해야 함은 생명과 직결되기 때문이다. 그럼에도 훈련병이 사격장에서 떠들고 장난쳐도 어떻게 할 수 없다고 전한다. 간부나 조교들이 사격장에서 소리만 조금 질려도 윗선에선 "민원 들어오니 살살 해라"고 한다던가. 한 어머니는 저녁 점호 전 아들이 아프단 소식에 직속상관에 전화해 체온을 재서 알려달라고 한다나, 어쩐다나. 아들의 보직 변경이 어렵다는 지휘관의에게 "내가 당신네 부대 몰래 들어간 뒤 경계 뚫렸다고 퍼뜨릴 것"이라고 협박까지. 이밖에 전 법무부 장관 추미애 아들의 엄마찬스가 부메랑을 낳은 바도 있었다.

인간의 평균적인 주의집중 시간은 약 8초 정도로써 금붕어와 비슷한 수준이다. 일반적으로 우리는 약 3분마다 스마트폰이나 태블릿을 활용하는 이메일과 전화, 문자 메시지, 소셜 미디어 등으로 집중력에 방해를 받는다. 그런데 인권차원에서 군인들이 휴대폰을 마음대로 휴대한다니 지나는 소가 앙천대소할 일이다. 나는 학교장으로 재직할 때 학생들의 휴대폰을 학급별로 조회 때 담임이 보관했다가 하교할 때 돌려주는 방법을 택했다. 핸드폰을 몸에 지니면 수업시간이 제대로 운영되겠는가. 하물며 강인한 정신력이 요구되는 군대에서야 사적인 스마트폰 사용을 불허함은 군인의 기본 복무자세로서 사필귀정이 아니겠는가.

"한국 해군은 동경 124도 선을 넘어오지 말라" 지난 2013년 7월 중국을 방문한 최윤희 전 해군참모총장에게 우성리吳勝利 당시 중국 해군사령원(사령관)이 요구했다. 동경 124도는 백령도 바로 옆 해상을 지나 우리 해군의 작전권에 속하는 곳이다. 이후 중국은 우리 해군 함정이 동경 124도를 넘어 서쪽으로 이동하면 "즉각 나가라" 경고 통신을 하는 등 예민하게 반응하고 있다. 이는 중국이 서해를 자신들의 안마당으로 삼으려는 '서해 내해화'를 치밀하게 추진하고 있는 징표이다. 그들은 2020년부터 백령도 · 대청도 · 흑산도 서쪽 해역에 경비 함정 5척을 상시 배치하고도 124도 인근 해역에 각종 정보를 수집하는 대형 부표 8개를 설치운용하고 있다.

북한은 어떤가. 우리의 원전과 핵연료 원천 기술 등을 보유한 한국원자력연구원이 북한 해커로 추정되는 세력에게 해킹당한 사실이 당시 야당의원의 공개로 밝혀진 바 있었다. 뿐만 아니라 2020년에는 우리 해군의 모든 잠수함을 건조한 대우조선해양과 한국항공우주산업 등이 해킹당해 상당한 군사자료가 유출된 사실도 뒤늦게 알려졌다. 그런가 하면 지금 이 순간에도 문재인 전 대통령이 짝사랑하는 김정은은 꾸준히 핵시설을 가동해 핵무기 숫자를 늘리고 있고 미사일 등 신무기 개발을 계속하고 있다.

국군포로 문제도 참 어이없다. 국방부 · 통일부 등 7개 부처가 참여하는 '범정부국군포로대책위원회'는 1999년 발족, 매년 상 · 하반기 1회씩 정기회의를 소집토록 되어 있으나 문재인 정부 들어 단 한 차례만 개최했다고 한다. 유엔은 국군포로 숫자를 약 500명으로 추산(2014)한 바 있다. 이런 와중에도 우리 군은 고위 간부부터 말단 병사에 이르기까지 곳곳에서 사건이 빵빵 터지고 있다. 최근(2021)에는 성추행 부사관 사망사건과 부실 급식 논란 등 자질구레한 일들이 흘미죽죽하다. 어찌 이뿐이랴.

6·25전쟁 때 낙동강 방어선전투에서 국군 제1사단이 북한군 3개 사단을 격멸한 '다부동전투'는 사단장 백선엽 장군의 혁혁한 전공이었다. 나는 제1사단 15연대(7653부대)에 근무했기에 관심이 남다르다. 그럼에도 일제강점기 때 일본군에 복무했다는 점을 문제 삼아 장군님의 영결식(2020. 7. 10.)에 문재인 전 대통령마저 불참한 불경을 저지르고 말았다. 일제강점기 때의 일본군 복무는 칭찬할 일은 못될지라도 자의가 아닌 강압적·역사적 사회현상이었음을 어찌 모르랴. 설상가상으로 민주당의 친여단체는 대전현충원 안장식마저 저지하는 반대집회까지도 서슴지 않았으니 6·25전쟁의 영웅이자 창군의 주역인 장군님의 공과를 그들의 눈에는 보이지 않았던 모양이다.

한편, 비종교적 신념도 현역병 입대거부 및 예비군 훈련의 거부 사유가 된다고 대법원은 확정판결(2021. 6. 24.)했다. 나는 이 판결을 이해할 수 없었다. 가뜩이나 인구절벽으로 현역병이 해마다 줄고 있는 상황에서 종교적이든 비종교적 신념이든 개병제에서의 거부 사유가 국방의무 앞에 왈가왈부할 수 있다는 것 자체가 참으로 객쩍다. 지난날 군 입대를 천명처럼 여기고 나라를 위해 목숨을 바친 호국영령들이 지하에서 눈을 부릅뜨고 다시 일어나지 않을까 지레 겁난다.

새 정부에 다시 기대해 본다

오스트리아 출신 현대경영학의 피터 드러커는 그의 저서 『프로페셔널의 조건』(2000. 이재규 옮김)에서 우리나라의 자존감을 한층 높여주었다.

제2차 세계대전으로 어떤 국가도 특히, 러시아 · 일본 · 독일도 한국전쟁 이후의 한국만큼 철저하게 파괴되지는 않았다. 그럼에도 한국전쟁 이후 25년 만에 완전히 현대화된 새로운 대한민국이 등장했다. 많은 빌딩은 물론, 거대한 조선소가 건설되었고 많은 사람이 공장에서 활기차게 일하고 대규모 종합대학도 많이 설립되었다. 전국을 거미줄처럼 연결하는 고속도로가 놓이고 국제공항도 세계적이다. 일본이 75년에 걸쳐, 그리고 프랑스와 미국이 각각 200년과 125년에 걸쳐 이룩한 것을 한국은 불과 25년 만에 달성한 것이다.

김대현의 장편 『홍도』(2013)에서 작중화자 '홍도'의 생각이다.

조선의 운명을 눈치 챈 임금(고종)은 조선이라는 이름을 버리고 '대한

> 제국'이라는 새 국호를 선포(1897. 10. 12.)하고, 더 이상 일국의 왕이 아닌 황제임을 천명하며 즉위식까지 치렀다. 그렇다고 한들 대한제국 백성은 그저 조선 백성일 뿐이었다. 더 이상 굶어 죽지 않고 매 맞아 죽지 않고 배불리 먹기만을 바라는 비루하고 너절하고 어리석은 백성들이었다. 이백 년 전에도 그랬고 백 년 전에도 그랬으며, 백 년 후에도 이백 년 후에도 그러고만 있을 것 같았다.

그랬던 조선이 아니, 대한제국이 대한민국으로 다시 태어나 세계 경제대국으로 우뚝 성장한 오늘날을 그땐 전혀 예측할 수도, 하지도 않았던 우리의 흑역사가 아직도 뇌리를 맴돈다. 그러나 이제는 지워야겠다. 현대 100년사에서 식민지로부터 출발, 과학적 기반 없이 국민소득 3만 달러 이상을 달성한 나라는 지구촌에서 우리나라가 유일하다고 한다. 최근에는 포노 사피엔스 시대의 핵심 부품인 반도체 · 디스플레이 · 스마트 등이 세계시장에서 앞을 달리고 있잖은가.

지구촌의 괴질 코로나로 한창 긴장하고 있을 무렵, 국내에서 65세 이상 노년부터 백신(화이자)을 처음 맞을 때의 질탕스런 기분이 아직도 가시지 않는다. '정읍실내체육관'에 도착, 친절한 안내를 받으며 접종 후 15분 대기하고 출구를 통과하는 기분은 아드레날린이 혈관 속으로 콸콸 흘러드는 느낌이 들었다. 이렇게 질서정연하게, 이렇게 좋은 환경에서, 이렇게 좋은 서비스를 받는 우리나라인데, 어째서 여의도 국회의사당과 정부청사, 그리고 청와대만 생각하면 울화통이 치미는지 갑자기 머리가 띵했다. 나라의 주인인 국민들은 일거리 찾아 돈만 벌 수 있다면 물불 가리지 않고 열심히 노력하는데 나라의 주인에게 고용雇用을 받고 고용雇傭된 전 청와대와 국회의사당 등에서 설쳐대는 얼간이들은 이 불편한 심정을 알랑가 모르겠다. 『조선일보』 조유미 기자가 200만

원이 든 지갑을 찾아준 우리 대한민국의 참 주인의 한 사람인 노숙인의 아름다운 모습을 이렇게 보도(2021. 5. 15.)했다.

"60대 노숙인 A씨가 서울역파출소 경찰을 찾았다. 오만 원 권 지폐 34장과 수표, 상품권 등 총 200여 만 원이 들어있었다. 지갑엔 주인 명함이 있었다. 경찰의 연락을 받은 지갑 주인 양모(77)씨가 4시간 만에 파출소로 들어섰다. 양 씨는 그 노숙인을 찾아 사례금을 내밀었으나 끝까지 손사래를 쳤다."

그런데 문재인 정권은 4년째, 교육부 위에 옥상옥의 '국가교육위'를 신설, 21명의 위원을 임명하여 대학입학정책을 비롯해 학급당 적정 학생 수, 교원수급 등 핵심 교육정책을 결정토록 했다. 그렇다면 기존 교육부는 빙글빙글 놀면서 직원들 봉급 올려주는 일만 남았다. 그렇잖아도 인구감소로 대학입학 정원은 해마다 줄어 지방대학은 폐교될까봐 살얼음판을 걷는데 문 전 정권은 수십조의 예산이 들어갈 전남 나주에 '한전공대'(한국에너지공과대학) 한 동을 덜렁 지어놓았다. 이곳에서 차로 40분 남짓 거리의 전남대와 조선대, 그리고 호남대도 학생부족앓이를 심하게 겪고 있는데 말이다. 교육부의 발표(2021.5. 20.)에 따르면, 전국대학(전문대 포함) 신입생 미달 인원이 사상 최대인 4만586명에 이른다. 지난해의 미달 인원의 3배에 달하는 규모이다. 이럼에도 '한전공대'를 개교시켰으니 이 정도면 나랏돈 말아먹겠다는 몽니가 아니면 치매에 가까운 치기가 아닐 수 없다.

검찰조직 역시, 든든함에도 별도로 '공수처'를 만들었다. 그리고 그들만(문재명)의 권력형 비리를 이장폐천코자 새 정부가 들어서기 한 달 전부터 느닷없이 검찰의 수사권을 완전 박탈(검수완박)하겠다고 더불어민주당은 설쳐대고 있다.

장관들의 생명은 거의 1년 전후이다. 업무 파악하는 데만 6개월 이상일 텐데, 하기야 국회의원을 거리낌 없이 행정부의 수장으로 임명하고, 사법부의 고위직이 국회의원이 되는 것마저 당연시하니 민주주의 보루인 삼권분립은 이미 훼손된 지 오래다. 이러다 보니 전문성과 경쟁력은 힘아대기 없을 수밖에. 심지어 전문성과 도덕성과는 무관하게 가까운 내편이라면 묘서동처(描鼠同處, 쥐와 고양이가 함께 어울림)의 소인배일지라도 정부 고위직에 앉힘은 이미 관행이 되어버렸다.

조선말기 판서들의 부처는 이조·호조·예조·병조·형조·공조 등이다. 이들의 임기는 평균 2개월이었다고 한다. 부임하기도 전에 타지로 다시 발령 나는 웃지 못 할 일도 있었다니 지나가는 파리가 웃다 허리 부러질 노릇이다. 지금도 그렇지만, 조선의 관료들은 자리가 중요할 뿐, 어떤 일을 하는지에 대해서는 관심조차 없었다. 단 하루일지라도 한 번 판서로 임명되면 평생 '판서'란 이름이 뒤따른다. 오늘날에도 한 번 장관이면 평생 '장관님'으로 불린다. 어디 장관이나 국회의원뿐이겠는가. 상대를 우대한다는 동방예의지국답게 전직의 직함이 물러난 이후에도 평생 따라붙는 사례는 이미 관행화 되어버렸다.

미국의 경우, 장관은 거의 대통령의 임기와 함께 한다. 앞으로 윤석열 정부도 각료들의 임기는 가능한 대통령의 임기와 함께 하면서 국리민복을 위해 힘써 줄 것을 간곡히 바랄 뿐이다. 하긴 한 자리에 오래 머물다 보면 부패의 악성 바이러스가 독버섯처럼 돋아날까봐 순환보직이 필요함도 조금은 이해됨직하다.

우리는 세계 일등국가가 부럽지 않다. 이제 이웃과 더불어 고통분담하면서 원칙과 상식이 통하는 공정사회의 대한민국을 만들어 줄 것을 새 정부에 다시 기대해 본다.

나의 손발 노비님께 감사를

방송 다큐멘터리 작가 조윤민의 『두 얼굴의 조선사』(2016)에 나오는 노비奴婢에 관한 내용이다.

> 조선 초에 이미 노비 소유를 제한하는 법을 만들어야 할 정도로 노비를 과도하게 보유하는 가문이 늘어났다. 1415년 태종 때는 1~2품 관원은 노비 130명, 3~6품 관원은 100명, 7품 이하는 80명으로 상한선을 두었지만 이마저도 제대로 지켜지지 않았다. 노비 100명은 미국의 남북전쟁 이전 남부지역 대부분의 농장에서 보유한 노예보다 많은 수다. 1850년 무렵 미국 남부에는 34만 7,500여 명의 노예 소유주가 있었는데, 100명 이상의 노예를 소유한 사람은 1,800명을 넘지 않았다고 한다.

조선의 노비는 유교 가치를 지키고 양반 지배질서를 유지하기 위한 초석이었다. 노비는 토지와 함께 농업사회에서 노동력을 제공하는 생산의 기반이었다. 매일 글을 읽고 수양에 힘쓰고 예로써 사람을 맞고 조상을 기리고 가족을 돌보고 치국을 논할 수 있는 시간적 여유와 경제적 기반은 노비가 있기에 가능했다. 가사와 일상 노동이 모두 노비의 몫이었고 양반이 출타할 경우에는 노비를 대동해 체면을 세웠다. 노비 없는 양반은 존재할 수 없었다. 지배층의 사회적 권위와 예와 명분의 양반문화는 노비제도 없이는 존속 불가능했다.

조선 후기실학자 정약용마저 모두 양반이 되면 신분에 의한 특권과 차별이 사라질 것이라 보았지만 한편으론 노비제도는 존속되어야 한다고 했다. 이로써 양반이 되고자 한 평민이든 양반지배층의 지식인이든 신분 특권을 없애고 상민과 천민계층의 권리를 확보하려는 사회변혁운동에 앞장서기는커녕 오불관언했다. 이영훈의 「제임스 팔래의 노예제 사회설 검토」란 『한국문화』(52호, 2010. 12.)의 속살을 구다 보면 실로 놀랄 정도이다.

양반 지주에게 노비의 숫자는 생산력, 곧 부의 축척 정도를 의미했다. 15세기 후반 홍문관 부제학을 지낸 이맹현 집안의 경우 750여 명의 노비를 보유했다. 이들 노비는 한양과 경기도뿐 아니라 함경도와 전라도 등 전국의 군현에 거주했다. 퇴계 이황의 장남은 360여 명의 노비를 거느렸고, 문신이자 시인 윤선도 집안에는 700여 명의 노비가 있었다.

16 · 17세기에 지방에 거주하는 양반의 경우는 적어도 60~80명의 노비를 두어야 유력 양반으로 행세할 수 있었다. 세종의 아들 영응대군은 무려 1만여 명의 노비를 두었다고 하며, 선조의 맏아들 임해군은 전국에 걸쳐 수천 명의 노비를 거느렸다고 한다. ~ 노비 전체 규모는 시기에 따라 차이가 있지만 15세기에서 17세기 무렵엔 인구의 30~40%에까지 달했다. 1467년에 이뤄진 인구조사에 의하면 전국의 공사노비는 모두 350만 명으로 추정된다. 이는 전체 인구 900만 명의 39%에 이르는 수치다.

그래서 그랬을까. 조선 사대부들의 진면목은 사노私奴문제만이 아니다. 선왕국무先王國無의 실체가 허구이기를 바라지만 역사였음을 어찌하랴. 청나라 말에서 중화민국 초의 정치가이며 사상가요 문학가인 량치차오[梁啓超]는 『조선망국사략』(朝鮮亡國史略, 1904)에서 놀라운 사실을 기록했다. 내일이면 500년 넘게 이어온 조선이라는 나라가 끝나는데 오늘 기념연회를 열고 즐긴 대한제국 대신들, 정치란 이토록 무섭고 개념없는 무리들의 무소불위는 상왕만 존재하고 나라와 백성들은 눈엣가시로 보이는 모양이다. 참으로 개탄을 금치 못할 일이었다. 지난날에도 그랬고 지금의 정치도 어금지금하다.

> 1910년 8월 22일, 일본 정부는 병합늑약을 그달 25일에 공포하기로 했다. 그러자 대한제국 정부에서 조약 공포를 나흘 뒤인 29일로 연기해 달라고 요청했다. 28일에 있을 '대한제국 황제 즉위 4주년 축하기념식'과 연회를 치른 뒤에 발표하기로 청한 것이다. 이런 정황을 중국의 근대 사상가이자 개혁가인 량치차오는 국가의식이 미약한 이런 조선 지배층을 신랄한 어조로 비판하며 이를 조선 망국의 한 요인으로 꼽았다. 이날(28일) 대연회에 신하들이 몰려들어 평상시처럼 즐겼으며 일본 통감 역시 외국 사신의 예에 따라 그 사이에서 축하하고 기뻐했다. 세계 각국의 무릇 혈기 있는 자들은 한국 군신들의 달관한 모습에 놀라지 않을 수가 없었다.

현재 대한민국의 국회법에 따르면 300명의 국회의원(비례대표 47명 포함)마다 4급 보좌관 2명, 5급 2명, 6~9급 각 1명, 그리고 유급 인턴까지 모두 9명을 채용할 수 있다. 그러므로 국회 공식 보좌직원은 2,700명으로서 4급의 보수는 8천만 원대, 5급은 7천만 원대, 9급비서는 340만 원 정도다. 1인당 의원 9명의 총 급여는 약 4억5천만 원이다. 지방의회 광

역시 · 도의회 정도는 필요악일지라도 시 · 군 · 구 · 의회(기초의회)는 옥상옥에 지나지 않는다. 국회의원마다 한두 명 정도 보좌관이면 족할 텐데, 국리민복은커녕 다수당의 횡포와 내로남불(自是他非), 내 편 네 편으로 시비곡직이 정치판에서 사라진 지 오래다. 그러다보니 지난날의 관비와 지금의 의원 보좌관이 무엇이 다르랴.

난리(임진왜란)가 일어났는데도 관직이 너무 많아 10명의 관원이 관직 명칭만 다르고 관장하는 일이 같아 백성 하나를 열 명의 관원이 침탈했다고 『선조실록』(45권, 1593. 11. 16.)은 전하고 있다. 명나라 조정에서도 이를 우려했다. “듣건대 조선에는 쓸데없는 관원이 너무 많고 법이 매우 가혹하고 세금이 무겁다 합니다. ~왕은 이제라도 도태할 만한 관원은 도태하고, 줄일 만한 형벌은 줄이며, 가볍게 할 만한 세금은 가볍게 하소서.”

천둥벌거숭이 같이 지나간 이야기만을 노작거린다고 비아냥거리는 독자님이 계신다면, 방만한 국회와 제2의 정부라 일컫는 대통령실을 비롯해 중앙정부조직(18부4처18청)은 조선시대나 로봇 휴머노이드 시대인 지금이나 어쩌면 그리도 변함이 없을까. 절반 이상 기구를 축소해도 나라살림 하는 데는 너끈할 텐데.

조롱받을지라도 나는 조선시대의 노비 이상의 노비님을 모시고 있다. 늙바탕에 자식들에게 손 벌리지 않고 손주들이 들이댈 때마다 적은 용돈이나마 주는 재미가 쏠쏠하다. 그 노비님은 바로 공무원연금으로써 금지옥엽이요, 나에겐 천군만마가 아닐 수 없다. 나의 손발이 되어 주는 노비님께 언제나 감사드린다.

분노는 필요악이 아닌 필요선

분노와 스트레스는 일란성은 아닐지라도 이란성쌍둥이는 될 것이다. 스트레스 받지 말라는 말을 우리는 곧잘 듣는다. 옳은 말이다. 그러나 반드시 그 말은 참이 아니다. 스트레스를 누가 받고 싶어서 받고 피하고 싶다고 해서 피해지던가. 우리는 스트레스를 받지 않고는 아무 일도 할 수 없다. 일마다 순리대로 연비어약鳶飛魚躍만으로 해결되던가. 통과제의란 말이 있다. 이는 고통의 시련을 겪은 후에야 비로소 성취할 수 있다는 교훈이 담겼다. 춘향이가 옥살이를, 심청이가 수중혼을 각오하지 않았더라면 사랑의 표상 춘향이도, 효행의 표징 심청이도 태어날 수 없었으리라.

나는 비교적 화를 잘 내는 편이다. 혈기왕성했던 군대와 직장, 그리고 가정생활에서조차 화를 자주 냈다. 군대(학훈단 7기)에서 부당한 상관(대대장)의 지시 때문에, 교단에서는 교육가족들로 인한 스트레스를…. 피할 수 있는 방법은 그냥 눈감아 버리면 만사형통이다. 그러나 옳지 못한 것을 보고 그냥 지나치지 못하는 어기찬 성격을 낸들 어이하랴.

나는 격주마다 전북도청 2층의 도서관을 6년 가까이 드나들면서 책을 대출받아왔다. 코로나바이러스가 흉흉하자 도서관이 일시 폐쇄되었다가 다시 문을 연 이후부터 도청에서는 1층 이외의 2층 이상은 외부인들의 출입을 통제하기 시작했다. 신분증을 맡기고 출입증(일시 · 성명 · 연락처 · 방문부서 · 방문목적)을 기입하고 사인까지 해야 출입키를 받을 수 있었다. 이 과정이 너무 치졸하여 나는 도서관을 찾을 때마다 분노가 치밀었다. "아니, 도청 드나드는 민원인도 별로 없는데 이 짓을 꼭 해야만 되나. 도서관을 매달 두 번씩이나 다닐 때마다 이런 번거로움을 당해야만 하나. 더군다나 도청은 정보기관도 아닌데 내방객들의 신분증까지 맡기고 굳이 출입증을 또 써야하나!"라는 항의를 하다 보니 목청이 높아질 수밖에. 경비원이 "목소리 좀 낮춰주세요"하며 어른다. 그래도 화가 수그러들지 않는다. 곧장 민원실을 찾아 이를 민원으로 접수했다.

일주일이 지났을까. 전라북도지사의 직인이 찍힌 '민원(2022. 14,538) 회신'이 우편으로 도착했다. "청사 출입시스템은 보안업무규정(대통령령) 및 보안업무규정 시행세칙(행정안전부훈령)을 근거로 광역시 · 도 및 정부청사와 국회에서는 설치 운영하고 있습니다."라는 내용이었다. 다른 곳은 몰라도 전북도청은 고즈넉한 절 속 같은데 무슨 사건 · 사고와 보안 강화가 필요한지 납득할 수 없어 다시 총무과로 발길을 돌렸다. 손자뻘쯤 되는 직원 둘이 다가와 그동안 내 불편했던 점을 듣더니 도서관 출입자에 한해서는 신분증만 맡기고 다시 출입증을 기록하는 일은 없도록 하겠다는 뜻을 내비쳤다. 도서관에 들려 대출받은 책을 반납하고 주위를 살펴보니 내방객 한 사람도 눈에 띄지 않았다. 출입증 없이 자유롭게 드나들 때는 방문객이 꽤 많았었다. 이런 씨알데기 없는 시스템은 민주적 열린 행정을 위해서도 소진되어야 마땅하다.

조지 오웰의 디스토피아 소설 『1984년』(1949) 속의 빅브라더의 세계로 회귀하는 것 같아 앞으로는 이놈의 도서관 출입을 삼가리라는 작심으로 화산체육관 입구 '전주시립도서관'을 향해 승용차를 몰았다. 새로운 설비에 놀랐고 장서도 풍부하게 진열되었다. 두 권의 책을 대출 받고 보니 기분마저 드높은 가을하늘만큼이나 맑아졌다.

나는 팔십을 바라보는 나이임에도 배드민턴장과 탁구장을 일주일에 한두 번 드나든다. 죽을 때 죽더라도 살아있을 때는 건강한 모습을 손주들에게 보이고 싶은 욕심 때문이다. 아파트 둘레길을 걸으면서 운동기구도 만지작거리노라면 한 시간 정도 소요된다. 걸을 때마다 폐휴지나 잡풀이 눈에 거슬리면 줍는 습관이 몸에 뱄다.

전주효천초등학교 교문 왼편엔 어른들에겐 공원으로, 어린이들에겐 놀이터와 물놀이장으로 잘 활용되는 놀이공원이 있다. 이곳은 세 군데의 아파트 단지가 밀집되어 있을 뿐 아니라 시내버스 승강장도 있어 사람들의 발길이 몹시 붐비는 곳이다. 이런 곳에 종이 나부랭이 등이 널브러져 있어 쓰레기장을 방불케 한 지도 벌써 3년째가 되었다. 어린 학생들이 오가는 길목인데 지각 있는 어른이라면 낯이 뜨겁지 않을 수 없다. 오다가다 한 줌씩 주어보지만 그럴 때마다 화가 치민다. 한적한 곳마저 노인 일자리 차원에서 쓰레기 줍는 어르신들을 자주 보는데 왜 이곳은 번잡한 요충지임에도 쓰레기 줍는 어르신마저 볼 수 없단 말인가. 그래서 그 분들한테 물으니 그곳은 배치가 되지 않았다고 한다. 참으로 이해할 수 없는 노릇이었다. 아침 걷기운동을 하다가 쓰레기 더미를 다시 보니 이날따라 부하가 하늘을 닿았다.

전주시 완산구청으로 전화했다. "시청에서 직접 관리 하니 자기들은 잘 모른다"고 웅알댄다. 전주시청 민원실로 전화했다. 그곳은 '공원담당'이 따로 있다며 전화번호를 알려준다. 공원담당과 통화하면서 화를 참지 못하자 현장을 바로 확인하고 조치하겠다고 한다. 해질 무렵, 그곳을 다시 찾았다. 안방에 걸레질 하듯 깨끗이도 치워졌다. 이튿날 시청 공원담당자에게 고맙다는 인사를 챙겼다. 중국 의사이며 심리상담사 비수민의 에세이 『흔들리지 않는 마음』(주은주 옮김, 2016)이 수고했다고 나를 위로한다.

> 분노는 힘차게 고동치는 심장처럼 생생하고 솔직한 감정이다. 감정은 꾸밀 수 있다. 기쁘지 않아도 기쁜 척할 수 있고 근심이 없어도 있는 척할 수 있다. 오직 분노만은 더 크게 부풀릴 수도 쉽사리 가라앉힐 수도 없는 순수하고 솔직한 감정이다. 이성을 잃지 않고 감정의 수위만 잘 조절하면 분노는 오히려 삶에 활기를 채운다. 그러기에 분노는 억누를 수 없는 감정이다. 분노를 사랑하고 분노를 억누르지 말자. 분노하면 젊어진다. 분노하다가 느닷없이 쓰러질지라도 그것도 인생의 아름다움을 느끼는 하나의 방법이다. 〈36~39쪽 요약〉

생각지도 못한 한 제자로부터 느닷없이 전화가 걸려왔다. "선생님은 기억하지 못하시겠지만 저는 단 한 번도 선생님한테 맞지 않았던 제자이며 대학까지 다니면서 선생님 같이 열정적이었던 분은 이제껏 만나지 못했습니다." 지금으로부터 45년 전, 전남 병영상고 출신의 정광환이었다. 이로써 졸업 후 처음으로 정읍에서 그와 만나 점심과 쌍화탕으로 추억여행을 즐겼다. "선생님 같으신 분이 어떻게 근무평정을 잘 받으셔서 교장까지 되셨어요. 참 이해가 안 되네요."라며 제자는 의아했다. 그의 생각은 내 올곧은 성격을 잘 알고 있기에 승진을 위해서 윗사람에게 굽힐 수 없었으리라 짐작했던 것이다. 나는 소이부답笑而否答할 수밖에.

인공지능(AI)의 폐해를 예고한 프랑켄슈타인

인공지능(AI)의 위력이 초강력 태풍급이다. 알파고 바둑 이야기는 전설의 고향이 된 지 오래다. 글쓰기는 물론, 작곡도 그림도 척척 그려내고 있다. 앞으로는 현대 물리학 논문도 인공지능의 힘으로 노벨상을 받는 날이 올지도 모른다고 예언하는 학자들의 목소리마저 들린다. 이런 상황이라면 구글의 시대도 저물어갈 수밖에. 생성 테크의 선두 주자인 대화형 인공지능 '챗GPT'의 가공할 성능도 무섭게 다가오고 있다.

인건비 때문에 저렴한 노동시장을 찾아 해외로 공장을 이전했던 기업들이 속속 자국으로 귀환하는 이른바 '리쇼어링' 현상과 지저분하고 위험한 3D 업종도 마다하지 않고 강성 귀족노조의 꼬락서니도 볼 필요도 없는 대체효과는 역시, 인공지능(로봇)만 한 것은 없다. "먹지도 않고 자지도 않고 365일 24시간 일하면서 휴식을 위해 커피 한 잔도, 재충전을 위한 휴가도 필요 없으니 기업의 입장에서는 이만한 노예가 없으니 얼마나 환영할만한 첨단 노동력인가.

공상소설(SF) 작가 미국의 버너 빈지는 '미항공우주국학회'(1993)에서 "앞으로 30년 안에 우리는 초인간적인 수준의 지능을 창조해낼 기술을 갖게 될 것이다. 인간의 시대는 끝날 것이다."라고 했는데 지금과 같은 상황으로 인공지능이 발전한다면 그의 예언이 현실화 되어가고 있는 듯 보인다.

그러나 세계적 언어학자 노엄 촘스키(MIT공대) 교수는 이언 로버츠 영국 케임브리지대 언어학 교수와 함께 『뉴욕타임스』에 '챗GPT의 거짓 약속'이란 공동기고문(2023. 3. 8.)에서, "오픈AI의 챗GPT와 구글의 바드, 마이크로소프트의 시드니가 마치 인간처럼 언어를 구사하고 생각하는 것처럼 보이지만 실상은 그렇지 않다. 기계가 양적 · 질적 면에서 인간의 뇌를 추월하는 순간을 기대했지만 그런 날은 아직 동도 트지 않았다."고 했다. 특히, 촘스키는 머신러닝 AI의 최대 결함은 무엇이 옳고 그른지 구분할 수 있는 지능의 핵심 요소인 판단 능력을 결여한 것이라고 덧붙였다.

프랑스의 세계적 뇌과학자 스타니슬라스 드앤이 그의 저서 『우리의 뇌는 어떻게 배우는가』(2021. 엄성수 옮김)에서, "AI와 기계는 아직 인간의 뇌를 넘어서려면 한참 멀었다"라고 말했다. 그렇다. AI는 엄청나게 많은 데이터가 필요하지만 인간의 뇌는 관찰과 연습을 단 몇 분만으로도 학습이 가능하다. AI는 특정 영역의 지식을 다른 영역으로 옮겨서 활용하지 못하지만 인간은 언어와 추상적 개념을 활용해 한 분야의 지식을 기반으로 다른 분야의 지식도 훨씬 빨리 배울 수 있다.

그러기에 원숭이가 아무리 진화해도 인간이 될 수 없듯이 AI나 스마트 로봇은 결코 인간이 될 수 없다. 사랑에 빠질 로봇을 상상해 보았는가. 경희대 경영대학원 이동규 교수는 '두줄칼럼'(경향신문, 2023. 1. 27.)에서 "인공지능은 가능해도 인공지혜는 불가능하다. 조화는 생화를 이길 수 없다."고 했다.

알베르트 아인슈타인은 "기술의 진보는 마치 병적인 범죄자의 손에 든 도끼와 같다."고 말했다. 세계적인 천체물리학자 스티븐 호킹 박사는 살아생전 영국 『더타임스』와의 인터뷰(2017. 3. 11.)에서 "인공지능이 급성장하면서 사람의 힘으로 통제 불가능한 시점이 빠르게 다가오고 있다면서 통제 가능한 지금 시점에 AI 기술을 통해 발생할 수 있는 잠재적인 위협을 규정하고 세부지침을 만들어야 한다."고 강조했다. 이러한 불길한 말들을 이미 200여 년 전, 메리 셸리는 세계 최초의 SF소설 『프랑켄슈타인』에 담아냈다. 나는 이 작품(황소연 옮김, 2020)을 늦게나마 감동적으로 애독하고 작가(메리 셸리)의 주변도 함께 살펴봤다.

메리 셸리는 제네바 공화국 최고 명문가에서 출생(1797~1851), 21세에 이 작품을 발표(1817)했다. 편부 슬하에서 성장하여 계모와의 갈등, 유부남과의 사랑, 혼외 출산, 떠돌이 결혼생활, 잇따른 자식들의 사망, 남편의 사고사 이후 셸리는 53세에 뇌종양으로 세상을 떠났다.

살아생전 셸리가 배우고 싶었던 것은 하늘과 땅의 비밀, 자연철학이었다. 셸리는 13세 때 우연히 코르넬리우스 아그리파(16세기 독일의 주술사이자 신비 철학자)의 책을 읽고 감동했다. 자연철학 중에서도 특히, 생리학에 더 열정적이었다. 인체 구조, 정확히 생명을 가진 모든 동물의 신체 구조에 유달리 흥미를 느꼈다. 이러한 심정에서 셸리는 한 인간을 창조하는 작업에 돌입했다. 살아 있지 않은 것에 생명을 불어넣을 수 있다면 죽음으로 인해 확실히 부패된 육신을 되살리는 것도 시간문제라는 생각이 들었다. 이렇게 하여 귀족 가문 출신의 퍼시 셸리를 만나 사랑에 빠진 셸리는 유럽으로 도피 행각을 벌이던 중 스위스 제네바 호숫가에서 천재 자연 철학자의 비극적인 삶을 그린 『프랑켄슈타인』을 잉태했다. 작중화자 프랑켄슈타인은 인조생명(사이보그?)을 재창조한답시고 흉악무도한 악마를 탄생시킴으로써 본의 아니게 살인을 소 잡듯이 자행하는 만행을 저지르도록 했다. 앞으로 AI(챗GPT)가 우리 인간에게 얼마나 끔찍한 해악을 저지를지 예고라도 하듯이 말이다. 인조인간인 추악한 악마(AI)는 말한다.

"아, 프랑켄슈타인, 다른 이에게는 공평하면서 왜 나만 짓밟는 거냐? 내가 당신의 피조물이라는 걸 잊지 마. 나는 당신의 아담이어야 하는데, 당신은 나를 타락한 천사처럼 대하는군."(176쪽) "내게 여자를 만들어 줘. 그 일은 당신만이 할 수 있어. 이 요구를 거절하지 말라고."(252쪽) "거절하겠어. 너 같은 존재를 또 만들라고? 너희의 사악함이 합쳐져 세상을 파괴할 텐데?"(253쪽)

그 악마가 갈구한 공감의 첫 번째 결과는 후손일 것이다. 그렇게 악마의 종족이 지구에 퍼져 나간다면 인류의 생존은 위기에 처하고 공포가 만연할 것이다. 이제까지 인조인간 악마에게 희생된 저스틴을 비롯한 다섯 명의 생명은 어쩌면 악마를 제작한 프랑켄슈타인의 손에 죽은 것이나 다를 바 없다. 악마는 말한다. "내가 너를 철저히 부숴 버릴 수도 있어. 너는 내 창조자이지만 나는 네 주인이다. 복종하라!"(293쪽)며 악마가 그(프랑켄슈타인)를 조롱하니 그는 죽을 때까지 자기가 만든 악마를 추적하여 파괴할 것을 다짐한다. 비록 프랑켄슈타인은 아름답고 완벽한 인간을 창조하는 데는 실패했지만, 작가 자신은 작중화자 프랑켄슈타인으로 하여금 인간다운 인간에 대한 창조의 끈을 완전히 놓을 수는 없었다.

역사의 현재성[無不通達]

창씨개명 150
의자의 원리 154
애국가의 노랫말은 158
역사는 여러분의 몫 162
우남과 송재의 만남 166
6 · 25의 불편한 진실 170
무비유환의 7년 전쟁 174
대위 제임스 해리 하우스만 178
세한도 그리고 이건희의 유산 182
우리 문화재의 서름한 과거사 186
대한민국 육군 제1사단 전진부대 190
고구려는 왜 당나라 땅이 되었을까 194

창씨개명

2012년 12월 새누리당 박근혜, 민주통합당 문재인, 그리고 통합진보당 이정희 대통령 후보가 TV토론에 참여했다. 이정희 후보는 박근혜 후보를 향해 박정희 대통령이 '다카키 마사오'라고 일제강점기 때 창씨개명한 사실을 누누이 밝히면서 친일파임을 은근히 꼬집었으나 오히려 전화위복이 되어 박근혜 후보가 대통령에 충분조건으로 당선되었다.

1991년 말, 방화 「명자, 아키코, 소냐」(주연 김지미)는 일제강점기 이후부터 해방 이후까지 활동했던 한 여성으로서 원래 이름은 '명자'였다. 그러나 창씨개명으로 '아키코', 이후 소련에 가서 활동하면서 '소냐'라는 이름으로 불러진 시대의 아픔을 겪은 한 여성의 이야기다. 공교롭게도 배우 김지미의 원명은 김명자이다. 지난 세월 가수 나훈아는 그녀와 6년간 동거하다 헤어졌는데 그의 노래 「명자」(2020)가 세상에 나왔다. 물론 6·25 이후, 어려웠던 시절을 함께 이겨낸 이산가족과 국민들이 감당해야 했던 시절을 노래했다지만 내 가슴엔 김지미의 원래 이름 '명자'가 귀청을 어지럽힌다.

나 어릴 적에 동네 사람들/고놈 예쁘다 소리 들었고/깐죽거리며 못된 철이 훈아/ 지금 얼마나 멋지게 변했을까/ 자야자야 명자야!/ 불러 샀던 아버지/ 약심부름에 반 의사 됐고/ 자야자야 명자야!/ 찾아 샀던 어머니/ 팔다리 허리 주물러다 졸고/ 노을 저편에 뭉게구름 사이로/ 추억 별들이 반짝반짝 거리네/ 눈물 너머로 반짝반짝 거리네.

일본은 1939년 11월 창씨개명에 대한 규정을 만들고, 1940년 2월부터 본격적으로 시행했다. 이 규정에 따르면 모든 한국인은 일본식 이름을 가져야 했으며 그해 8월까지 6개월 동안 전 국민의 80%가 일본식 이름을 가지게 되었다. 그렇다면 우리 국민 80%는 친일파라고 해야 옳을까. 더군다나 출생신고는 모두 일본식 이름으로 등재토록 강제 규정되어 창씨개명하지 않으면 1940년부터 1945년 사이에 태어난 사람들은 호적에 등재할 수 없을 뿐만 아니라 학교도 다닐 수 없었다.

그 혼탁한 세월 속에서도 나는 친일파가 아닌 애국자임에는 틀림없다. 창씨개명을 끝까지 하지 않았기 때문이다. 1945년 일본이 패망한 이후에는 창씨개명을 하고 싶어도 할 수 없었기 때문이다. 나는 1946년 10월 12일(음력)에 태어났기 때문에 내가 애국자인가, 아니면 부모님의 은덕인가. 어쨌든 태어난 때를 잘 만나 지금까지의 늙수레가 되기까지 큰 시련 없이 무탈하게 오늘을 누리고 있다.

이정희 후보가 박정희 전 대통령을 가리켜 '다카키 마사오'라고 힐난했을 때, 시청자 중에서 당시 67세가 넘은 노년층들은 어떤 느낌을 받았을까. 우리의 아버지와 조부모는 모두 친일파였을까. 일제강점기 때 우리 땅을 떠나지 않고 존재했던 사실만으로 우리 국민 모두를 '친일'이란 가두리를 씌우는 것과 무엇이 다르랴. 독자 제현의 현명한 판단에 맡길 수밖에…. 1944년 일제강점기 때 창씨개명과 내선일체를 부르짖으며 호의호식하던 친일파들은 스스로 성공했다고 자만했으나, 1945년 8월 15일이 오리라고는 전혀 생각지 못했을 것이다. 최명희 대하소설 『혼불』에서 창씨개명(1939. 11.)의 일화가 소개된다.

청암부인은 종부가 아니라면 나도 진즉에 칼을 물고 자진했을 것이라고 손주 며느리(효원)에게 말했다. 성을 바꾸는 것은 개나 하는 짓이라면서 姓字를 이누노꼬[犬子]라고 일방적으로 고친 호적 계원에게 벼락을 쳤다. 한편, 시골에서는 주재소 순사들이 실적을 올리려고 제멋대로 창씨 개명하여 상부에 보고하는 바람에 본인마저 알 리 없었다. 특히나 재판 중에 창씨 개명한 이름으로 호출하면 당사자는 정작 본인의 이름인 줄 모르는 경우가 허다했다 한다.

그러나 곡성의 유건영이 그랬듯이, 고창군의 설진영의 중간 지주는 한 해 소작 2천 석을 군량미로 총독부에 바친 일도 있는 사람이었지만 양반의 가문이라 하여 끝끝내 창씨개명만은 하지 않고 버텼으나 결국 아이를 학교에 보내기 위해 창씨개명한 후, 본인은 큰 돌을 끌어안고 우물에 몸을 던져 죽었다.

국립 대전현충원 경내에 모셔진 백선엽(1920~2020) 장군 묘소 안내판이 일부 당시 친여(더불어민주당) 단체 항의로 철거됐다. 국가보훈처와 대전현충원 등에 따르면 민족문제연구소 대전지부 회원 20여 명은 대전현충원 장군묘역에 안장된 백 장군 묘소 앞에서 집회(2020. 2. 7.)를 열고 장군의 묘를 이장하라고 주장했다. 장군은 다 아시다시피 6·25전쟁 영웅이자 창군 원로다. 그는 6·25 당시 낙동강 최후 방어선에서 병력 8,000명으로 북한군 2만여 명의 총공격을 막아내 전쟁의 판세를 바꿨다. 이 때문에 미군은 백 장군을 한·미동맹의 상징으로 예우하고 있다. 하지만 국내 좌파들은 장군이 20대 초반 일본군 장교로 복무한 전력을 들어 지속적으로 그를 친일파라고 주장해왔다. 이들 좌파들은 초대 대통령 이승만의 대한민국 건국도 모르쇠로 일관하고 있으니 이들이 살아야 할 곳은 북한 땅이 최적지가 아닌가 한다. 이들이 입북하면 북한 김정은은 쌍수합장으로 영접할 텐데 이들은 왜 대한민국에서만 호의호식하면서 우리의 진실한 역사를 부정하는지 날아가던 새가 그들의 머리통 위에 똥을 찌이익 깔길 일이다.

대한 독립은 아무렇게나 남의 덕에 의해 이뤄졌다고 무책임하게 떠벌리는 주전부리들을 쉽게 볼 수 있다. 그러나 윤영수의 장편 『광야에서 ②』(1998)는 비록 허구일지라도 실제의 사실을 바탕으로 재구성했다. 우리의 독립이 암흑 같았던 그때 그 시절, 만주 벌판은 우리 독립의 문을 활짝 여는 열쇠공장 지대였다. 조선독립의 선봉장이 될 송백야학당 출신들은 방학을 이용해 비밀리에 만주여행을 떠났다. 그들은 2주 정도 단기간으로 지린의 광복군 지대에 입대하여 간단한 군사훈련을 받았다. 그 내용을 아래에 소개하면 우리의 광복은 우리의 노력으로 이루어졌음을 짐작케 한다.

이 땅에 들어와 있는 왜놈들이 80만, 그들에 빌붙은 친일파가 150여만 명, 결코 두려워할 상대가 아닙니다. 정작 두려운 것은 우리들 자신입니다. 가장 큰 적은 바로 우리 안에 있습니다. 그것은 불신입니다. 버릇처럼 되어버린 패배의식입니다. ~우린 이깁니다. 우리도 힘이 있기 때문입니다. 이 땅 곳곳에서 찬바람 부는 만주벌판 곳곳에서 우리의 힘이 자라고 있기 때문입니다. 이곳은 韓민족 고구려의 터전 국내성이 자리 잡았던 곳이기도 합니다.

의자의 원리

1972년 유신헌법이 제정되었다. 박정희 전 대통령은 1961년에 5·16 쿠데타로 정권을 잡았으나 바로 독재의 길로 내닫지는 않았다. 2년 정도 군사정권을 끝으로 명세기 민정 이양의 수순을 밟았다. 직선제로 대통령 선거를 실시(1963), 박정희 후보는 470만 표, 윤보선 후보는 454만 표의 근소한 차이로 승리했다. 그리고 4년 후, 대통령 선거에서도 박정희 후보가 재선되었다.

그다음 선거는 1971년이었다. 헌법에서는 대통령은 재선만 가능했고 세 번 출마는 불가능했다. 하지만 박정희는 3선 개헌을 국민투표로 통과시킨 다음, 박정희 후보와 김대중 후보가 대결, 박정희가 다시 당선되었다. 이렇다 보니 10년 동안 국가수반 자리에 있기는 했지만, 군사정권 2년을 제외한 이후로는 국민이 직접 뽑은 대통령이었다. 이때까지는 박정희 대통령을 독재라고 말하기는 좀 던적스럽지 않았다. 독재자로 불리게 된 것은 1972년의 유신헌법이란 악성 종양의 진단을 받은 이후부터였다. 유신헌법에 의하면 앞으로 대통령은 통일주체국민회의에서 뽑도록 했다. 실질적으로 박정희가 평생 대통령을 할 수 있도록 길이 열린 것이다. 이에 비판이 일자 박정희는 유신헌법에 대해 다시 한 번 계속 유지할지 여부에 대해 1975년 2월에 재신임 투표를 실시했다. 투표율은 79.8%, 찬성률은 73.1%였다. 이러한 이면에는 경부고속도로·포항제철·중화학공업화 등의 자금 염출을 한·일수교의 대가로 얻어낸 보상비를 적극 활용했다. 당시엔 엄청난 국민들의 반대에 부딪혔으나 오늘날은 압축성장의 사표로 세계적 추앙을 받고 있다.

나도 유신헌법 홍보요원으로 자연부락을 맡아 열심히 뛰었다. 그러니까 교단에 발을 내딛은 지 2년 째 되던 해였다. 그 당시만 해도 교사에 대한 학부모의 호감은 요즘 같이 막되어 먹지는 안 했다. 겁나게 존경했다고나 할까. 그런 점을 박정희는 너무도 잘 알고 있었다. 그도 초등학교 교사를 체험했기 때문이다. 마을 경로당이나 모정에 모인 주민을 상대로 '우리는 유신만이 살 길이다'라는 내용으로 형식적이나마 방과후에는 어김없이 유신헌법 지속의 필요성을 일갈했다. 그럴 때마다 주민들은 내가 무슨 권력기관의 요원이나 된 것처럼 민원들을 쏟아냈다. 나는 상부에 건의하겠다면서 수첩을 꺼내 적는 시늉을 할 수밖에. 평교사 말단 주제에 무슨 힘이 있다고? 그때마다 주민들의 한결같은 민원은 "유신헌법에 대해서는 우리 마을은 전혀 걱정하지 마시고, 다만 깡패나 소탕하도록 법이 좀 엄했으면 좋겠다."는 바람이었다.

그때의 시퍼런 시대도 깡패 척결은 민원 제1순위였다. 그땐 아날로그 시대인지라 이들은 거리에서 주먹다짐을 잘했다. 그러나 지금은 조직(깡패)들이 합법적으로 기업을 운영하면서 승승장구하는 사업가로 위장, 디지털세상으로 발전함으로써 거리에서 패싸움은 사라져가고 있다. 물론, 이들의 뒷받침은 일부 힘깨나 쓰는 권력기관의 뒷배가 아니고서야 어찌 상상할 수 있을까마는. 다시 처음 이야기로 돌아가겠다.

교직원들이 앞장서 유신헌법 홍보요원으로 세차게 움직인 노고인지는 몰라도 어쨌든 전체 국민의 54%가 찬성한다는 결과를 얻어냈다. 이후 교직원의 봉급도 월등히 향상된 것만은 사실이다. 쓰다 보니 유신헌법 찬성의 전도사가 교사만이 전부인 것처럼 비춰졌으나 다른 공직자는 이보다 더했으면 더했지 덜하지는 안 했을 것이다. 그러나 우리 국민들은 바보가 아니었다.

제1공화국은 3 · 15부정선거가 화근이 되어 1960년 4 · 19혁명이 발생, 이승만 전 대통령의 장기집권은 무너졌다. 이어서 1979년 10월 26일, 중앙정보부 김재규 부장에 의해 박정희 전 대통령은 살해되었다. 이후 전두환 실권자들의 퇴장을 바라는 부마사태, 1980년 민주화 시위, 1987년 6월 항쟁이 계속됨으로써 깨어있는 국민들의 매서운 맛을 세계만방에 알렸다. 역사의 바퀴는 쉼 없이 돌고 돌아 촛불시위로 공평 · 공정, 그리고 정의를 부르짖은 문재인 정부를 탄생시켰다. 그러나 문재인 정부의 시작은 창대했으나 아빠 · 엄마 찬스의 대명사 조국 사태 이후, 비상식을 상식으로, 불공평을 공평으로, 부정을 정의로 도치시킨 적폐가 눈덩이처럼 쌓임으로써 그 청산작업은 우리 국민들의 무거운 과제로 남긴 채 정권교체에 이바지하고 말았다. 나는 문재인 정부를 칭찬하고 싶지는 않지만 그렇다고 탓하고 싶지도 않다. 역사는 나선형의 톱니바퀴처럼 정 · 반 · 합을 향해 뚜벅뚜벅 발전을 향해 변화하기 때문이다.

일부 좌파들은 이승만 · 박정희 전 대통령을 오사리잡놈 보듯 혼겁하지만, 전자는 오늘의 자유대한민국을 건국한 국부요, 후자는 가난했던 한국을 오늘의 경제 강국의 초석을 쌓은 압축성장의 경제대통령으로서 인정받아 마땅하다. 다만, 이들의 공통점은 백신도 없는 장기 집권욕으로 인한 정치적 적폐로 각인 된 점은 부정할 수 없다. 프랑스의 나폴레옹 역시, 영웅과 독재자라는 엇갈린 평가를 받은 인물이다. 그러나 사망 200주년을 맞아 그의 공적을 기리는 운동이 세계적으로 확산되고 있음은 목하의 현실이다. 우리에게도 역사의 어두운 점보다는 긍정적인 점을 높이 평가하는 아름다운 눈높이가 절실하다.

호롱불 밑에서 몽당연필에 침 묻혀가며 회푸대 위에 꼭꼭 눌러쓰며 공부하던 그땐 그랬다. 근면 · 자조 · 협동 정신과 '잘 살아보세'라는 구호를 외치며 빈곤퇴치와 지역사회개발을 위하여 1970년부터 전개된 새마을운동, 오늘날에도 지구촌 변방에서는 이를 너도나도 모방하고 있을 뿐만 아니라, 오늘날 우리 경제대국의 디딤돌이 되어 청사에 길이 남아 후학들에게 화기치상和氣致祥의 교훈이 되고 있다.

옛말에 "글은 아무리 잘 표현하려해도 뜻을 다 펴지 못하고, 그림을 아무리 잘 그려도 그 정을 다 드러내지 못한다.[書不盡意 圖不盡情]"고 했다. 그렇다. 사람의 일이란 '만족'이란 있을 수 없다. 적당한 때에 자리에서 물러나는 용기 있는 지혜가 필요하다. 자리나 지위를 상징하는 '의자'는 앉기 위한 공간이기도하나 언젠가는 반드시 일어서야 하는 도구이기도 하다.

이승만 초대 대통령과 박정희 경제대통령이 이러한 '의자'의 작은 원리만이라도 깨닫고 실천했더라면, 우리 근 · 현대사의 훌륭한 국가지도자로서의 전범典範이 되었으리라. 마치, 사망 200주년을 맞아 나폴레옹의 공적을 기리는 운동이 전 세계적으로 확산되듯이….

애국가의 노랫말은

이 글을 쓰게 된 동기는 유영호의 『한양도성 걸어서 한바퀴』(2015)를 읽고 난 후였다. 유영호 작가는 연세대 경제학과를 나와 IT 소프트웨어 개발회사의 대표다. 다시 말해 인문학과는 거리가 좀 멀리 있는 셈이다. 그런데도, 우리의 아픈 과거를 씻기 위해 역사 바로 세우기의 필요성을 깨닫고 남북의 하나 됨을 주제로 『하나를 위하여』와 『북한 영화, 그리고 거짓말』, 『21세기 민족주의』(공저) 등을 저술함으로써 대학에서조차 인문학을 찬밥으로 취급하고 있는 요즘에 수범적으로 인문학을 실천궁행함으로써 인문학 갈증에 물 한 바가지 마시는 기분이 들었기 때문이다.

이 같은 훌륭한 책을 만난 까닭은 초등학교 꾀복장구 유영수 친구가 선물했기에 가능했다. 친구는 궁핍한 농촌 출신으로서 자수성가의 상징적 인물이다. 저자인 유영호와 이름마저 어금버금한 탓인지 인문학에 대한 조예마저 깊다. 일찍이 건축 관련 사업으로 크게 성공하여 서울 한 복판에 8층 빌딩을 소유하고 있으며 지금은 현장에서 물러나 서울시 문화해설사로 우리 역사의 한 중심축을 발바닥으로 자원봉사하고 있다.

이 글의 중심 내용은 대부분 위에서 소개한 바 있는 유영호의 『한양도성 걸어서 한바퀴』에서 많이 참고했다. 친일은 당시의 삶의 풍속도가 그리하도록 했다. 물론, 죽음을 초개와 같이 내던진 독립투사들도 있었지만 대부분의 국민들은 친일하지 않으면 생존의 위험이 뒤따랐고 특히나, 저명인사들은 죽음이냐 친일이냐의 선택에서 자유롭지 못했다. 한때는 우리나라 국부로 불렀던 이승만의 친일행적도 적나라하다.

1904년 이승만은 고종의 밀사자격으로 조선의 독립을 보존하기 위해 미국으로 파견되었다. 그런데 그는 미국 루스벨트 대통령을 면담하는 자리에서 자신을 이렇게 소개했다. "우리는 황제의 대표자가 아니라 '일진회'(을사늑약을 적극 찬동했던 친일단체)라는 단체의 대표자입니다." 뿐만 아니라, 1918년 미국이 제1차 세계대전 때 징집카드를 작성했는데 이승만은 자신의 국적을 자필로 Japan이라고 적었다. 아마도 식민지 조국보다는 일본으로 적은 것이 유리했을 것이라 판단했기 때문일 것이다. 그런 그가 바로 이듬해 상해임시정부의 대통령으로 선출되었으니 아이러니한 일이 아닐 수 없다. 그러나 북에는 김일성의 공산독재 인민정권이 들어설 때, 우리는 이승만을 대한민국 건국대통령으로 선출, 오늘의 자유민주주의 초석을 닦았다.

춘원 이광수와 최남선도 진배없다. 이 둘과 홍명희를 조선의 3대 천재로 꼽았다. 1919년 3 · 1운동이 실패로 끝나자 홍명희를 제외한 이광수와 최남선의 천재성은 이후 모조리 일제의 식민통치를 위해 헌신했다. 이광수는 1905년 을사늑약 직후, 일본 유학 중에 가장 존경하는 인물로 조선 침략의 선동자 후쿠자와 유키치를 꼽았다. 이광수는 그를 가리켜 "하늘이 일본을 축복해 내린 위인"이며, 자신 또한 '조선의 후쿠자와'를 꿈꿨다고 말한 바 있다. 한때 최남선도 독립운동과 문화운동의

첨병역할을 다하였다. 1908년에 발간한 잡지 「소년」은 최초로 만들어진 계몽 잡지이다. 근대 한국어 문제의 확립과 톨스토이 번역을 통한 민족의식의 고취라는 업적을 남겼는데 이 과정에서이광수가 번역가에서 소설가로 나아가는 계기가 되었다.

춘원 이광수는 1937년 멸망에 빠진 민족을 구출하는 기독교인의 역할 등의 내용을 담은 인쇄물을 배포하다 일제에 발각되어 6개월간 투옥되었다. 이후 그는 정신적 스승 안창호 선생이 돌아가시고 수양회 사건으로 옥고 이후, 거듭 태어나 '민족개조론'을 주장하면서부터 친일 변절자란 이름을 지울 수가 없었다. 그러나 그의 근대문학가로서의 장편 『흙』(1932)을 비롯해 오늘의 한국문학을 한 단계 도약시킨 공과는 인정받아 마땅하리라.

요즈음은 애국가의 인기가 옛만 못하고 시들한 것 같다. 우리 학창시절엔 애국가 4절 부르는 것이 몸에 배었는데 어느 때부턴가 1절만 제창하는 습관이 관습으로 굳혀져 버렸다. 아마도 실용 및 편의주의에 형식논리가 밀린 탓도 있겠지만 애국가 자체가 친일적 색깔이 묻어나는 것도 한몫하고 있지 않나 생각된다. 이유야 어쨌든 국가와 민족에 대한 인문학적 사고가 메말라 갈수기 현상을 빚고 있음은 사실이다. 대학부터 인문계열이 은근살짝 사라지고 있는 추세다. 취업과 경제에 관련 없는 학과는 허름할 수밖에. 그러니 애국가의 작곡가는 안익태로 널리 알고 있지만 작사자는 윤치호가 아닐까 하는 암묵적인 의구심만 남아 있을 뿐이다.

국사편찬위원회에서 실시(1955)한 '애국가작사자조사위원회'의 표결결과는 11:2로 윤치호가 11표를 얻었다. 다만 만장일치가 아니라서 공식적으로 발표하지는 않았다고 한다. 1945년 7월경, 윤치호의 셋째 딸 윤

문희에게 전해준 애국가 필사본이 「위키피디아」에 전해지고 있음도 이를 뒷받침해주고 있다. 더군다나 안익태 · 윤치호 두 사람 모두 공교롭게도 『친일인명사전』에 등재되어 있다. 윤치호는 해평 윤 씨로 그의 아버지 윤웅렬은 무과에 급제하여 대한제국 시기에 군부대신(국방부장관)을 지냈다. 그는 1881년 17세의 나이에 조선의 농업학교를 갈 예정이었으나 아버지가 일본외무상 이노우에 가오루에게 부탁, 아빠찬스로 일본 동인사同人社에 입학했다. 그는 20대인 1889년 12월8일부터 시작된 그의 일기는 끝까지 영어로 쭉 썼다. 그 일부는 다음과 같다.

> 내 나라 자랑할 일은 하나도 없고, 다만 흉잡힐 일만 많으매 일변 한심하며, 일변 일본이 부러워 못 견디겠도다.〈1888. 12. 29〉/ 조선이 지금의 야만적 상태에 머무느니 차라리 문명국의 식민지가 되는 게 낫겠다.〈1890. 5. 18.〉/ 만약 내가 마음대로 내 고국을 선택할 수 있다면 나는 일본을 선택할 것이다. 오, 축복받은 일본이여! 동방의 낙원이여!
> 〈1893. 11. 1.〉

역사는 끊임없이 재해석의 과정을 거치면서 새로운 의미를 부여받게 된다고 했던가.

"역사서는 사실에 기초하여 쓰였다고 여길지 모르지만 실제로는 아니다. 인간에게는 누구나 편견이나 선입관이라는 것이 있다. 사실에 기초하여 쓰려 해도 쓰는 사람에 따라 해석이 다르고 또한 일부러 다르게 해석할 수도 있기 때문이다." 〈세계투자전문가 짐 로저스, 『세계에서 가장 자극적인 나라』 2019. 전경아 옮김〉

역사는 여러분의 몫

아랍의 설화 『천일야화』에서, 바그다드의 상인 신드바드가 솔로몬 왕이 한 말이라면서 인용했다. "가난한 것보다는 차라리 무덤 속에 누워 있는 것이 낫다" 미국의 희곡작가 유진 오닐은 "가난은 가장 널리 퍼져 있으며, 가장 치명적인 질병이다."라고 했다. 영화 「로스트 인 더스트」(감독 데이빗 맥킨지, 2016.)의 주인공 토비 하워드의 말도 이와 유사하다. "가난은 대를 이어 전해지는 유전병이기도 하다." 공자마저 "부유하면서 교만하지 않기는 쉽지만, 가난하면서 원망하지 않기는 어렵다"고까지 했다. 김탁환의 장편 『열녀문의 비밀』(上)에서, 이덕무(별호 看書痴)의 말도 가난을 의미심장하게 풀이했다. "지혜로운 사람은 가난을 편안하게 여기고, 어리석은 사람은 가난을 원수처럼 여기다가 가난 속에서 죽어간다." 탈북 작가 장영진의 자전적 장편 『붉은 넥타이』(2015)에 나온다.

> 나(작중화자 장영진)는 다시 솥뚜껑을 열고 형의 밥그릇을 찬찬히 들여다보았다. 너무 먹고 싶었다. 손을 댔다간 얻어터질 게 뻔해서 도로 솥

뚜껑을 닫았다. 도저히 먹고 싶어서 견딜 수 없었다. 나는 표 안 나게 숟가락으로 살살 긁어먹었다. 네 숟가락 째… 어느새 밥그릇이 움푹 패었다. 그래도 유혹을 이기지 못했다. '에라 모르겠다' 하고는 세 숟가락을 더 긁어먹었다. 밥그릇은 폭탄 맞은 것처럼 푹 커졌다. 나는 형이 돌아오기 전에 집에서 도망쳤다.

그땐 우리도 그랬다. 엊그제 같다. 2018년 92세로 타계한 영원한 정치 2인자 김종필 전 총리의 묘비명은 '무항산무항심無恒産無恒心'이다. 『맹자』의 양혜왕 편(上)에 나오는 말로 "항산하지 않으면 항심할 수 없다"고 풀이된다. 이는 곧 "일정한 생산(소득)이 없으면 일정한 마음도 없다"는 뜻으로, 먹고 사는 일에 안정이 없으면 평온한 마음도 올 수 없음을 의미한다. 열 식구 버는 것보다 한 식구 더는 게 낫다던 말이 솔깃하게 들릴 정도로 입에 풀칠하기가 어려웠던 그땐 그랬다. 이문열 장편, 『변경』(12권, 1998)에서 작중인물 '임 위원장'의 말이 딱이다. "가난이 권리일 수는 없지만 죄도 아니어." 그렇다. '가난은 내 직업'이라며 가난을 축복이자 긍지로 삼았던 성자 천상병 시인에게는 가난도 무섭지 않았으리라. 그러나 성자 시인이 아닌 일반 서민들에게는 고통이요, 죽음일 수밖에….

우리는 원래 가난한 나라였다. 농민들이 수확한 것에서 세금을 징수, 국가를 경영했다. 농민들의 수확량은 빈약했다. 가을에 한 번 수확한 것으로 1년을 살아야 했는데, 그것 가지고는 힘들었다. 그래서 보릿고개가 있었고 보리가 생산되기 전까지는 굶주리곤 했다. 조선시대의 세금은 왕실에, 관리들의 월급에, 관아의 건물 유지 및 보수하는데 모두 쓰였다. 국가보위를 위한 군대는 꿈도 꿀 수조차 없었다.

임진왜란 때 조선이 일본에 그렇게 당한 이유는 정식 군대가 없었기 때문이다. 조선중기의 무장 신립申砬장군이 탄금대 등에서 싸웠다고는 하지만 이 싸움에 투입된 병사는 제대로 된 병사가 아니고 어제까지 농사를 짓던 농군들로서 어거지로 끌려나와 창칼을 손에 쥔 것이다. 이런 수준은 군대랄 것도 없기에 일본 정예부대와는 상대가 될 수 없었다. 임진왜란 때 그토록 당했으면서도 그 이후 군대를 갖지도 못한 채, 병자호란마저 당했지만 한 번 싸워보기는커녕, 그냥 남한산성에서 농성만 벌이다가 항복하고 말았다. 조선 말기까지도 의병과 농민군은 있었지만 제대로 된 군대는 갖추지 못했다. 임진왜란 전에 학자요 문신 이이李珥가 10만 양병설을 주장했지만 당시 조선의 사정으로는 실현 불가능한 언감생심이었다. 최성락의 『말하지 않는 한국사』(2015)에서는 가난한 나라였기에 외부의 원조에 의존한 내핍외원內乏外援의 진실을 아래와 같이 설파했다.

> 1950년 한국전쟁 이후 몇 십만 명이나 되는 상비군을 조직하고 정부 주도로 공장 건설이 추진되고 도로를 다듬었던 재원은 미국의 원조 때문이었다. 이를 계기로 1960년대까지는 국민들의 생활이 조금씩 향상되어 갔다. 그 당시만 해도 우리의 재정은 국내에서 걷는 세금은 정부 재정의 절반 정도였고, 나머지는 미국의 원조에 절대적으로 의존했다. 그러다가 1958년부터 미국의 대외원조정책이 변경되면서 우리에게 주는 원조도 대폭 삭감되기에 이르렀다. 이러한 위기를 벗어날 수 있었던 것은 일본의 청구권 배상금이 한몫 했다.
>
> 한·일 관계는 1945년 해방이 되면서 20여 년 가까이 단절되었다가 1960년대에 한일조약을 맺음으로써 앙금이 풀리기 시작했다. 이후 우리는 이 배상금을 바탕으로 본격적으로 경제발전이란 명목으로 삽을 들 수 있었고 국민소득도 조금씩 향상되고, 세수도 확보되면서 외국의 지원 없이도 국가경영의 기틀을 닦을 수 있었다. 한 마디로 1950년 이

후부터 1960년대 초까지 이루어진 미국의 원조와 일본의 배상금이 마중물 되어 오늘의 대한민국이 경제대국으로써 성장했음은 숨길 수 없는 역사적 진실이 아닐 수 없다.

외곬 좌파들은 이승만 건국대통령과 박정희 경제대통령을 흑싸리 껍데기로 볼지라도 오늘의 자유민주주의와 경제대국의 기초를 튼튼히 하였음은 역사의 진실임을 어찌하랴. 김진명의 장편 『몽유도원』(1권, 2010)에서, 작중인물 서울대 이정호 교수가 교양국사시간에 열강 했다는 내용을 이주성 기자는 다음과 같이 전한다.

학생 여러분, 몽고를 봐. 그리고 중국의 여러 나라들, 한때는 천하를 호령했지만 지금 그들의 모습은 어떤가. 다시 한반도를 봐. 그 큰 중국의 옆에 달랑 붙어 있지만 줄기차게 나라를 지켜왔잖아. 어떤 이들은 우리 조상이 당파싸움만 하고 무능했다고 하지만 천만의 말씀이야. 무능한 조상들이 공룡 같은 나라 옆에서 몇 천 년이나 나라를 지켜올 수 있었을까? ~ 바로 여러분의 할아버지 할머니가, 아버지 어머니가 만든 역사를 봐. 식민지배에, 전쟁에, 군사독재에, 최악의 여건이었지만 결코 좌절하지 않고 결국은 이 풍요로운 사회를 여러분에게 물려주지 않았어. 이게 위대하지 않으면 뭐가 위대하단 말이야? 우리 말고 세상의 어느 나라가, 어느 민족이 이보다 더 위대한 역사를 만들었단 말이야? ~이 작은 나라가 50배나 큰 중국과 때로는 맞서고 때로는 눈치 봐가면서 지금에 이르기까지 나라를 지켜온 것이 얼마나 대단한 일이야. 이제부터 **역사는 여러분의 몫**이야. 조상이, 여러분들의 부모가 물려준 이 신성한 역사를 이제는 여러분이 계승해야 해. 그래서 남북통일도 하고 환경보호도 해서 여러분의 후대에게 더욱 나은 사회를 물려줘야 해.

우남과 송재의 만남

지식생태학자 유명만 교수의 『생각사전』(2014)에 나온다.

> 프랑스의 철학자 질 들뢰즈는 "우발적 인연이 필연적 사건을 만든다."고 했다. 사람은 끊임없이 누군가와 만나 인간관계를 형성하고 인연을 만든다. 어떤 사람과의 우연한 만남, 어떤 책과의 우연한 만남이 운명을 바꿔놓기도 한다. 우연한 만남 속에 숨겨진 운명이 필연적 사건을 만든다.

우남雩南 이승만 초대 대통령은 황해도 평산군에서 몰락한 조선왕조의 후예로 1875년에 태어났다. 쇄국정책을 고집하던 대원군이 물러나고 명성황후의 일족인 민 씨가 권력을 장악하게 된 2년 후였다. 그는 어려서 근 10년을 서당에 다니면서 한학을 익혔다. 13세이던 1887년부터 과거에도 여러 차례 응시했으나 실패를 거듭했다. 그 무렵에 급제했더라면 우리나라의 건국대통령은 되지 못했을 것이다. 그 후 갑오경장으로 과거마저 없어지자 다음 해(1895) 그는 서당 친구의 권유로 배재학당에 입학한다. 미국 감리교 선교사인 아펜젤러가 세운 신식학교에 다

님으로써 미국식 민주주의를 신봉하게 된다. 그리고 배재학당에서 개화파의 스승 송재 서재필을 우연히 만남으로써 앞에서 철학자 질 돌뢰즈가 말한 대로 필연의 길을 걷게 된다.

초대 대통령으로서 거룩할 듯했지만 권력욕이 지나쳐 민주주의에 큰 상처를 끼침으로써 청사에 큰 오점을 남겼다. 그런데, 1956년 5월에 실시된 정·부통령 선거에서 그가 당선되기는 했으나 정읍·전주·대구에서는 조봉암이 우세했음을 정창근의 장편, 『보복!』(上권 2020. 299쪽)에서 잘 적시하고 있다.

초대 이승만 대통령을 비롯하여 역대 대통령들은 저마다 구호는 고르디우스의 매듭을 단칼로 풀어내듯 시작은 그럴 듯했으나 결과는 소형 폭탄을 맞은 듯 봉두난발(언행불일치)이 되고 말았던 우리의 역사가 좀 불편하다. 뭉치면 살고 흩어지면 죽는다(이승만), 하면 된다(박정희), 정의사회 구현(전두환), 고통 분담(노태우), 역사 바로 세우기(김영삼), 준비된 대통령(김대중) 국민이 대통령입니다(노무현) …

내가 중학교 다닐 때였다. 아이들의 머리통이나 이마빡에 종기나면 '이명래 고약'이 최고였던 그땐 그랬다. 정부 홍보물이나 계몽영화는 한두 달에 한 차례씩 선생님의 인솔 하에 극장에서 단체 관람했다. 「느티나무 있는 언덕」, 「독립협회와 청년 이승만」, 「아, 백범 김구 선생」, 「상록수」 등이었는데 가장 기억에 남는 영화는 이승만 대통령의 일대기 「독립협회와 청년 이승만」이었다.

그가 초대 대통령이 된 것은 바로 배재학당에서 스승 서재필과의 인연으로 비롯되었기에 그에 관한 이야기를 잠깐 건드려보겠다. 서재필은 잘생긴 용모에 영어는 물론, 한글과 영문으로 된 「독립신문」을 창간했고, 국민모금으로 준공한 「독립문」(사적 제32호)을 주도함으로써 우리에게는 '독립'과 깊은 인상으로 남아있다. 더군다나 송재 서재필은 「독립신문」을 창간하는 등 조선근대화운동의 선구자로 익혀왔다.

하지만, 그는 조선 최대의 사대주의자였음을 어찌하랴. 1885년 그는 19살 나이로 갑신정변에 참가, 병조참판에 올랐다. 하지만 '3일천하'로 끝나자 그는 김옥균 등과 함께 일본상선을 타고 일본으로 도피했다. 그곳에서조차 냉대를 받자 다시 미국으로 떠났다. 미국시민권을 얻은 그는 1893년부터 의사로 활동했지만 그곳의 극심한 인종차별로 병원 경영에 어려움을 겪자 10년이 지난 1985에 다시 귀국했다. 그 이후, 그는 더 이상의 조선인 서재필이 아닌 미국인 필립 제이슨으로 변신하고 말았다. 그의 옆에는 갈색머리의 백인의 아내 뮤리엘 암스트롱이 있었으며 불과 10년 만에 그는 우리말조차 잃어버렸다.

그가 주도한 「독립신문」은 논란의 대상이 아닐 수 없다. 그가 말하는 독립의 대상은 '청나라로부터의 독립'일 뿐, '일본으로부터의 독립'을 의미하는 것이 아니었다. 그 근저는 청일전쟁에서 승리한 일제의 강점기에 '독립문'을 세웠고 이후, '독립'이란 문패를 당당히 걸고도 굳건히 살아갈 수 있었음은 「독립신문」 제6호(1896) '논설'에 잘 노정되었다.

> 일본이 두 해 전에 청국과 싸워 이긴 후에 조선은 분명한 독립국이 되었으니 그것 또한 조선인민이 일본에 대하여 감사한 마음이 있을 터이나, 조선인민 중에 일본을 감사히 생각하는 사람이 지금 없는 것은 다름 아니라…

이런 사설을 서슴지 않았던 「독립신문」을 기념하는 창간(1896) 61주년을 맞아 4월 7일을 '신문의 날'로 기리는 우리들의 일그러진 모습 속에 아직도 일제의 잔재가 남이 있음이 껄적지근하다. 그도 그럴 것이 그의 묘비명은 Philip Jaisohn으로 표기되어 있으니 더욱 그렇다. 이처럼 철저한 미국인으로 살아온 필립 제이슨에 대해 우리 정부는 1970년 건국공로훈장 대한민국장을 수여했다. 뿐만 아니라 1995년에는 그의 유해를 국내로 들여와 국립현충원에 안장했으며 이것도 모자라 2년 뒤에는 독립운동가로 선정하기까지 했다.

이상의 자료는 초·중학교 동창 유영수 절친(전 대영종합상사 대표)이 보내준 유영호의 『한양도성 걸어서 한바퀴』(2015)를 읽고 많이 참조했다. 한편, 전차 안에서 취중에 이승만과 조병옥, 그리고 장면에 대해 이러쿵저러쿵하던 그땐 그랬다. 정창근의 장편, 『보복!』(上권, 217쪽)에서, 작중인물 고만이가 샤리 박과 곽태수와의 대화가 그랬다.

미국 놈이 저 맘대로 그셔 놓은 38선을 양쪽에서 왜 총을 고누고 지랄이냐고. 그걸로 보자면 이승만이나 김성주 허는 쪼다리가 한 푼어치도 차이가 없고 서로 지가 뎃빵 될라고 싸우고 힘센 놈한테 들어붙어 ㅈ이라도 빨라고 그러제, 뭐 민족? 그야말로 ㅈ빨놈들, 아나 민족, 뭐 민족, 뭐 인민? 말은 비단 쪽 같다만 무엇 때문에 전쟁을 하냐고, 안 싸우고 양쪽 눈치 안보고 우리끼리 왔다갔다 해분지면 되는 것을 서로 제 상전한테 잘 뵐라고 총대 겨누고 뭐 국경이간디 맞서서 이를 갈어? 양놈들은 쪽발이 목을 싹둑 잘라 한쪽은 러시아 주고 한쪽은 즈들 차지허면 안 되는가? 왜 하필이면 이 불쌍한 조선을 난도질해서 이 지옥을 맹그냐고, 뭐니 뭐니 해도 미국 놈을 삶아서 그 대가리부터 초간장 찍어서 아삭아삭 씹어 돌려야 헌당게.

6 · 25의 불편한 진실

1950년 6월에 발발한 한국전쟁은 1953년 7월, 휴전이 될 때까지 3년간 계속되었다. 정전협정 50주년(2003) '국방부군사편찬위원회'가 발표한 자료에 의하면, 전사 · 부상 · 실종 · 포로를 합한 우리 국군의 인명 피해는 62만1,479명, 미군은 13만7,250명, 나머지 유엔군의 피해 인원을 모두 합하면 77만6,360명에 이르렀다. 중공군을 비롯한 공산군의 인적 피해는 150만 명이 넘는다. 민간인 피해는 이보다 더 심하다. 남 · 북한을 합쳐서 사망(학살 포함) · 부상 · 납치(행방불명 포함)된 숫자는 250만 명에 가깝다. 여기에 피난민 320만여 명, 전쟁미망인 30만여 명, 전쟁고아 10만여 명을 더한다면 엄청난 수의 인명 피해와 고통을 당했다. 남한의 군인은 15만 명, 민간인은 무려 77만 명 가까이 사망했다. 6 · 25전쟁에서 민간인의 사망자가 많았던 이유는 전투 행위 때문만은 아니다. 한국전쟁은 민간인이 민간인을 죽이는 참혹한 전쟁이었다. 민간인들끼리 서로의 동족을 죽인 동족상잔이었다. 6 · 25의 참상을 오영수의 단편 「後日譚」(현대문학, 4293년 6월호)에서는 이렇게 기록했다.

한창 전투가 치열했을 때 진부령 어느 골짜기에서는 적의 포위를 벗어나지 못해 무더기 죽음을 당한 꼴도 보았다. 적의 인해 전에 고성능 폭탄을 퍼부어 팔은 팔대로 다리는 다리대로, 말하자면 분해가 되어버린 몸뚱어리가 흙먼지와 함께 하늘로 튀어 오르는 것을 불과 몇 백 야드 앞에서 장시간 지켜보기로 했다. 돌격전으로 어떤 고지를 점령하고 보면, 미처 옮겨가지 못한 시체가 그대로 버려져 있고, 그중에는 아직도 숨이 붙어있어 손을 내밀고 물을 달라고도 한다. 그러나 유기체로서 수만 기록하고는 한 구레기에 그대로 묻어버리기도 했다.

위는 허구라지만 최성락은 『말하지 않는 한국사』(2015)에서 아래와 같이 그 당시를 직고直告했다.

인천상륙작전이 성공하면서 북한군이 북쪽으로 쫓겨났다. 남한의 권력은 다시 반공주의의 손으로 넘어오게 된다. 이제는 동네의 공산주의자들이 적이 되었다. 그동안 공산주의자들에게 억눌려 왔던 사람들은 보복을 시작했다. 이들은 공산군 치하에서 부모 · 형제 · 친척 · 친구들을 잃었다. 공산군이 계속 주둔하고 있을 때는 어쩔 수 없이 참고만 있었지만 이제, 남한에 남겨진 공산당 잔재들의 가족을 찾아 보복했다. 이들은 서로 모르는 사이가 아니라 한 동네에 살면서 서로를 잘 알고 지낸 이웃이었다는 점이 6 · 25가 남긴 참극이었다.

해방 이후, 남과 북에는 공산주의와 반공주의자가 한 동네에서 같이 살고 있었다. 그들은 동네 사람 중 누가 어떤 짓을 했는지, 북한에 대해 긍정적인지 부정적인지, 공산주의에 대해 어떤 생각을 하고 있는지 모두 잘 알고 있었다. 서울이 북한의 손에 떨어지고 낙동강 이북지역을 공산군이 점령하면서, 이들은 지역의 지주들과 반공주의자들을 숙청하기 시작했다. 군인들은 민간인을 숙청했지만 결코 살해하지는 않았다.

한 동네 주민으로 살던 사람들이 이념이 다른 주민들을 살해했다. 북한군이 내려왔을 때, 공산주의자라고 자처한 사람은 가짜 공산주의자였다. 대부분 지주들에게 핍박받고 가난하게 살아온 사람들이었다. 이들은 지주들을 죽여도 된다는 생각으로 실제 완장 차고 공산주의자가 아니면서도 실제 공산주의자들과 적극적으로 동조했다. 이들은 동네에서 잘사는 사람, 평소 미워했던 사람, 자신에게 모욕감을 주었던 사람들을 찾아 공격함으로써 남한지역에서 무려 100만 명 가량의 민초들이 죽임을 당했다.

허구는 실화를 바탕으로 한 진실의 이야기다. 이문열 장편, 『변경』 전3부는 각 4권씩 총 12권(1986년~1998년)으로써 시대적 배경은 1959년부터 1972년까지의 역사소설이다. 박경리의 『토지』가 구한말로부터 8 · 15해방까지의 기간이었다면, 조정래의 『태백산맥』은 8 · 15해방 무렵부터 6 · 25전쟁까지의 기간을 1983년부터 연재하기 시작했다. 같은 해에 출간한 『불놀이』도 조정래의 장편이다. 특히, 작중인물 학골댁의 남편은 6 · 25전쟁터에 나가 돌아오지 않자 점쟁이를 찾아갈 때마다 살아있는 것으로 점괘가 나왔기에 항시 기다림의 세월을 살 수 있었다. 그러나 황형민 교수의 어머니는 6 · 25가 터지자 이웃의 대장장이한테 아버지가 죽임을 당하고 어머니마저 그에게 강간을 당한 분노의 세월을 살아야 했다. 김원일의 『불의 제전』 역시, 6 · 25전쟁 기간으로 각각 설정되어 있다는 것도 같은 경우다. 정창근의 장편, 『보복!』(上권, 2020)에서 '6 · 25와 통일'에 대한 작중화자 김달호 역시, 울분을 토했다.

시진핑 주석이 중국의 6 · 25 참전 70주년 기념연설(2020. 10. 23.)에서 "중국 인민지원군이 평화수호, 침략 반대의 기치를 들고 압록강을 건너 북한과 손잡고 위대한 승리를 거뒀다."고 했다. 그리고 "한반도 정세를 안정시켰으며 아시아의 세계평화를 지켰다."고도 했다. 중국은 70년 전, 한국군을 상대로 첫 승리를 거둔 날(10월 25일)을 '항미원조抗美援朝 기념일'이라고 한다. 북한의 남침을 지원해 한반도를 피로 물들어 놓고 '평화수호' 운운…. 지나가는 개가 듣고 으르렁거릴 일이다. 그들이 없었더라면 우리의 국력은 지금쯤은 중국을 위협할 수도 있었을 텐데. 절호의 통일대박을 빼앗은 적장이 뭐라꼬? 1950년 10월19일 평양에 첫 입성한 6·25의 영웅 국군1사단의 백선엽 장군은 "6·25는 중공군과 싸운 기간이 거의 전부"라고 회고했다.

조 바이든 대통령은 '한미정상회담'(현지 2021. 5. 21.)에 앞서 문재인 대통령이 지켜보는 가운데, 북진하려던 국군과 미군을 중공군 18만이 공격해오자 이를 막아낸 청천강 전투의 영웅 랄프 퍼켓 예비역 대령(94세)에게 '명예훈장'을 수여했다. 文정부는 우리의 영웅 백선엽 장군을 현충원 안장마저 가로막았을 뿐만 아니라, 김일성 훈장을 받은 김원봉에게 서훈을 주장한 그의 속앓이는 어떠했을까, 문재인 전 대통령은 시진핑의 귀요미였기에 중공군을 막아낸 퍼켓 곁에서 파안대소하는 그의 얼굴을 보노라니 그의 이빨 사이의 냄새가 영웅에게 혹여 오염되지 않았을까 나는 가슴 조아렸다.

이제 우리는 어제의 아픔을 반면거울로 삼아 내로남불我是他非 네 편 내 편 옹졸한 짓거리 그만두고 유비무환의 단단한 끈을 더욱 죄어 메야겠다. 후안 카를로스 이사 로세로 주한 콜롬비아 대사가 6·25전쟁 70주년(2020)을 맞아 『조선일보』와의 인터뷰에서 "6·25 참전 콜롬비아 용사들은 한국이 지옥이었는데, 이젠 천국이 됐다."는 찬탄을 아끼지 않았다. 그렇다. 이제 우리는 불편한 진실의 역사가 아닌, 참살이의 진실만을 엮어가는 역사를 써야겠다.

무비유환의 7년 전쟁

어느 날 아침, 부산 앞바다에 일본 배들이 몰려왔다. 신무기인 조총으로 무장한 일본군들이 예고된 대로 조선을 침략했다. 부산에 상륙한 일본군은 한 달 만에 한양성까지 보무도 당당히 올라온 것이다. 조선은 무비유환無備有患으로 무장 해제된 상태였기 때문에 당연히 침략당할 수밖에…. 최성락의 『말하지 않는 한국사』(2015. 37~42쪽) 내용을 긴축하면 아래와 같다.

일본군의 선봉장은 1군 사령관 고니시 유키나가와 2군 사령관 가토 기요마사였다. 이들은 조선과의 전쟁을 반대했다. 이유는 일본은 오랜 통일전쟁을 끝내고 이제 전쟁 없는 평화가 오랜만에 달성했는데 명나라를 쳐들어간다는 명목으로 조선과 전쟁을 하는 것은 옳지 않다고 했다. 한편, 전쟁이 일어나기 전, 조선이 일본에 통신사를 보내도록 노력한 것도 고니시 유키나가였다. 조선이 일본에 통신사를 보냈으니 조선과 싸울 필요가 없지 않느냐고 일본 관백 도요토미 히데요시를 설득하기 위해서였다. 이와 뜻을 같이 한 쪽은 대마도였다. 대마도는 일본에 속하기는 하지만 조선과 통상을 해야만 먹고 살아갈 수 있는 곳이었다.

이런 상황에서 조선과 전쟁이 발발하면 대마도 주민들은 기근에 시달릴 게 뻔했다. 공교롭게도 대마도주對馬島主는 고니시 유키나가의 사위이기도 했다.

그러나 이러한 화친책은 실패로 끝났고 말았다. 조선은 일본을 오랑캐로만 생각했고, 일본과 친선을 도모할 생각이 아예 없었다. 고니시 유키나가는 조선의 통신사가 일본에 오면 도요토미 히데요시를 다독여서 전쟁이 나지 않도록 노력해 줄 것으로 알았다. 하지만 조선 통신사 부사 김성일은 조선으로 돌아가서 일본이 조선에 쳐들어온다는 것은 모두 헛소문이라고 거짓 보고했다. 정사 황성윤과 서장관 허성은 일본이 반드시 조선에 쳐들어올 것이라고 보고했지만 조선정부는 김성일 의견만을 수용했다. 일본에서는 일본군이 조선을 침략할 것이라는 소문이 널리 유포된 지 오래였다. 그럼에도 조선정부는 이러한 소문을 귀담아 듣고 유비무환의 정신으로 무장했어야 함에도 마냥 개무시하듯 했다. 이러한 상황을 우려한 고시니 유키나가는 일본이 쳐들어갈 날짜가지 조선정부에 알려주었다. 조선정부는 이런 최후통첩마저 냉소적이었다. 다시 말해 일본군이 명나라를 치기 위해서는 조선을 선공해야한다는 사실은 동아시아 권역에서는 널리 퍼진 정석이었음에도….

이렇듯 일본 침략을 지레 짐작하고도 남음이 있는 조선정부는 그야말로 무능·무책·무치·무괴의 극치였음을 하늘도 땅도 알고 있었다. 국제정세에 대해 어두웠다기보다는 옳은 말을 전혀 듣지 않고 흘미죽죽만 거듭했던 결과였다. 일본과 화친하기 싫으면 일본과 싸우기 위해 준비라도 했어야 했는데 그것마저 관심조차 없었다. 마치 오늘날 한·일간의 서름한 모습을 방불케 했다. 그러나 7년 동안의 임진왜란은 국토가 황폐화되긴 했지만 이후, 병자호란에 비하면 일본에 직접적으로 굴항屈降하지 않았고 일본 역시, 얻은 것 없이 돌아갔던 것만은 역사적 사실이 아닐 수 없다.

김진명의 장편 『최후의 경전』(2010)에서 격암의 얼굴이 비친다. 남사고(南師古, 호 格菴)는 조선 중기(16세기말)의 학자이며 도사다. 소년시절 고향 울진의 불영사에서 신승을 만나 비결을 전수받고 전국 각처의 명산을 돌아다니며 수련한 끝에 천문 · 역학 · 관상 · 복서 등 비결에 달통했다. 앞으로 새로운 임금 즉, 선조가 나라를 다스린 지 25년 만에 임진왜란이 터질 것이라고 예언했음에도 신하들 대부분이 전란의 위험을 전혀 느끼지 못했음을 적시한 바 있다.

그랬다. 율곡 이이의 십만 양병설은 임진왜란이 일어나고 보니 비로소 국방의 대비책으로써는 형안이라고 알려졌지만, 양성지는 삼십만 양병설로 국토방위의 장구한 세월을 세워야 한다고 주장했던 인물로서 자나 깨나 부국강병을 위하여 애썼다고 한다. 이는 신두환의 『上疏: 선비, 왕을 꾸짖다』(2014)에서도 설핏하게나마 비친다. 정창근의 장편, 『마자수의 별이 되어』(2014년)에서, 임진왜란 때의 잔혹사를 묘사한 아래의 장면은 아주 섬뜩하다.

> 반반한 아녀자는 겁탈을 수십 번 당하고 코까지 베어 출혈과다로 주검이 되니 그 처절한 장면을 뉘라서 어떻게 표현할까. 시아버지가 코를 베이고 소리 지르고 넘어지는 거기서 며느리가 겁탈을 당하고 또 코를 베이고 피가 낭자한 며느리가 나가자빠지고 거기에 또 시어머니가 코가 잘려 나가 뒹구는 판이니 뉘라서 그것을 외면 안 하고 견딜 것인가. 백성들은 코나 귀가 잘려 나가도 호소 무처呼訴無處였다.

위 상황은 끝이 아니라 시작이었음을 정창근의 장편, 『보복!』(상권, 2020. 8쪽)에서는 아래에 서술하고 있다.

위안부는 민족의 수호신이다. 유관순이나 논개보다도 헌걸찬 조국의 방패였다. 그러나 모두 그들을 기피했다. 주둥이로는 핥아 줄 듯 예찬하면서도 돌아서면 '에이 더러운 것들' 하고 손가락질을 하는 이중성, 아베 눈이 무서워 그 앞에 얼씬도 못한 한국의 대통령들. 박똘만이, 전삐까, 노맹탕, 김무식, 김구라, 노바보, 이뇌물, 박순실, 문정은 찍소리 못하고 어떤 계집은 심지어 아베한테 위안부를 팔아넘기기까지 했잖은가. ~그러는가하면 할머니들의 돈 훑어다가 제 딸년 외국 유학시킨 흡혈귀 같은 진짜 밀가루 같은 것을 그냥 국회로 도피시키면서 "검찰 지켜보자고" 에이 요 빌어먹다 맞아 죽을 년의 새끼들, 강엿 먹다 이빨 빠질 놈들…

이승만 전 대통령이 1953년 1월 도쿄에서 요시다 시게루[吉田茂] 일본 수상을 만났다. 요시다 수상이 느닷없이 이 대통령에게 물었다. "한국에는 아직도 호랑이가 많습니까?" 대통령의 응수다. "임진왜란 때 가토 기요마사[加藤清正]가 다 잡아가서 지금은 없습니다." 요시다가 머쓱해졌다. 이 대통령의 위트가 번쩍인다. 임진왜란은 이처럼 잃은 것도 많았지만, 우리 음식문화의 으뜸 재료를 얻었다고 황인경은 역사소설 『독도』(2015)에서 아래와 같이 밝힌 바 있다.

고춧가루는 임진왜란 때 왜에서 전래되었다. 붉은색이 곱고 맛도 좋아 인기가 많았지만, 왜에서 전래되었다는 사실엔 변함이 없었다. 포르투갈 상인이 왜에 전한 고춧가루는 임진왜란 때 무기로도 사용되었을 만큼 조선에선 생소한 것이었다. 맛이 좋다는 소문이 퍼지면서 점점 민간에서도 사용이 확대되던 것이었다.

대위 제임스 해리 하우스만

'강화도조약'(1896. 조 · 일수호조규)은 국제법에 따라 조선과 일본 양국이 대등한 주권국가의 입장에서 체결한 우리나라 최초의 근대적 조약이라고는 하나, 일본의 무력 행위에 굴복하여 강압적으로 맺은 조약이었다. 조선은 일본 사람들이 무역할 수 있는 항구를 일본의 요구대로 열어줬고 그곳에 일본인들이 거주하는 공간까지 마련해 줬고 이들에게 치외법권까지 부여했던 불평등조약이었다. 이로 인해 우리의 정치 · 군사는 외국에 의해 큰 영향을 받게 되었다. 단순히 문화적인 영향뿐만 아니라, 우리의 정책결정에 막대한 힘을 발휘한 외국인은 청나라의 원세개, 일본의 이토 히로부미, 그리고 미국의 하우스만이 대표적이었다.

1884년부터 1894년까지의 10년간 우리의 역사는 원세개를 빼놓고는 잘 설명되지 않는다. 원세개는 1882년 임오군란이 일어났을 때, 청나라 군대와 함께 조선에 들어왔다. 그는 청나라가 조선에 파견한 자문관이었다. 조선은 청나라를 상국으로 섬겨오기는 했지만 정책은 청나라의 간섭 없이 스스로 결정했다. 하지만 우리는 청나라와의 관계는 의례적이고 실질적으로는 독립국임을 주장했다. 그러나 청나라는 조선이 어디까지나 그들의 속국이라고 믿었다. 그 역할을 원세개가 맡았다. 그는 당시의 나이가 25세에 불과했다. 1894년 청일전쟁으로 원세개가 조선을 떠났을 때는 35세였다. 이 기간 동안 그는 고종을 직접 만나 담판을 짓고 고관대작들과 함께 정책시행에 대해 논의했다. 조선에서는 아무도 그 앞에서 불평하거나 반항할 수 없었다. 그는 안하무인의 행동을 서슴지 않았다.

1905년 러일전쟁에서 일본이 승리하자 그들은 조선에 우월권을 강화했다. 이때 이토 히로부미는 조선에 통감으로 파견되었다. 그는 조선의 실질적인 원수였다. 그래도 그는 한국에 파견되기 전에 일본의 최고 정치가이면서 권력자였다. 안중근 의사는 순국하기 5개월 전인 1909년 10월 26일 중국 하얼빈 역에서 이토 히로부미를 사살했다. 안 의사는 법정에서 '왜 이토를 쏘았는가?'란 질문에 1895년 을미사변을 일으켜 명성황후를 시해한 죄, 1905년 대한제국 황실을 위협해 강제로 을사늑약을 맺게 한 죄, 1907년 정미7조약을 강압하고 고종황제를 폐위시킨 죄, 한국의 산림과 하천 · 강산 등을 강탈한 죄 등, 15개 항목에 걸쳐 분명하고 당당하게 응대했다.

그리고 2차 세계대전이 끝나고 얼마 지난 뒤 미국의 대위 제임스 해리 하우스만(28)이 1946년 7월 26일에 한국으로 처음 들어왔다. 그는 1918년 2월 28일 뉴저지주 러니미드에서 아버지 존 하우스만과 스코틀랜드계 어머니 사이에서 태어났다. 그의 아버지는 건축업자이자 청부업자였는데 이름에서 나타나듯 독일계 사람이었다. 러니미드의 중학교와 뉴저지 오두본 고등학교에 다니던 하우스만은 그의 나이 16세 때 입대했다. 해방 이후부터 1960년대까지 우리나라에 가장 많은 영향을 미쳤던 하우스만 역시, 원세개와 이토 히로부미를 방불케 했다. 조선 땅에

발을 들인 원세개와 미국의 하우스만이 20대였다면 이토 히로부미는 60대로서 연륜이 비교적 깊은 편이었다.

대위 하우스만은 미 군사고문단 참모장과 한국군 참모총장 고문, 미8군사령관 특별보좌관 등의 직책으로 35년간 한국에서 근무했다. 그는 조선경비대와 한국군대가 창설되기까지의 결정적인 역할을 했다. 1948년 정부가 수립되자 그는 군사안전위원회에 참여했다. 군사안전위원회는 대통령 · 국방장관 · 육군참모총장 · 미고문단장이 참석하는 자리였다. 뿐만 아니라, 그는 국무회의에도 동참했다. 여순반란사건 진압에도 한국전쟁 때 한강교 폭파할 때도 하우스만의 입김이 작용했다. 그는 이승만 대통령에게 각별한 총애를 받았다.

하우스만은 자신의 회고록 『한국 대통령을 움직인 미군 대위』(1995. 정일화 옮김)에서 “이승만 대통령이 참모총장을 교체할 때마다 나에게 누구를 임명해야 되냐고 문의했다”고 자랑할 정도였다. 그는 실제 경무대의 이승만 대통령 집무실을 자유롭게 드나들며 군내 동향을 보고했다. 참모총장 고문으로 일할 땐 한국군 참모총장과 같은 집무실을 쓰면서 국군의 작전과 행정 전반에 관여했다. 이승만 대통령이 총참모장 채병덕을 교체하려 하자 하우스만은 “대통령 각하, 만약 채병덕을 해임시키고 김석원을 임명한다면 ‘미 군사고문단’을 철수시킬 것입니다.”라고 직언을 서슴지 않았다. 채병덕 후임으로 하우스만은 정일권을 추천했다. 이렇게 하우스만은 군 수뇌부의 인사에 적극적으로 개입했다. 이는 하우스만이라는 미군 고문관이 어떤 위상을 가지고 있었는가를 결정적으로 보여주는 대목이기도 하다. 그는 “4 · 19혁명 당시에도 계엄사령관을 맡고 있던 송요찬 당시 육군참모총장과 같은 방에 야전침대를 설비해 놓고 밤낮으로 논의했다”고 스스로 밝힌 바 있다.

이승만 대통령이 4·19로 인해 미국 망명 때도 하우스만이 관여했다. 하우스만은 10여 년이 넘게 이승만 대통령을 도와주기도 했지만, 그를 권좌에서 끌어내는 최후통첩을 한 것도 그였다. 3·15부정선거에 항의하는 데모가 서울을 비롯하여 전국에서 불붙자 미국정부는 이승만 대통령을 더 이상 남한의 통치자로 머물게 하지 않았다. 이에 하우스만은 당시 계엄사령관이었던 송요찬 장군을 통해 미국의 지지 철회를 통고했다. 그가 장면 정부를 지지하지 않아 2공화국이 무너지는데도 역할이 컸다. 박정희가 쿠데타 다음 날 찾은 사람도 바로 제임스 해리 하우스만이었다. 그는 쿠데타를 인정하고 미국 대통령과 의회 등에 박정희 장군을 받아들일 것을 설득했다. 뿐만 아니라, 그는 전두환 정권이 12·12 쿠데타로 5·18광주민주화운동을 학살로 진압한 이후, 마침내 1981년 대령으로 퇴역, 한국을 떠났다.

2020년에 타계한 이이화 역사연구가는 『동학농민혁명사』(전3권의 서문, 2019)에서, "역사는 기억해야 살아 있는 유산이 된다. 기억하지 않으면 그 사실이 던져주는 진실을 깨닫고 미래의 교훈으로 삼을 근거를 잃어버리게 된다."고 했다. 그렇다. 위의 과거사를 기억하여 발전하는 역사로 다듬어야겠다. 다만 우리가 처한 오늘의 지정학적 환경은 아직까지도 친미외교 외에 다른 선약善藥이 없다. 중국과 일본도 불가근불가원이라지만 머리 위 북쪽의 족벌독재 배뚱뚱이 광인이 발광하는 한, 더욱 그렇다.

세한도 그리고 이건희의 유산

추사 김정희의 증조부[金漢藎]는 영조의 사위였다. 추사의 아버지는 그가 24세 되던 해인 1809년 청나라에 부사로 파견되었다. 그는 아버지[金魯敬]를 따라 연경(베이징)을 다녀올 수 있었고 청나라의 학자들과 교류도 잦아 금석학과 서화에도 명성이 국내뿐만 아니라 청나라에서도 높았다. 그러나 그가 45세 되던 해 부친이 탄핵을 당하자 강진현의 고금도에 유배되었고 그로부터 10년이 지난 1844년에는 자신마저 제주도로 유배되었다. 이 무렵 절친[金逌根]과 아내마저 결별한 상참[傷慘]을 감내하는 과정에서 그린 「세한도」*(歲寒圖 국보180호)는 조선시대의 대표적인 문인화가 되었다. 추사는 이 그림을 청나라에 동행했던 역관 이상적[李尙迪]에게 선뜻 내주었다. 그러나 「세한도」는 이상적의 손을 떠나 130여 년 동안 이곳저곳을 떠돌다가 1930년대 중엽, 중국 북경의 古미술점에서 구입한 일본인 후지스카치카시의 소유가 되었다. 다행히 후지스카치카시는 평생 추사 김정희를 흠모했던 고미술품의 애호가였다.

* 歲寒圖: 추사는 역관 이상적을 보노라니 『論語』 「자한子罕」 편의 다음 구절이 생각났다고 한다. "겨울이 되어서야 소나무와 잣나무가 시들지 않는다는 사실을 알게 된다."(歲寒然後知松柏之後凋)

1940년대 후지스카치카시는 도쿄에서 환중(患中, 60세)에 있었다. 이때 손재형이 그를 찾아가 「세한도」를 팔라고 제의했으나 차갑게 손사래를 쳤다. 그래도 손재형은 계속 그를 찾아 병문안하면서 지극 정성을 다하니 후지스카치카시도 손재형의 진심을 알게 되었다. 이대로 죽으면 「세한도」는 자기 자식에게 상속이 되겠지만, 이에 대한 가치를 알지 못할 바엔 차라리 가격은 고사하고 작품 가치를 제대로 아는 손재형한테 넘기는 것이 고미술을 사랑하는 입장에서는 사필귀정이라 생각했다. 아마 이때 손재형이 「세한도」를 받아오지 않았더라면 영영 역사의 뒤안길로 사라질 뻔했다. 1945년 3월 10일, 미군의 도쿄 폭격으로 그의 책과 그림들이 모두 불 타버렸기 때문이다. 1944년에 손재형이 「세한도」를 품에 안은 것은 그야말로 천우신조가 아닐 수 없었다.

그러나 「세한도」는 손재형의 손을 벗어나는 불행을 다시 겪게 되었다. 그는 1971년 제8대 국회의원(공화당, 진도) 선거자금을 마련하기 위해 「세한도」를 팔아 넘겼기 때문이다. 근대 한국의 대표적인 서예가요 예술원부회장(1966~1976)까지 지냈던 손재형마저…. 그에겐 금쪽같았던 「세한도」보다는 국회의원이라는 권력과 명예를 택했던 것이다. 후지스카치카시가 이 사실을 뒤늦게나마 알았다면 명계에서 가슴을 얼마나 짓찧을까.

지난날, 우리는 서양인과 일본인들이 우리 문화재의 가치를 인정하기 전까지는 그 진가를 솔직히 알지 못했다. 우리 문화재의 가치를 외국에서 먼저 알아본 그야말로 주객전도였다. 이토록 어렵게 구한 「세한도」마저 권력과 명예를 위해 아낌없이 내던져버린 손재형을 탓하기에 앞서 바로 한국, 한국인인 나 자신을 스스로 되돌아봐야할 공피고아(攻彼顧我)의 교훈을 우리는 잊지 말아야겠다. 다시 말해 우리는 우리의 아름답고 고귀한 문화재의 가치보다 눈앞에 보이는 권력과 지위가 소중함을 손재형과 같은 사람에게서 지켜보았듯이 말이다. 그저 하늘보기가 부끄럽다. 다행히도 미술품 소장가 손창근 옹이 국립중앙박물관에 「세한도」를 기증함으로써 일반인에게도 '2021 세한도 기증 특별전'을 감상할 기회가 있었음은 참으로 상서경운祥瑞慶雲이 아닐 수 없다.

이 글의 초고를 만지작거릴 무렵, 공교롭게도 '이건희 약속대로 유산 60% 내놓다'란 『조선일보』(2021. 4. 29.) 제1면 머리기사가 나로 하여금 눈을 번쩍 뜨게 했다. 그 까닭은 고 이 회장의 유산 삼성전자 등 계열사 지분 19조원과 부동산 및 古·近·現代 미술품을 포함하여 약 26조원이라 했기 때문이다. 그분이 살아 힘깨나 쓸 때, 큰형님(이맹희)께 눈부릅뜹이 살쾡이처럼 보였는데, 죽은 뒤의 뒷모습은 왜 그리 멋있고 아름다운지 존경받아 마땅했다. 나보다 4년 연배인 그분이 오늘의 「삼성」 대기업을 세계 일류기업으로 이끈 그 모도리에 다시 한 번 고개가 숙연해진다.

그가 국립중앙박물관에 2만 1,600점과 국립현대미술관에 1,400점을 기증한 것 중에 고미술품 10선을 훑어보면, 겸재 정선의 「인왕제색도」(국보 216호)를 비롯하여 「금동보살삼존입상」(국보 134호), 「감지은니묘법연화경」(국보 234호), 「감지금니 대방광불화엄경보현행원품」(국보 235호), 「고려 천수관음보살도」(보물 2015호), 단원 김홍도의 「추성부도」(보물 1393호), 「월인석보」(11·12권, 보물 935호), 「전 덕산 청동방울 일괄」(국보 255호), 「환두대도」(보물 776호), 「금동보살입상」(보물 780호) 등이다.

그리고 근·현대 10선은, 이중섭의 「황소」(1950년대)를 비롯하여 박수근의 「절구질하는 여인」(1954), 김환기의 「여인들과 항아리」(1950년대), 스페인 화가 호안 미로의 「구성」(?), 프랑스 화가 클로드 모네의 「수련이 이는 연못」(1919~1920), 러시아 출신 프랑스 화가 마르크 샤갈의 「붉은 꽃다발과 연인들」(1975), 스페인 화가 살바도르 달리의 「켄타우로스 가족」(1940), 프랑스 화가 폴 고갱의 「무제」(1875), 프랑스 화가 오귀스트 르누아르의 「꽃을 든 여인」(1890), 프랑스 화가 카미유 피사로의 「퐁투아즈 시장」(1893) 등이다. 이상은 독자 제현님이 직접 전시현장을 가보지 않더라도 작가와 작품명 정도라도 살펴볼 수 있기를 염원하는 욕심에서 반지빠르게나마 소개해 보았다.

영국의 역사학자 폴 케네디의 명저 『강대국의 흥망』(1987)에서 "한 나라가 세계무대에서 한 시대의 주역으로 성장할 때에는 경제력 · 군사력의 성장과 더불어 반드시 문화의 융성이 이루어졌다"고 갈파했다. 백범 김구 선생이 생전에 '아름다운 문화국가'를 그토록 희구했던 것도 이 같은 맥락에서 비롯되었으리라. '문화국가'란 용어는 독일 철학자 요한 고틀리프 피히테가 『독일 국민에게 고함』(1808)이란 책자를 통해 널리 알려졌다. 피히테 교수의 '문화국가'는 문화의 자율성과 다양성을 보장하면서 건전한 문화육성과 실질적인 문화 향유권 실현의 책임을 다하는 국가로 요약된다. 참람스러울지라도 오늘날 한류가 지구촌을 웅비하고 있는 것은 우리 선조들의 유산인 전통문화의 온고지신이 아니겠는가.

우리 문화재의 서름한 과거사

이 글은 나의 수필 「세한도 그리고 이건희의 유산」과 맥을 같이 하고 있으며, 최성락의 『말하지 않는 한국사』(2015. 228~232쪽)를 중심으로 내 입맛에 따라 다시 요리해 보았다. 우리 문화재는 2014년 기준, 공식적으로 국내에 있는 국가지정문화재 3,529건, 시 · 도 지정문화재 7,948건, 등록문화재 598건과 이밖에 지정문화재 등을 모두 합하면 12,075건이다. 국내의 문화재는 지정과 비지정을 포함하여 모두 2만 건 정도인데 일본 · 중국 · 러시아 등 다른 나라에 있는 우리 문화재는 15만 점으로 알려지고 있다. 국내보다 국외에 더 많이 산재된 까닭은 우리나라가 외적의 침입을 많이 받은 탓도 있겠지만, 우리나라 사람들이 문화재에 대한 가치를 제대로 인식하지 못하는 과정에서 외국에 싼 가격으로 팔아 넘긴 경우가 대부분이기 때문이다. 일제강점기 때의 문화재 관련 드라마가 텔레비전 방영된 일이 있었는데 그 중심 내용은 이렇다.

한국인 청년이 일본 골동품상 직원으로 취업한다. 청년은 일본 골동품상이 필요한 국내의 도자기를 찾아 구입한 후 일본 골동품상에 넘기는 일이었다. 우리나라 사람들은 자신이 가진 도자기가 10만 원 정도로 알고 있었는데 50만 원을 준다고 하면 얼싸 좋다고 얼른 일본 골동품상에게 팔아버린다. 그런데 사실 팔아버린 도자기는 몇 억에서 수십억에 이르는 국보 및 보물급의 가치가 있는 것들이었다. 이 드라마에서 마지막 충격은 일본 골동품상이 한국 청년 직원에게 한 말이었다. "한국인에게 이 도자기들의 가치를 알려준 사람은 바로 일본인이다."

그랬다. 우리나라 사람들은 도자기 · 그림 · 서예 등 예술품이 지닌 가치를 잘 몰랐던 서름한 과거사가 있었다. 그 가치를 제대로 알았다면 제값을 받고 팔거나 아니면 조상 대대로 보존했을 것이다. 어쨌든 우리 문화재를 가장 적극적으로 사 모은 사람들은 일본인이었다. 그들은 우리나라 어디에 어떤 문화재가 있는지 잘 알 수 없다. 그렇다보니 우리가 앞장서 양반가를 중심으로 알음알음으로 도자기가 있는지를 알아내 일본인들에게 소개하고 팔아넘겼다. 그런데 이렇게 싼 가격으로 우리 문화재가 일본인들의 손에 넘어가는 것을 적극적으로 막아낸 큰 동량棟梁이 있었으니, 호암 이병철 삼성그룹 창업자와 간송 전형필 선생이었다.

호암 이병철은 일본으로 빠져나가는 문화재를 지키기 위해 도굴꾼들이 가져온 것조차 아무리 비싸게 가격을 불러도 달라는 대로 모두 사들었다. 그렇게 모은 문화재를 간직하기 위해 「호암 미술관」(1982. 4월. 용인시 에버랜드)을 세웠고, 간송 전형필의 「간송 미술관」(1971. 서울 성북구)을 세워 국보 12점씩을 각각 보관, 전시했다. 일설에 의하면 조선시대에 「팔만대장경」까지 일본에 넘기려 했으나 일본의 청을 계속 들어주면 또 다른 요구가 이어질까봐 거절했다고 한다. 당시 숭유억불 정책이다 보니 「팔만대장경」에 대한 소중한 문화재로서의 가치를 우리 조정에서조차 인정하지 않았다.

유네스코 세계문화유산 사찰[平等院]에 기탁돼 있던 불화가 그동안 중국 불화(송나라, 13세기경) 잘못 알려져 있었으나 수리과정(2016~2018)에서 14세기경의 고려불화 '아미타삼존도'(세로 약 110㎝, 가로 약 53㎝)로 밝혀졌다. 고려불화 연구자 정우택 동국대 명예교수(2021. 5. 11.)는 "고려 말 왜구들이 약탈하거나 임진왜란 때 유출된 것이 적지 않고 외교적 목적과 교역품으로 적지 않은 고려불화가 현해탄을 건넜으며, 조선의 폐불 정책으로 불교유물을 중요하게 생각지 않았던 탓에 1970년대 후반까지 국내에는 고려불화가 한 점도 남아 있지 않았다."고 했다.

국보급 문화재들을 돈 몇 푼 때문에 해외로 우리 스스로 방출시켜왔음은 문화재에 관한 무지의 극치였다. 이러한 문화재에 대한 가치인식의 깜깜이가 부끄러웠는지 우리는 힘 있는 외국 사람들이 우리 문화재를 약탈해 갔다는 점만을 이제껏 줄곧 강조해 왔다. 진실은 거짓말을 하지 않는다고 했던가. 우리 문화재를 가장 탐심한 일본인 후지스카치카시 부자에 관한 이야기는 우리를 크게 감복케 한다.

아버지 후지스카치카시는 추사 김정희에 매료되어 그 유품과 관계 자료를 수집하는 일로 평생을 보냈다. 박사 논문도 추사와 관련된 연구였다. 추사 김정희의 「세한도」를 손재형한테 그가 선뜻 내주었다는 내용의 글을 나는 「세한도 그리고 이건희의 유산」이란 수필에서 언급한 바 있다. 지난 2006년 2월, 아들 후지스카치카시는 아버지가 평생 수집한 추사의 고서와 서화 2천7백여 점을 200만 엔(한화 약 2천만 원)의 추사 연구기금과 함께 과천시에 기증했다. "사람이 공수래는 못해도 공수거는 할 수 있지 않겠느냐"는 말을 남기고 그 역시, 그해(7월 4일) 세상을 떠났다.

바보는 어디 있으나 바보라는 소리를 다시는 듣지 않도록 우리는 대오 각성해야겠다. 달콤한 돈 몇 푼에 우리의 소중한 문화재를 밖으로 밀반출하는 퇴행을 되풀이 하지 않기를 진심으로 소원한다. 호랑이는 아무리 굶주려도 풀을 뜯지 않듯이, 눈앞에 황금이 어른거릴지라도 우리가 간직해야 할 민족적 자존감만은 꼭 지켜야겠다.

우리의 풍부한 문화적 전통을 집중적으로 재발견하는 것은 우리의 창의적인 환경을 조성하는 가장 좋은 방법이다. 과거의 재발견은 결코 과거로 되돌아간다는 의미가 아니라, 미래를 향해 전진하는 드림줄이다. 비근한 예로 백제문화에서 멋진 문양을 찾아 현대 디자인에 응용할 수 있고, 고려시대 사찰 내부구조를 현대 아파트에 준용하고, 조선시대 학습기술을 현대교육에 접목하듯이…. 이렇듯 지난날 우리의 독특한 전통문화를 잘 되살려 대한민국을 21세기 문화 선도국으로 도약할 수 있도록 우리는 더욱 맥진驀進해야할 책무가 있다. 임마누엘 페스트라이쉬(이만열)가 쓴 『한국인만 모르는 다른 대한민국』(2013)에서는 다음과 같이 우리 문화를 높이 찬탄했다.

> 한국에서 21세기 르네상스가 꽃핀다 해도 이는 전혀 놀라운 일이 아니다. 한국은 충분한 잠재력과 문화적 역량을 갖추고 있기 때문이다. 대한민국이 선진국이라는 사실을 인정하지 않는 한국인도 있겠지만 한국이 국제사회의 선도국가 역할을 해야 함은 이미 피할 수 없게 되었다.

지금은 다행히 우리 문화재의 소중함을 깨닫고 있지만 지난날에는 문화재에 관한 식견이 지나치게 서름했다. 이제부터라도 한류의 새바람과 함께 새로운 문화재 사랑과 보호에 앞장서는 민족으로 거듭나야겠다.

대한민국 육군 제1사단 전진부대

윤석열 전 검찰총장이 '매헌 윤봉길의사기념관'(서울서초구)에서 대선 출마를 선언(2021. 6. 29.)했다. "문재인 정권은 권력을 사유화하는데 그치지 않고 집권을 연장하며 계속 국민을 약탈하려는 것을 국민들은 다 안다. 더 이상 이들의 기만과 거짓 선동에 속지 않을 것"이라며 정치인으로 첫무대를 웅혼하게 장식했다.

나는 이 선언문을 듣고 '국민약탈'이라는 말에 방점이 찍혔다. 때마침 방송 다큐멘터리 작가 조윤민의 『두 얼굴의 조선사』(2016)를 손에 들고 있었는데 어쩌면 이 책 78쪽을 그대로 모사했는지 참으로 놀라웠다. "조선사회는 수탈과 부패가 공공연히 인정되는 구조적 병폐를 안고 있었다. 이런 점에서 보면 조선이라는 나라는 왕과 양반지배층이 소유하고 운용하는 일종의 폭력기구인 셈이다."

문재인 정부는 '내로남불'(이중잣대)을 밥 먹듯 하고 있어 국민들의 짜증이 하늘에 닿았었다. 검찰개혁이란 구실 등을 앞세워 옥상옥의 '공수처'(고위공직자비리수사처)를 만들고, 국가적 비리와 국민적 분노를 내편 검찰로 하여금 깔아뭉개면서도 천연스러웠다. 숭실대 김현숙 교수가 중앙지의 한 칼럼에서 "문 정부의 기회 · 과정 · 결과에 대한 공정논리는 정치 캠페인의 미사여구에 불과했고, 실천의지는 허언에 가까운 '내로남불'의 결정체였다."라고 덴덕스럽게 말했다. 더군다나 그는 평양방문의 감흥이 재임기간 내내 취해 있어 우리의 주적 북한 '김정은 바라기'와 조선시대의 중화사상에서조차 깊숙이 빠져 허우적거리자 뜻있는 국민들의 시선으로는 꼽꼽할 수밖에.

『조선일보』에서 주최(2021. 6. 29.)한 아시안리더십콘퍼런스의 사전행사로 채텀하우스 토론회가 신라호텔(서울중구)에서 마련됐다. 한 토론자는 "한국은 지금 북한에만 매달리기엔 너무 크고 강한 나라이다. 반도체 등 첨단 IT산업, 방탄소년단을 비롯한 압도적인 문화적 자산, 세계 순위에 손꼽히는 군사력을 갖고도 세계 최빈국인 북한에만 매달리는 것은 낭비"라고 했다.

그리고 같은 날, 시진핑 중국 국가주석은 6 · 25전쟁 당시 연합군 100여 명(1951년 5월, 포천 박달봉 일대)을 죽여 중국과 북한에서 영웅 대우를 받은 차이원전(2018년 사망) 등에게 최고의 중국 공산당 당원에게 주는 '7 · 1훈장'을 수여했다는 보도가 이맛살을 찌푸리게 했다.

문재인 전 정부는 이승만 건국대통령과 오늘의 경제선진국의 초석을 닦은 박정희 대통령의 경제개발을 입 밖에 내는 것을 아주 뜨악하게 생각했다. 그리고 백선엽 장군의 영결식은 물론, 1주기 추모식(2021. 7. 10.)에 그는 대통령으로서 얼굴조차 내밀지 않았다. 폴 러캐머리 신임 한미연합사령관은 이 행사에 직접 참여하고, 전직 한미연합사령관 7명 모두 영상으로나마 추모 메시지를 보내옴으로써 한미동맹의 상징이자 창군원로 백선엽 장군을 6 · 25의 영웅이라 칭송했는데도 말이다.

백선엽 장군하면 경북 칠곡 다부동 전투를 생각지 않을 수 없다.

1950년 8월 낙동강 다부동 전투에서 30세였던 그는 육군 1사단장으로서 후퇴하는 한국군을 가로막고 “나라가 망하기 직전이다. 미군은 싸우고 있는데 우리가 이럴 순 없다. 내가 앞장설 테니 나를 따르라. 내가 후퇴하면 나를 쏴도 좋다.”며 장병들을 독려했다. 결국 이 전투를 승리로 이끎으로써 패퇴 직전의 전세를 역전시켰던 것이다. 하지만 이 같은 공적에도 불구하고 일부 좌파단체는 백 장군의 일제강점기 때 일본군에 복무한 기록을 부각시켜 그를 ‘독립군 토벌 친일파’로 폄훼·매도하면서 ‘현충원 파묘’까지 주장했다.

백선엽 장군의 100번 째 생일을 기념하기 위해 ‘주한미군전우회’(주관, 브룩스 전 사령관)는 웹을 통한 세미나(2020. 11. 23.)를 열었다. 이 자리에서 백선엽 대장의 첫째 딸 백남희(72)씨는 지난 6·25전쟁 50주년(2000년) 행사 때의 일을 회고했다. “전쟁으로 4명의 아이를 잃은 노부인이 아버지를 찾아와 ‘한국을 북한 공산주의의 침입으로부터 지켜줘 고맙다고 인사를 했다’며 아버지는 자신은 오히려 아무 것도 한 것이 없고 자식을 잃은 노부인이 진정한 영웅이라며 절을 올렸다”고 했다.

문재인 전 대통령은 2020년 현충일 추념사에서, 홍범도 장군의 독립군이 일제의 추격대를 후퇴시킨 ‘봉오동 전투’(중국 지린성 지역)의 주역 최진동 장군을 ‘국군의 뿌리’로 추겨 세웠다. 그럼에도 보훈처는 최 장군의 일제강점기 때의 친일 행적을 확인하고 서훈 취소를 행정안전부에 요청했다. 부메랑을 맞은 셈이다. 그렇다. 이토 히로부미를 암살하고 사형선고를 받은 안중근 의사도 있다. 그러나 일제강점기 때 모두 안중근 의사와 같이 생명을 바치지 않았다고 근일近日이란 가벼운 보풀 때문에 당시의 민초들을 모두 친일파라고 매도해야 할까. 이를 침소봉대시키기보다는 암울했던 시대상황을 감안, 다소의 천려일실은 해량해야 마땅하리라. 세탁소에 방금 찾은 옷에서의 새물내는 물론, 아무리 깨끗할지라도 털면 먼지 나지 않을까.

나는 1969년 학군단(ROTC 7기)으로 임관, 1사단 15연대 3대대 11중대 3소대장에 배치되었다. 부임 초의 부대는 경기도 가평군 현리에 주둔했으나 70년대 초, 미군이 전방에서 철수하자 '자유의 다리'를 건너 서부전선 DMZ수색, GP와 GOP경계 및 JSA작전 지원 등을 위해 우리 사단은 파주시 문산읍으로 부대를 옮겼다. 이 무렵, 나는 대대 보급관의 업무를 맡았기에 6 · 25의 전설 백선엽 장군에 대한 남다른 존경심을 할 배가 되었다고 결코 잊을 수 없다.

6 · 25 때 제1사단은 송악산 · 다부동 · 옹진전투, 그리고 평양 선봉입성 등의 전진부대로서 자긍심이 대단했다. 용장 백선엽 사단장(5대와 7대)의 숨결이 용트림하는 부대에서의 군복무(20대 사단장 문홍구 중장 재임)는 내 젊은 날의 자랑스러운 초상肖像이 아닐 수 없다. 대한민국 육군 제1사단 전진부대의 '사단가'(전4절 중 1절)를 젊음으로 돌아가 다시 불러본다.

내 조국 삼천리를 지켜서 싸워가는/ 우리는 맹호 같은 필승의 용사로다/ 송악산 10용사의 투혼을 본받아서/ 옹진전투 싸워 이긴 명예로운 1사단/ 청사에 찬란히 길이 빛날 전공을/ 세기에 휘날리는 당당한 사단/ 1사단 1사단 천하의 1사단/ 승리의 개가를 높이 불러라.

고구려는 왜 당나라 땅이 되었을까

지안(集安, 길림성)까지 가는 동안 자동차는 짙은 안개에 휩싸여 야트막한 산을 몇 번이나 넘고 때로는 작은 시내를 가로 건넜다. 상훈은 바로 이 길이 만주를 호령하고 중국을 아우르던 고구려의 늠름한 장수들이 말을 타고 다니던 길일 것이라는 생각을 하면서 감회에 사로잡혔다. 맞은편 길에서 안개를 뚫고 이제라도 젊고 잘생긴 광개토왕이 검정말을 타고 나타나 사방을 뒤덮는 호쾌한 목소리로 자신의 후예를 반길 것 같은 생각이 들었다. ~나무 팻말 바로 옆에는 '냉면'이라고 한글로 쓰인 음식점이 있었는데, 이런 작은 한국 음식점은 지안 시내로 들어가기까지 제법 눈에 띄었다. 이들은 일본의 침략과 더불어 만주로 이주한 사람들일 것으로 생각되었으나 어쩌면 과거 광개토왕의 능을 지키면서 고구려 때부터 대대로 살아오던 뿌리 깊은 우리 민족일지도 모른다는 은근한 기대도 품어보았다.

이상은 김진명의 장편 『몽유도원』(2권, 2010. 75쪽)에서 작중화자 박상훈의 감회이다.

고구려 · 백제 · 신라로 나뉘던 삼국시대 말, 신라는 고구려와 백제를 통일했다. 그런데도 고구려에 속한 한반도 북부는 물론이려니와 만주 지방도 신라 땅이 되었어야 했는데 고구려의 수도인 평양성을 비롯, 고구려 영토 대부분은 신라 땅이 되지 못했다. 삼국통일 이전의 고구려는 강한 나라였다. 수양제는 100만 대군으로 고구려를 침범했지만 요동성에 막혀 더 이상 전진하지 못했다. 수양제는 또다시 30만 별동대를 조직해서 평양성을 직접 공격하려 했지만 이때 을지문덕의 살수대첩으로 별동대는 거의 전멸되고 말았다.

이후, 수나라에 이어 당나라의 태종 이세민은 중국을 재통일한 힘을 바탕으로 고구려 정벌을 위해 무려 10년의 준비 끝에 직접 군대를 이끌고 고구려 국경을 넘는다. 수나라 공격을 끝까지 버텨냈던 요동성은 결국 당나라 군대에 의해 함락당하고 만다. 그러나 안시성에서 막혀 고구려 정벌을 포기하고 죽음을 앞둔 당태종은 "더 이상 고구려를 공격하지 말 것"을 유언으로 남길 정도로 큰 상처를 받았다.

당태종 사후, 아들 고종이 황제가 되었으나 실질적인 정권은 고종의 황비 측천무후가 맡았다. 고종이 죽자 그녀는 중국 역사상 유일의 여황제가 되었다. 측천황후는 수양제나 당태종이 고구려와의 정면 승부를 펼쳤던 것과는 달리 양동작전을 계획했다. 고구려를 만주 쪽에서 공격하면서 신라로 하여금 고구려 남부와 백제를 공격토록 하는 작전이었다. 백제는 신라와는 적대국이었으나 고구려와는 비교적 가까웠다. 당나라 13만 명의 군대와 신라의 5만 명이 백제를 공격했다. 이로 인해 결국 백제는 멸망되고 백제의 의자왕은 신라가 아닌 당나라로 끌려갔다. 그리고 당나라는 백제가 멸망되자 고구려를 공격하는데 신라는 당나라를 도와 한강에서 평양성으로 진격했다. 결국 평양성은 나·당연합군에게 점령되었다. 이후 당나라는 만주지방의 고구려 성들과 평양성을 모두 자신들의 영토로 복속시켜버렸다. 결과적으로 고구려 영토는 대부분 당나라 소유로, 신라는 겨우 평양성 아래의 고구려 영토와 백제 땅만을 신라로 편속 시키는데 만족해야만 했다. 이 초라한 진면목이 바로 신라 후예들이 주창하는 '삼국통일'이란 허울대가 아닐 수 없다.

이상은 최성락의 『말하지 않는 한국사』(2015. 17~21쪽)에서 긴축한 내용이다. 그렇다면, 이와 반대로 고구려가 삼국을 통일했더라면 우리의 땅은 만주 이북에서부터 오늘의 한반도로 이어졌을까, 다시 최성락의 『말하지 않는 한국사』(22~26쪽)를 재구성하여 보겠다.

만주 · 요동은 고조선 때부터 우리 조상들이 활동한 지역이지만, 삼국통일을 계기로 한국인들의 손에서 벗어나게 되었다. 신라가 아닌 고구려가 삼국을 통일했다면 만주에서 한반도까지 모두 한 나라로 이어졌을 것임은 분명하다. 임진왜란도, 청일전쟁도, 일본에 의한 식민지 시절로 겪지 않았을 것이고 중국과 대등한 큰 나라가 되었을 것이란 추측은 가능하다.

중국은 황하 강을 기반으로 북쪽으로는 베이징 위에 있는 만리장성까지가 중원 국가의 경계다. 중국 북쪽에서 활약한 흉노족 · 돌궐족 · 몽골족 · 여진족 · 거란족들은 소위 북방민족이라고도 불린다. 그런데 북방지역은 너무 춥다. 추운 것은 참을 수 있다 해도 먹을 것이 문제였다. 농사지을 수 있는 기간은 기껏 여름 몇 달 뿐이므로 먹는 문제가 빈궁하여 수렵생활까지 겸했지만 이마저 여의치 않아 굶어죽는 사람들이 속출했다. 하지만 부족 생활할 때는 몰라도 소위 국가가 세워지면 백성들을 굶기지 않기 위해서라도 전쟁은 불가피했다. 그래서 이들은 식량이 많은 중국 중원 진출을 꾀하고자 했다. 이들은 사냥, 수렵생활을 위주로 생활하기 때문에 전투력이 강했다. 이들 북방민족이 하나가 되어 중국 중원을 넘보면 중국도 당해낼 도리가 없다. 그렇지만 돌궐족 · 거란족 · 여진족 등은 완전히 중국에 진출, 동화되어 국가뿐만 아니라 그들 민족마저 사라져버렸다. 원나라의 몽골족이 아직은 남아 있긴 하지만 이마저 몽골 땅의 반 정도가 중국 자치령이 되어버렸지 않은가.

만일 고구려가 삼국을 통일했다면, 우리는 요동 · 만주 · 한반도를 아우르는 큰 제국을 형성했을 것이다. 그러나 고구려는 줄곧 이웃 중국과 전쟁 상대로 지내왔다. 흔히 우리는 한 번도 다른 나라를 침략하지 않았다고 하는데 그렇잖다. 고구려 쪽에서 먼저 중국을 건드렸다. 요동과 만주 지역의 강대국 고구려는 번번이 중국에 먼저 싸움을 걸었다. 고구려의 주적은 중국이요, 한반도 남부의 신라와 백제와도 적국이었다. 만약 고구려가 백제 · 신라와 통일을 이루었다면 전선이 두 쪽이 아니라 중국 한 쪽이 되어 중국 중원에 쉽게 들어섰을 것이다. 이후 우리의 역사는 강대국으로써 광활하고 찬란했을 것이다.

문제는 그 다음이었다. 고구려는 길어야 몇 백 년 동안 중국 중원을 지배하다가 망했으리라 짐작된다. 그리고 고구려가 망하면 우리 한민족도 망할 수밖에. 우리 민족은 그대로 중국 한족漢族에 흡수되었을 가능성이 컸으리라 예단된다. 거란 · 여진 · 돌궐족이 그렇게 흡수되었듯이. 지금쯤은 우리말은커녕 중국어를 사용하게 되었을 것이고, 한반도는 만주지방의 동북3성처럼 중국의 일개 성으로 추락했으리라. 아마 고구려성이나 고려성 정도로…. 이처럼 중국에 동화된 국가와 민족들은 중국의 침략을 받아 사라지게 된 것이 아니라, 모두 중국에 진출했다가 자연스럽게 중국에 동화되어 지진처럼 예고 없이 자취를 감춰버렸다.

고구려는 힘이 이처럼 막강했기 때문에 중국 중원을 보무도 당당하게 드나들었을지라도 신라는 그러지 못했다. 지금 생각하면 못난 소나무 선산 지킨다는 말이 있듯이 전화위복일까. 아니면 허름한 자의 변명일까. 고구려가 삼국통일을 하지 않고 신라가 삼국통일을 했기에 망정이지, 국토는 줄어들었을지라도 오늘날 독립국 대한민국으로써 우리 얼을 지키면서 선진국으로 도약하고 있음이 역설적으로나마 다행이라 생각한다면, 누가 나를 얼뜬 녀석이라고 눈 흘길까.

우리 언어의 잔혹상

살아 있네 200
어설픈 오해 204
'알이백'은 영어 쪼가리 208

살아 있네

추석 당일 와이티엔 9시 뉴스(2014. 9. 5.)에서 '슈퍼문 뜬다'라는 활자가 화면에 나타났다. '둥근달 · 보름달 · 큰달 · 만월' 등으로 표현하면 얼마나 맛깔스러울까. 같은 방송 일기예보에서 '날씨'를 'Weather'라고 자막 표기했는데 차라리 영어로 직접 방송할 일이지? 어처구니가 없다. "Do the「Green」Thing/ 환경을 생각하는 올바른 금융" 이 문장은 '신한금융그룹'(조선일보, 2021. 11. 11. A30쪽)의 광고문이다. 같은 신문은 그 이튿날 "M U S T/ H A V E/ D R E A M"(A11쪽)의 전면 광고문이 위풍당당하다.

어찌 이뿐이랴. 정부에서 앞장서 애용하는 GMO도 꼴불견이다. '유전자 변형작물'이라고 하면 입술이라도 부르튼다던가. 故 박원순 서울시장 시절 'I · SEOUL · U'란 해괴망측한 표어를 서울시 상징어로 내걸었다. 아마 '나와 너의 서울'이란 의미인 모양인데 '너와 나, 그리고 더불어'라고 하면 입에 가시라도 돋나? 코로나19가 전 세계적으로 확산되면서 '코로나 팬데믹'과 부스터 샷'이란 외국어가 우리 언어를 교란시키고 있다. 전자는 '대 확산(유행)' 후자는 '추가접종'이란 우리말을 제대로 쓰면 간질환자의 입술에 묻은 거품이라도 튀긴다는 것인가. 입에 거품을 내뿜으며 '팬데믹' '부스터 샷'이라고 오물거리는 주둥이가 얄밉다.

문재인 대통령과 조 바이든 대통령과의 정상회담(2021. 5. 23.) 직후의 '공동성명'에서 대만해협에서의 평화와 안정 유지의 중요성을 분석한 김흥규 아주대 미·중정책연구소장의 말이다. "미국은 정교하게 중국을 겨냥한 정책들에 한국이 동참하도록 하는 '스테핑 스톤'을 깔았고~" '스테핑 스톤'을 그냥 '디딤돌'이란 우리말을 쓰면 교수 목이 달아나기라도 한다던가, 어이 김흥규 씨!

"세상, 행복해지구" SK에너지의 전면 광고문(조선일보, 2021. 11. 9. A7쪽)이다. 요즘엔 인터넷 언어가 강세를 이루다보니 '행복해지고'를 '지구'로 장난 섞인 말로 썼지만 세상 사람들은 '그러려니'하고 너그럽게 이해해주는 추세인 것 같다. 내게 직접 국어교육을 받은 50세 후반을 달리는 고등학교 여제가 카톡으로 보내온 애교스런 최근의 언어를 몇 마디 담아보았다. ( )가 옳은 말. "안오믄(안 오면), 조용히서(조용해서), 읍써요(없어요), 그짝으로(그 쪽으로), 거기가믄(거기 가면), 어케(어떻게), 괴기하고(고기하고), 해주삼(해 주세요), 모하셔(무엇하셔), 므찌다요(멋집니다요) …." 편지 쓸 때마다 "기체후일향만강 하옵시고 ~"로 시작했던 때와는 언어생활이 겁나게 변해버렸으니 이를 바로잡아주면 족히 '꼰대'란 말을 듣기 십상일 테고…. 차라리 언어의 유희遊戲 정도로 이해하면 머릿속이 편할 법도 한데.

이준석 '국민의힘' 전 대표가 안철수 '국민의당' 전 대표(대선후보)에게 "무운을 빈다"라고 말하자 네이버에선 '무운'의 뜻을 몰라 검색량이 평소의 200배까지 폭증(2021. 11. 2.)했다고 한다. 이보다 앞서 도쿄올림픽 양궁팀이 '9연패'를 했다는 기사에는 '이겼는데 왜 연패죠?'란 댓글이 줄을 잇기도 했다. 무운의 武運과 無運, 연패의 連覇와 連敗를 구분 못하는 요새 젊은이들의 난감한 현주소다.

이러한 현상은 아마 2000년부터 적용한 제7차 교육과정 중 한문이 필수과목에서 빠지면서 20대 전후의 젊은이로서는 의미차 구별이 제대로 되지 않은 까닭인 것 같다. 한자는 중국의 문자가 아니라 우리 글자다. 표준국어대사전에 등록된 명사의 약 80%는 한자어로 구성되었기에 묻고 따질 것도 없이 우리글임에는 움직일 수 없는 사실이요 현실이다.

「티브 조선」이 '내일은 국민가수'란 프로에 출연(2021. 10. 21.)한 김유하(7세, 유치원)의 지명경쟁에서 한 사람을 호명하라고 하니 "호명이 뭐예요?"라고 옆 언니 임지민(초등 2년)에게 묻는다. "나도 몰라"하니 옆 큰 언니가 "너 나와 하는 거야"라고 말하니 알았다는 듯이 "임지민 언니, 나와" 하는 앙증맞은 장면과 앞에서의 '무운'과 '연패'와는 결이 다르다. 이 정도의 언어생활은 그래도 이해할 수 있다. 그러나 마구잡이식의 줄임말로 구성된 신세대들의 언어는 매우 심각하다.

꾸안꾸(꾸민 듯 안 꾸민 듯), 킹받네(열받네), 머선129(무슨 일인고), 낄낄빠빠(낄 때 끼끼고 빠질 때는 빠져라) 등은 최근 포털에 올라온 인터넷 기사의 제목들이다. 요새 청소년들이 사용하는 신조어다. 이를 탓해야 할지, 그냥 지나쳐야 할지, 교사 출신인 나로서도 판단이 흐려진다.

우리는 이제껏 단일민족으로서 우리의 말과 글을 세계만방에 자랑해 왔다. 그러나 돈만 있으면 누구나 우주여행도 마음대로 갈 수 있는 지구촌 시대에 우리 것만을 고수할 수 없는 세상으로 변(발전?)했다. 도시에서는 한 반에 칠팔십 명을 채우고도 3학년까지 2부제 수업이 기본이었던 때가 엊그제였는데. 교육부 통계에 따르면 2020년 5월 기준, 폐교된 전국 초·중·고 학교가 3,834개교로써 전국 1만 1,710개교의 32.7%

에 달한다고 했다. 다시 말해 세계경제협력개발기구(OECD) 중에서 우리나라 출산율이 최하위라니 인구절벽은 머잖아 국가적 재난으로 눈앞에 다가왔다.

다행인 것은 저출산이란 가뭄에 비를 만난 것은 다문화가정의 출현이다. 행정안전부는 전국 지방자치단체 가운데 무려 89곳을 '인구감소지역'으로 지정(2021. 9.)했다. 전북은 2019년부터 지역방송사와 함께 매주 토요일 베트남 · 중국어로 뉴스 자막 서비스를 제공하고 있다. 전북도청 다문화지원팀장(김문강)은 "다문화 인구가 점차 늘어나고 있어 결혼 이민자 출신국의 70%가 중국 · 베트남어를 쓴다"고 했다. 강원도 양구군 해안면은 2020년부터 쓰레기 배출 안내를 영어 · 일본어 · 중국 · 태국어 · 베트남어 · 필리핀어 등 6개 국어로 안내하고 있다. 전남 장성군은 군청 민원실에 65개 국어 서비스가 가능한 음성 인식 통 · 번역기를 비치(2021. 4.)하고 있는 현실을 어찌 부정할 수 있으랴.

'살아 있네'가 '쏴라있네'로 변형된 모습을 체험하면서 내로남불을 주창할 일만은 아니었다. 고희를 넘긴 아내가 아파트 동대표회장(2022~2023)이 되었다. 이 소식을 가족 카톡에 올리니 큰아들의 문자다. "쏴라있네~" 그러자 다음날 초등학교 2학년 손녀 역시, 제 아빠를 본따 할머니한테 "쏴라있네"라고 문자를 보내와 파안대소할 수밖에….

어설픈 오해

"난상爛商에 토론을 덧대 '난상토론'이라 함은 역전에 '앞'을 붙여 '역전 앞'이라 부르는 꼴이다. '난상'이라는 말 자체가 충분할 때[爛]까지 의논하다[商]'는 뜻이기 때문이다." 이상은 중국인문경영연구소 유광종 소장의 '차이나 別曲'(『조선일보』, 2022. 7. 22.)의 허두다. 당연히 옳은 말이나 그러나 이는 '어설픈 오해'에 불과하다. 한편, 난상토론을 난상亂商으로 곡해하여 난상爛商과는 정반대의 개념으로 이해하는 경우도 없잖다.

모두에서 인용했듯이 '난상'하면 우리 언중은 무슨 뜻인지 잘 모른다. 그러나 '난상토론'하면 쉽게 이해된다. '역 앞'보다는 '역전 앞'이 오히려 잘 통하고 자연스럽다. '처가'보다는 '처갓집'이, 내 마누라(남편)보다는 우리 마누라(남편)라고 하면 따뜻하고 달달하고 어법에도 문제될 게 없다. '점심 식사 잘 드셨어요?', '눈앞 면전에서'도 그렇다. 그러나 '이발 깎는다'거나 '축구 차다'라고 무턱대고 말하지 않는다. 그냥 '이발하다', '축구하다'고 한다.

말이 중첩되어 문법(어의)적으로 잘못된 점을 지적코자 한 유광종 소장의 뜻을 충분히 헤아려진다. 그러나 우리 법체계에서도 예외 규정이 있듯이 우리 문법에서도 관용적으로 허용되는 '관용어법'이 있어 문법적으로 잘못이랄 수 없다. 이왕 문법 이야기가 나왔으니 얄망궂은 어법 한두 사례를 들춰보겠다.

눈꼽과 눈곱, 배곱과 배꼽, 그리고 씨름이나 유도 따위에서 걸거나 후리는 상대의 바깥쪽 다리는 밖다리일까, 밭다리일까. 셋 다 후자가 정답이다. 배꼽은 배꼽으로 읽고 배꼽으로 표기한다. 눈곱은 눈꼽으로 읽고 눈곱으로 써야 옳다. 이유는 간단하다. 한글맞춤법을 따라야 하기 때문이다. 배꼽은 배와 꼽의 합성어가 아니고 단일어이기 때문에 발음도 표기도 똑같다. 그러나 눈곱은 단일어가 아니라, 눈과 곱의 합성어이기기 때문에 발음과 관계없이 원형을 밝혀 '꼽'이 아닌 '곱'으로 써야 한다. '곱'이란 진득진득한 액이나 말라붙은 물질(때, 垢)을 가리키는 단일어다. 그렇다면, 발톱 밑에 있는 곱은 발곱, 손톱 밑에 낀 곱은 손곱이라 써야 함은 너무도 당연하다. 밭다리의 밭은 바깥을 줄인 음절이다.

이뿐이 아니다. 집들이(이사한 후에 이웃과 친지를 불러 집을 구경시키고 음식을 대접하는 일) '간다'가 아니라 '한다'. 집알이(새로 집을 지었거나 이사한 집에 집 구경 겸 인사로 찾아보는 일) '한다'가 아니라 '간다'로 써야 옳다. 돈을 주고 쌀을 사는 경우 쌀 '사다'가 아니라 쌀 '팔다', 돈을 받고 쌀을 파는 경우는 쌀 '팔다'가 아니라 쌀 '사다', 재판장은 증인에게 유도 '신문'(訊問, 질문자가 이미 진실을 아는 상태에서 상대에게 물어 조사하는 질문 형식) 하는 검사에게 주의를 주었다. 엄마의 끈질긴 유도 '심문'(審問, 특정인을 대상으로 무의식중에 원하는 답변을 하도록 자세히 따져서 묻다.)에 아빠 비상금이 탄로 났다 등도 잘 살펴봐야 할 일이다. 그렇다고 우리말이 이토록 시답지 않고 어법만을 강제하는 말만 존재하는 것은 아니다. 우리 동요 「나무타령」의 일부만 봐도 얼마나 달보드레하고 맛깔스런지 들어보자.

"청명 한식에 나무 심으러 가자. 무슨 나무 심을래? 십리 절반 오리나무, 열의 갑절 스무나무, 대낮에도 밤나무, 방귀 뀌어 뽕나무, 오자마자 가래나무, 깔고 앉아 구기자나무, 거짓 없는 참나무, 그렇다고 치자나무, 칼로 베어 피나무, 네 편 내 편 양편나무, 입 맞추어 쪽나무, 양반골에 상나무, 너하구 나하구 살구나무, 이 나무 저 나무 내 밭두렁에 내 나무."

이병천 장편 『에덴동산을 떠나며』(2010)에서도 나무 노래가 소개되었다. "화가 나도 참나무, 미안하다 사과나무, 두 손 싹싹 비자나무, 그렇다고 치자나무, 사귀자 아가씨나무, 입 맞추자 쪽나무, 방귀 뀐다 뽕나무, 너랑나랑 살구나무…."

나도 몇 그루 심어보고 싶다.

"속이 타다 남은 가죽나무, 키 작은 사람이 시샘하는 큰키나무, 키 작은 사람이 반기는 소나무, 아낌없이 쓸 수 있는 푸나무, 앉으나 서나 서어나무, 불교인들이 찬미하는 금강송, 네가 밤나무라면 너도밤나무, 나도밤나무라면 나도강아지풀, 개들이 좋아하는 개나리 · 개여뀌 · 개쑥부쟁이…."

아래의 조어는 관용어는 아닐지라도 어의를 제대로 좇지 않고 그저 일반적으로 쓰다 보니 굳어진 말(표준어)로써 우스개 요소들이 내포되었기에 모아보았다.

칼국수엔 칼이 없고, 눈깔사탕에 눈깔이 없고, 짬뽕엔 뽕이 없고, 떡갈비엔 떡이 없고, 개똥쑥엔 개똥이 없고, 꿀밤엔 꿀 · 밤이 없고, 콩꼬

투리(콩깍지) 속에는 콩이 없고, 붕어빵엔 붕어가 없고, 국화빵엔 국화가 없고, 풀빵엔 풀이 없고, 제천의 용빵엔 용이 없고, 한쪽 어깨로만 메는 질빵에는 빵이 없고, 빈대떡엔 빈대가 없고, 바퀴벌레엔 바퀴가 없고, 토끼풀엔 토끼가 없고, 용봉탕엔 용과 봉황이 없고, 제비꽃엔 제비가 없고, 수제비엔 손과 제비 모두 없고, 봉래산에는 봉鳳이 없고, 생강나무엔 생강이 없고, 번개시장엔 번개가 없고, 콩가루 집안에는 콩가루가 없고, 민주당엔 민주가 없고, 정의당엔 정의가 없고 국민의힘은 힘이 보이지 않기에 정치판에는 정치가 없다.

영국의 고고학자 존 러벅이 쓴 『삶에서 가장 중요한 것』(이순영 옮김, 2004)의 한 대목을 읽어보겠다. "우리는 어릴 때 2+2=4라고 배웠다. 하지만 2+2=22가 될 수도 있다. 산술적으로 2+2=4가 되는 게 틀림없지만 인간사에서는 반드시 그렇지만은 않다. 이런 산술적 공식을 무조건 적용하다가 유망한 미래를 망친 사람들이 한둘이 아니다." 문득 우스갯말이 생각난다. 학창 시절에 수학 문제 잘 풀었던 친구보다 술 잘 마시던 친구가 사회생활에서 더 잘 풀렸다. 그 이유는 목으로 술을 술술 잘 넘기는 식으로 일을 잘 했다나.

지난날 우리는 시골에 사는 사람을 '촌놈'이라고 곧장 불러왔다. 그렇다면, 진짜로 서울의 신촌 · 해방촌 · 기자촌 · 문화촌 · 강촌 · 아파트촌 · 쪽방촌에 사는 모두도 '촌놈'일 수밖에 없잖은가. 끈의 나부랭이가 '끄나풀'이고 밥의 나부랭이가 '밥풀'이라면, 컬러의 나부랭이는 '컬러풀'이고 눈꺼풀의 나부랭이는 쌍꺼풀일까 외꺼풀일까. 아리송하다. 이렇듯 우리말 가운데는 '어설픈 오해'들이 생각보다 많다. 그러기에, 맞춤법도 잘 지켜야겠지만 실제 언어생활에서 익히 다루고 있는 관용어법도 아름답게 활용해야겠다.

'알이백'은 영어 쪼가리

제20대 대통령 후보 4인의 첫 텔레비전 토론회가 끝난 후 정치권에서는 '알이백'이 화제가 된 바 있다. 판교대장동 비리사건을 직접 설계했다는 더불어민주당 이재명 대통령후보가 국민의힘 윤석열 후보에게 질문한 이 '알이백'은 'Renewable Enegy 100%'의 머리글자로써 영국의 민간단체(더 클라이밋 그룹)의 '재생 가능 에너지'(2014)란 이름에서 비롯되었다. 이어서 이재명 후보는 'K택소노미'에 관한 질문을 윤석열 후보에게 또 던졌다. 윤 후보는 잘 모르겠으니 설명해 달라고 했다. 이는 세계 각국이 온실가스 감축과 기후변화 적응 등 환경개선에 기여하는 활동의 '분류체계(Taxonomy)'를 일컫는 말임을 나도 뒤늦게야 알았다. 니체는 『차라투스트라는 이렇게 말했다』(제2부)에서, "고결한 사람은 다른 사람에게 창피를 주는 일이 없도록 마음을 쓴다."라고 했다. 대통령 후보라면 상대를 배려하는 기본적인 품위 정도는 지킬 법도 한데, 이는 자신의 무지를 현학적인 태도로 감추려는 얕은 사술에 불과하다.

그렇잖아도 우리 생활언어에서 일부 몰지각한 무지렁이들이 외국어를 남발, 언어체계가 혼란스러운데 차제에 말의 힘이 강한 대통령 후보

자신부터 우리 언어를 사랑하는 마음을 가졌더라면 얼마나 좋았을까. 나로서는 국어교사 출신으로 듣기에 참 어마지두했다. '알이백'보다는 그냥 '재생 가능 에너지'라고 하면 온 국민이 쉽게 알아들을 텐데…. 세종대왕님은 백성들이 쉽게 쓸 수 있는 '훈민정음'을 창제하셨는데 대통령 후보라는 사람은 일부러 외국어 쪼가리나 찾아 씀으로써 40% 육박하는 시청률을 보인 비옥한 시간에 게 꼬리만한 영어 쪼가리로 상대방을 족탈불급 시키고자 보채는 꼬락서니가 참으로 왁살스러웠다.

꾀바른 이 후보는 '알이백'을 설핏 알았다 할지라도 최근 문화체육관광부와 국립국어원이 대중매체에서 마구잡이로 쓰는 생소한 외국어를 쉬운 우리말로 바꿔 쓰자는 운동을 벌이고 있다는 사실을 알랑가 몰라. 문재인 전 대통령도 청와대 영상 국무회의를 주재(2021. 1. 5.)하면서 코로나 방역과 경제성과를 강조한답시고 "이제 '코리아 디스카운트' 시대가 끝나고 '코리아 프리미엄' 시대로 나아가고 있다"라고 격설鴃舌한 바 있다. 외국어 쓰기를 부끄러운 줄 모르고 마구잡이로 구사하는 무뇌아들의 모습은 이제 설 자리를 없애야할 국민적 시선이 분명하다. 이런 마당에 언론을 비롯한 정부와 지도층들이 앞장서 우리말과 글을 지키지 않으면 말짱 도루묵이다. 생소한 외국어를 남발하는 사람이나 기관, 그리고 언론에 대해서는 일차적으로 경고하고, 그래도 시정되지 않으면 첫해의 '코로나19' 감염예방법과 같이 강력한 법적 제재가 선약이리라.

이 무렵, 이재명 후보가 성남시장과 경기도지사 시절, 부인(김혜경)이 국민세금으로 만들어진 법인카드를 개인카드 쓰듯 비서관을 통해 사적으로 긁어댔다고 한 7급 공무원의 공익제보가 장안의 화제가 된 바 있다. 이들이 청와대에 입성했더라면 오른손에 권력을, 왼손에 법인카드를 들고 휘두를 텐데 나라꼴이 어찌 될 것인가는 안 봐도 비디오다. 생각만 해도 알딸딸하다.

이제 세계에 미치는 우리 국력의 크기를 봐서도 외국어보다는 외래어를, 외래어보다는 우리말과 글을 사랑하며 애용하는 것은 국민적 책무라 생각한다. 시방 우리 대한민국은 한류문화의 세계화와 경제 선진국으로서 우리 언어를 세계만방에 자랑스럽게 구사할 만만滿滿한 시대가 밝아왔다.

한편, 유엔 산하 '세계지식재산권기구(WIPO)'가 스위스 제네바에서 제43차 총회 본회의(2007. 9. 27.)를 열고 183개 회권국 만장일치로 한국어를 포르투갈어와 함께 '국제 공용어'로 공식 채택했다고 김상민 기자(조선일보, 9. 28.)는 밝힌 바 있었다. 이로써 국제 공식어는 영어 · 프랑스어 · 독일어 · 일본어 · 러시아어 · 스페인어 · 중국어 · 아랍어 등 8개에서 10개로 늘어났다는 것이다. 이러한 소식이 설 연휴(2022)에 갑자기 인터넷 유튜브 등을 통해 다시 확산되자, 「세대공감」과 기정아 기자(경제신문 「이투데이」)는 '가짜 뉴스'라고 정정(2022. 2. 1.)함으로써 우리 국민들의 희비가 엇갈리기도 했다. 이는 가짜든 진짜든 우리말과 글이 세계어로 우뚝 솟을 날이 머지않았음을 시사하는 길조가 아니겠는가. 이럴수록 대한민국의 혼을 지닌 사람이라면 우리 언어를 소중히 아끼는 자세를 확립, 함부로 외국어 쪼가리로 상대방의 무지를 드러내고자 하는 옹졸한 행위는 삼가야겠다.

인류 현대 100년사에서 특별한 과학적 기반 없이 식민지에서 출발하여 국민소득 3만 달러를 달성, '유니세프'로부터 원조를 받다가 원조를 제공하게 된 나라는 지구상에서 우리 대한민국이 유일하다고 한다. 최근 인공지능과 자료의 대량화 등 미래기술이 급격하게 발달하고 있는 시대에 그 핵심 부품인 반도체 및 컴퓨터, 그리고 스마트 등이 세계시장에서 우리가 이끌고 있잖은가. 이처럼 우리나라의 위상에 걸맞은 이야기를 쓴 박춘명의 장편 『소설 훈민정음』(2006)을 나는 이참에 맛있게 읽었다. 성삼문이 신숙주에게 하는 말이 아직도 역력하다. "우리나라가 큰 나라 옆에서도 조선의 얼을 지켜온 것은 우리말 때문이라고도 할 수 있소. 만일 우리가 우리말을 쓰지 않는다면 그것은 벌써 조선인이 아니라는 것을 말해 주는 것이 아니겠소?"(224쪽) 한편, 백세미 기자(『조선일보』, 2021. 3. 15.)의 아래와 같은 보도는 우리 모두 감축해야 할 내용으로써 이 기회에 다시 한 번 읽어 보겠다.

에콰도르 명문 '센트랄대'에 한국어 문화원 '세종학당'이 우리나라 '한글날'에 맞춰 개원(2020. 10. 9.)했다. 에콰도르에 세종학당이 세워진 건 두 번째인데 수강신청은 15분 만에 마감되었다. 2020년 전 세계 39국 1,699교 초 · 중 · 고교생 약 16만 명이 학교에서 한국어를 배우고 있고, 이어 에콰도르 · 벨기에 · 요르단 등 현지 중 · 고교 12 곳에 '한국어가 개설(2021)되었다. 1999년 미국 학교에 첫 한국어반이 만들어진지 22년 만의 성과다. 교육부는 이런 내용을 담은 '한국어교육지원사업기본계획'을 발표(3. 14.)하고 "2021년에 전 세계 43국 1,800개 학교, 2022년 45국 2,000교에 한국어반이 만들게 될 것"이라고 밝혔다. 베트남 역시, 2021년 2월 한국어를 '제1외국어'로 채택했다. 초등 3학년부터 배울 수 있는데 영어 · 중국어 · 일본어 · 프랑스어 등과 같은 위상이다. 인도는 2020년 제2외국어로 프랑스어 · 독일어 · 스페인어 · 일본어 등에 이어 한국어를 추가했다.

사랑 타령[我是他非]

그 남자 214

성 회피증(섹스리스) 218

진정한 페미니즘의 실체 222

그 남자

부엌의 살강은 그을음으로 시커멓고 가마솥은 언제나 비어 있기 일쑤였던 그때 그 시절, 농촌에서 상일꾼을 둔 부모님과 나의 첫 만남은 천혜의 행운이었다. 이뿐이랴, 초등학교 5, 6학년 홍장표 선생님, 중학교 3학년 박인섭 선생님, 고등학교 실습담당 최용기 선생님은 모두 고인이 되셨지만 이분들의 렌즈를 통해 세상을 새롭게 보게 되었고 오늘의 나를 있게 해 주었던 만남이었다. 우리 부모님과 우리 스승님과의 종신보험과도 같은 선연이 아니었더라면 범생範生도 아닌 범생凡生으로서 노후에 연금은커녕 입에 풀질이라도 제대로 하고 있을지 지금 생각하면 섬뜩하다. 지난날을 아무리 반추해 봐도 나에게 크게 해를 끼친 만남은 기억이 가물가물하다.

돌이켜보면 아내와의 만남은 우연이 아닌 필연이었다. 이미 둔자의 다른 졸품에서도 여러 차례 밝힌 바 있거니와 나는 5대 봉사 승중자로서 부모님의 사랑을 듬뿍 받으면서 성장했다. 그러나 막상 결혼할 시기가 되니 고민이 만만찮았다. 당시(70년대 초)만 해도 결혼 상대자로서 장남을 기피하던 때였다. 동생들은 모두 연애결혼 했는데 나만 유독 중매

결혼이었다. 물론 총각 때는 관심 있는 기회도 더러 있었지만 결혼이란 꼭짓점에 이르러서는 우리 집 형편을 이실직고해야할 나의 성격상 움츠려들 수밖에. 아버님도 안 계시고 어머님 두 분(낳으신 분, 기르신 분)에 논·밭 30여 마지기 일구는 농촌의 8남매 장남에게 누가 보따리를 풀겠는가.

맞선은 두어 차례 보긴 했어도 눈에 차지 않던 차, 어머님 교회에 다니는 여신도가 친구를 소개한답시고 만난 사람이 지금의 아내가 되었다. 이야기를 나누다 보니 동생의 초등학교 동창이요, 친구 동생의 친구이기도 했다. 첫인상도 부개비잡힐 정도라기보다는 그저 상큼한 느낌의 직장인으로서 공무원 신분의 장남을 선호한다고 했다. 더글러스 케네디의 장편 『템테이션』(2006)에서, 마사가 아미티지에게 한 말이다. "아니, 처음 만나서 5분이면 알 수 있잖아요." 그렇다. 5분도 많다. 첫눈에 홈런이었다. 나와 아내와의 첫 만남이 그랬다. 지난 자잘한 추억, 길게 늘어보았자 씨잘데기 없는 소리 같아 이만 줄이겠으나 아내의 성격에 대해서만은 그냥 지나칠 수 없다.

아내는 사물이나 주변을 지나치리만큼 잘 정돈하는 안돈安頓적 생활이 몸에 익혀져 집 안팎 일거리의 매듭을 잘 짓는 잔재비가 질펀하다. 길거리의 방향감각과 사람을 잘 알아보는 지인지감知人之鑑 또한, 뛰어나다. 지난날 나의 동료나 제자들과 한두 차례 대화를 나눈 경험만 있으면 먼 훗날 나는 까마득히 잊어버려도 아내는 이들의 이름과 그 특징을 적확히 기억해낸다. 다만, 아내의 성격은 살살하고 살랑살랑하고 말랑말랑하기는커녕 썰렁썰렁하여 무슨 일이든 한번 결단하면 극강極强으로 치달아 주변 공기를 무겁게 짓누른다. 한편 나는 오로지 내 하고 싶은 일에만 충실할지라도 아내는 절대 간섭하지 않는다. 이런 아내의 성격을 빌미로 나만의 시간을 맘껏 심취할 수 있어 '지족상락'을 즐기는데 비교적 여유롭다. 아내의 청결벽은 좀 지나칠 정도다. 하루에 한두 번 쓸고 닦는 것은 기본이요, 내방인이 다녀가면 곧바로 청소도구부터 챙긴다. 프랑스의 소설가 안나 가발다의 장편 『아름다운 하루』(2009. 허지 옮김)에서, 작중화자 올케 카린의 청결벽과 어쩌면 이란성쌍둥이 정도는 될 듯싶다. "올케는 공공장소에 갔다 오면 늘 알코올을 묻힌 종이타월로 소독을 한다. 올케의 눈에는 세균이 보인단다. 올케는 악수를 하면서도 늘 상대의 손톱을 살펴본다. 오줌을 눌 때에는 변기에서 엉덩이를 십 센티미터 띄운 자세로 균형을 잡고 눈다."

도움 요청도 그렇다. 아내로부터 내 도움을 기대한다는 것은 사치일 뿐이다. 밖에서 도움이 필요하면 나보다는 아들 · 딸이나 지인에게 손을 내밀지라도 나의 도움은 절대 사절이다. 나를 아끼고자 하는 마음일지라도 이는 불편한 사랑이라고나 할까. 외눈에 안질이라고 지나칠 정도로 매사를 혼자 결정하고 발발거리며 일을 추진하는 '독불여장군'이란 별칭이 아주 십상팔구다. 나로서 솔직히 좀 거시기한 것은 가끔 술이 지나칠 때가 있다. 이럴 때마다 아내는 솔부엉이 눈초리로 돌변, 나와의 무언 갈등이 며칠씩 이어진다.

코미디언 이상용은 자기 마누라를 '육사생도'라고 했다. 너무 무뚝뚝한 성격을 이르는 말이었다. 그렇다면 우리 마누라는 '칠사생도'에 가까울 정도다. 신문과 이불 등도 각 세워 접지만 말솜씨마저 무뚝뚝함을 넘어 너무 퉁명스럽다.

이나저나 나는 아내가 없으면 세탁기 돌리는 일과 쓰레기 분리수거, 그리고 실손보험 청구에 이르기까지 8남매 맏이로서의 집안 행사마저 추진 자체가 흔들린다. 마치 우한용의 장편 『수상한 나무』(2019, 215쪽)에서, 이송로 노인의 아내에 대한 생각과 맥을 같이 한다. "요양원에 있는 아내가 죽으면 장례를 치르고, 그 무덤가에서 자살할 생각을 굳혔다." 생태학자 유영만이 쓴 『이런 사람 만나지 마세요』(2020, 205쪽)에서, "일상에서 마주치는 경험과 관계망 안에서 자신과 코드가 맞는, 또는 자신과 생각하는 방식이 맞는 사람을 만나는 기술이 바로 '어쩌다 만남의 기술'이다."고 했다. 그렇다면 우리 부부와 같은 만남은 '저쩌다 만남의 허술'일까. 부부의 만남은 인륜이 천륜 되어 숙명적으로 살아가는 사랑의 모체가 아니던가. 한편, 마누라 허물 들춘답시고 아내 자랑을 장황히 늘어놓은 것 같아 께벙하나, 사실을 진실로 기술했을 뿐이므로 팔불출이든 바보스럽든 나로서는 괘념치 않겠다.

프랑스 알랭 레몽의 자서전적 소설 『하루하루가 작별의 나날』(김화영 옮김)에서 '부부'에 대한 표현이 아주 인상적이다. "어머니는 침대 나무틀에 팔을 고인 채 죽어가는 아버지를 물끄러미 바라보고 있는 것이다. 그녀가 그토록 사랑했던 그 남자를, 그녀가 그토록 미워했던 그 남자를"(92쪽)

이 부분을 마누라한테 읽어주고 "당신 같으면 얼씨구나, 이제야 내 세상 만났네 하며 좋아할 거야"라고 했더니 마누라 왈, "알아서 장땡이구먼!"

성 회피증(섹스리스)

논설위원 김태훈의 '섹스리스(섹스회피) 청년들의 슬픔'이란 글(『조선일보』, 2021. 7. 5.)을 내 입맛에 맞춰 아래와 같이 다듬어 보았다.

미국의 한 콘돔회사가 세계 26개국 성인 남녀의 성관계 횟수를 조사했다. 1위는 연평균 164회인 그리스였다. 2~3일에 한 번꼴이다. 최저는 연 48회인 일본이었다. 프랑스의 한 사회학자가 2018년 18세 이상 프랑스 성인 남녀에게 섹스리스를 어떻게 보느냐고 물었더니 격앙된 반응이 나왔다. 응답자 거의 전부가 '불륜보다 더 나쁘다'고 대답했다. 일본에서는 여성에게 관심이 없거나 연애에 적극적이지 않은 남자를 '초식남'이라 한다. 남자에게 무관심한 여자까지 아울러 '초식계'라 한다는데 심각한 사회문제가 아닐 수 없다. 이러한 배경엔 1990년대 이후 20년간 일본을 잡아 삼킨 장기 불황이 근저에 깔렸다. 많은 젊은이가 취업난에 짓눌려 사랑을 포기했다. 태어나 한 번도 결혼하지 않는 생애 미혼율이 25%까지 치솟았다. 편의점 간편식 덕분에 독신으로 살아도 아쉬울 것 없고 야동과 자위기구로 도움 받는 게 주머니 사정에 어울린다는 판단도 섹스리스 청년 현상을 부풀리고 있다.

우리나라의 성인 3명 중 1명꼴로 지난 1년간 성관계를 갖지 않았다는 한 연구결과도 나왔다. 특히 20대 남성 42%와 여성 43%가 섹스리스라는 통계는 장기 불황 시기의 일본을 떠올리게 한다. 불투명한 미래가 큰 이유인 점도 유사하다. 20대 대부분이 취업난에 허덕이다보니 서로 사랑할 엄두는 신기루일 수밖에…. 출산 · 육아 · 교육 및 취업 · 가사 · 시댁과의 갈등 등 남자보다 더 많은 부담을 지게 되는 여성이 전보다 자유롭게 비혼을 택할 수 있게 된 세태 변화도 한몫 단단히 하고 있다.

나는 이 글을 읽으면서 "항산이 있는 자가 항심이 있다"[有恒産者有恒心]라는 『孟子』의 '등문공장滕文公章'이 떠올랐다. 생활을 유지할 수 있는 일정한 재산과 직업[恒産]이 있어야 항심(恒心, 섹스하고 싶은 마음)도 있다는 것으로 이해된다.

인간의 기본욕구는 식욕 · 수면욕 · 성욕임을 누가 모르랴만, 성性은 신이 인간만이 아니라 만물에게 공평하게 하사한 절묘한 걸작이 아닐 수 없다. 특히나 인간에게는 심폐기능 향상과 혈관을 팽창하게 만들어 혈액순환을 돕고 신진대사를 촉진해 몸속 노폐물을 제거해 준다. 이뿐만이 아니다. 클레스톨 수치를 낮추며 몸에 좋은 고밀도 지단백(HDL) 수치를 높이고, 몸 구석구석 근육의 긴장을 풀어줌으로써 마사지 효과와 뇌 속에서 엔돌핀 호르몬 분비를 촉진, 두통 · 요통 · 근육통 · 생리통 등의 통증을 감소시키기까지 해준다. 여성에게는 여성호르몬 에스트로겐 분비가 활발해져 피부가 좋아지고, 자궁질환과 폐경 이후 자궁의 세균 감염에 대한 면역력을 높여줌은 물론, 뇌를 자극해 노화와 치매, 건망증 등을 억제한다니 성생활을 감각적 쾌락만으로 착각할 일은 아니다. 성석제의 장편 『참말로 좋은 날』(2006)에서도 앞서와 같이 묘사했다.

그는(박희재) 성생활도 운동처럼 규칙적으로 해왔고 일주일에 세 번

섹스를 하면 일 년에 백이십 킬로미터를 달리는 것과 마찬가지의 운동 효과가 있다는 것도 알고 있었다. 그의 부인은 특별한 운동을 하고 있지 않지만 비만으로 고민한 적이 없었는데 그게 건강하고 만족스러운 섹스 덕분이라고 여기고 있었다. 섹스는 남편에게는 남성 호르몬을 증가시키고 부인에게는 여성 호르몬을 증가시켜서 서로간의 매력을 강화하고 오래 지속하도록 하는 효과가 있었다. 성을 포함한 삶에 대한 만족감이 높았으므로 부부싸움을 한 적은 거의 없었다. 인생의 자신감과 만족감, 그리고 부부간의 일치감을 높여주는데 섹스만한 게 없었다.

정창근의 장편, 『보복!』(상권, 2020)에서 "전쟁터일지라도 아무리 상관이 명령하고, 총소리가 귓가를 진동해도 끝까지 한 방울이라도 정액을 짜내버리고 말겠다는 그 성욕 앞에는 아무 소용이 없었다."고 했다. 성욕은 천상천하 유아독존처럼 누구에게나 절절한 욕구이다. 그런데 젊은이들이 섹스리스라는 말을 입에 달고 살아야 할 이유는 나변에 있는 것이 아니다. 힘깨나 쓰는 자들은 젊은이들의 자아실현이란 기회를 박탈코자 미래보다는 오늘을, 절약보다는 낭비를, 다음 세대의 희망보다는 현재의 안일함을, 역경을 이기는 지혜보다는 탐욕의 몰입을, 공정과 상식보다는 비리와 몰상식으로 돌진하고 있다. 이런 사회의 역기능적 플랫폼 속에서 젊은이들이 나락에서 헤매다보니 섹스리스는 당연한 순리일 수밖에.

이러다보니 더불어 사는 아기자기함이 아닌 혼술 · 혼밥 · 혼커 · 혼캠 등이 늘어나는 요즘의 추세다. 한편, 섹스리스는 자율이 아닌 타율적이요, 개인적이 아닌 사회적이요, 마음이 아닌 경제적이요, 노력이 아닌 환경의 절벽이요, 부익부가 아닌 빈익빈이요, 금수저가 아닌 흙수저요, 양질의 고급 직업군이 아닌 기본생활 수준에도 못 미치는 의 돈벌이요,

부모 찬스(세습제)가 아닌 자립해야 할 저소득층의 문제요, 신체적이 아닌 정신적이요, 내재적이 아닌 외재적이요, 갑질(완장질)이 아닌 갑질의 대상(객체)이요, 깔대기가 아닌 빨대요. 정상이 아닌 비정상이요, 진실이 아닌 거짓 세상이요. 싫은 것이 아닌 못하는 것이요, 미래 복지국가 건설이 아닌 인구 소멸국의 지름길로 내달리는 어둠의 길이다.

'20대의 생은 망했다'는 줄임말 '이생망'이 젊은이들의 입에 오르내리고 있다. 이는 젊은이들의 잘못만은 아니다. 정치인 및 고관대작들의 전적인 책임이다. 젊은이들이 마음 놓고 연애하고 결혼할 수 있도록 정부가 적극적으로 나서야겠다. 능력 만능주의 시스템보다는 더 나은 자본주의가 젊은이들을 따뜻이 보듬는다면, 가수 나훈아가 부른 '어매'(1994. 오재호 작사)의 노래는 이 세상에 태어나지도 않았을 것이다.

> 어매 어매 우리 우리 어매, 뭣 할라고 날 낳았던가. 날라거든 잘 낳거나 못 날라면 못 낳거나, 살자하니 고생이요 죽자하니 청춘이라. 요놈 신세 말이 아니네. 어매 어매 우리 우리 어매! 뭣 할라고 날 낳았던가. 〈이하 생략〉

자연의 섭리 따라 몸이 노쇠하여 성생활이 불가능할 경우가 아닌 이상, 性을 외면하는 세태는 개인의 책임이라기보다는 우선적으로 사회와 국가의 책무이다. 젊은이들이 부담 없이 연애 · 결혼 · 출산 · 교육 · 취업까지의 로드맵이 공정 · 공평하게 제시된다면, '섹스리스'란 외국어는 우리 사회에서는 발붙이지 못하리라.

진정한 페미니즘의 실체

전주지법 군산지원(부장판사 해덕진)은 살인혐의로 기소된 A씨(54)에게 징역 10년을 선고했다. 도내의 모 신문(2019. 6. 23.)은 이를 '중형'이라고 까불었다. 재판부는 "살인은 어떠한 경우에도 용납할 수 없는 중대범죄"라 했다. 그러면서 "아내를 여러 차례 찔러 잔인하게 살해한 피고인의 반인륜적인 범행은 엄히 처벌해야 마땅하다"고도 했다. 다만, "범행을 반성하고 술에 만취한 상태에서 우발적으로 범행을 저지른 것으로 보이는 점, 범행 후 112에 신고한 점 등을 감안해 형을 정했다"고 판시했다. 그렇다면, 범인은 54세이므로 만기 출소하더라도 64세밖에 안 되니 떵떵거리면서 새 출발할 수 있으리라. 경제적 문제로 말다툼하던 중 아내가 "돈도 못 벌어다 주면서 무슨 말이 많냐"는 이 한마디에 여러 차례 난자질을 당했다. 그랬음에도 술에 만취하여 우발적으로 저질렀다는 살가운 판결은 국민정서법과는 거리가 멀어도 너무 멀다.

그리고 이틀이 지났다. '판사님, 얼마나 저항해야 강간죄가 되나요' 모 일간지 기사제목이다. 보습학원 원장(35)은 채팅 응용프로그램에서 알게 된 10세 아동을 집으로 데려와 소주 2잔을 마시게 한 후 성폭행했다. 사건 발생 2주가 지나 해바라기센터에 신고, 조사를 받았다. 이때 녹화된 영상이 유일한 증거였다. 그러나 때리거나 협박한 사실이 없냐는 경찰의 다그침에 '그렇다'고 아동은 어마지두 대답했다. 인천지법 1심(송승훈 재판장)은 가해자에게 징역 8년을 선고했으나 서울고법 항소심(한규현 부장판사)에서는 피고인으로부터 직접적으로 폭행 · 협박을 당한 사실이 없다고 진술했다는 이유로 징역 3년을 낮춰 판결했다. 이에 피고인과 검찰 모두 상고했으나 대법원의 올곧은 판결을 기대하기란 망원경을 거꾸로 들고 세상을 보는 것과 다르지 않으리라.

도대체 아동에게 소주 두 잔을 마시게 한 잔인한 행위가 폭행 · 협박이 아니라면 뭣이 해악행위당가. 항소심을 맡은 부장판사의 딸이 피해자였더라도 그렇게 선고했을까. 아무리 법지식이 빈곤한 나로서도 선뜻 이해되지 않는다. 성인도 마찬가지겠지만 특히 어릴 적 성폭력으로 인한 정신적 · 신체적 충격은 단순한 통과제의가 아니기에 일회용 반창고나 진통제로는 치유될 수 없다. 평생 해마 속을 헤집는 트라우마가 크기 때문에 장차 결혼생활까지도 황파를 피하기 어려울 것이다. 한때의 욕정으로 어린아이의 인생을 완전히 망가뜨렸는데도 고작 3년! 역시, 우리나라는 피의자 공화국답다.

법무연수원이 펴낸『범죄백서 2016』에 의하면, 2006년 1만4,277건이던 성폭력 범죄는 2015년 3만1,063건으로 증가했는데 지금은 그 증가율이 크게 높아졌으리라 생각된다. 그러기에 피해자의 목숨을 의식적으로 앗은 강력범이나 성폭력 등은 이유야 어찌됐든 웬만하면 법정 최고형으로 엄벌할 때만이 휴머니즘과 함께 진정한 페미니즘의 세상이 활짝 열리리라.

생각을 바꿔보면 어떨까. 섹스와 폭력은 억압하면 할수록 폭발함으로 대리만족할 수 있는 시스템이 절실하다. 섹스는 공창제를 통해, 폭력은 각종 운동이나 오락 등을 통해 대리만족할 수 있는 선제적 예방책을 강구할 필요가 있다. 아동 · 청소년을 대상으로 한 디지털성범죄(텔레그램, n번방)의 폭증과 지하에서 암묵적으로 성행하는 사창가나 일부 연예인들을 동원하는 불법적인 성 접대가 사그라질 줄을 모르고 있다. 이럴 바엔 옛날처럼 보건소에서 정기적으로 위생검진을 통해 네덜란드나 뉴질랜드 등 선진국에서 실시하는 공창제도는 어떨까 싶다. 지난날 성매매 근절에 앞장서왔던 총경출신 김강자 한남대 교수도 특정구역 내 성매매를 허용할 필요가 있다고 했다. 농어촌의 장가 못간 젊은이들에게도 공창제도는 인간기본권 차원에서 성(聖 · 性)스러운 제도가 아닐 수 없다. 한편, 음성적으로 영업하는 여성들에게는 직업선택의 폭을 넓히는 효과도 있을 테니 말이다.

그렇잖아도 요새 여성 혼족이 늘어나는 추세에 일면식도 없는 범인들로부터 성폭력 당했다는 보도가 심심찮다. 실제로 혼자 사는 여성의 집에 몰래 들어가 흉기로 위협, 미수에 그친 성폭력 배달기사에게 서울중앙지법에서 징역 3년 6월의 실형을 선고(2019. 7. 9.)한 사건 등을 미루어 볼 때 공창제도는 이렇듯 긍정적 측면이 없잖다.

윤석열 대통령이 후보시절, '여성가족부' 폐지를 주창하다가 이대녀(20대 여성)들의 표를 얻지 못했던 아픈 기억이 옥죌지라도 철 지난 여성가족부는 보건복지부로, 통일부는 외교부의 한 부서에 두면 아주 적정하겠다. 그리고 그 두 부서의 인원과 예산을 저출산 극복과 성폭력 예방책에 쓰도록 하면 얼마나 금상첨화겠는가. 솔직히 우리나라 여권 향상은 선진국 수준에 버금가고 있다. 다만 성폭력범과 여성 폄훼 사건 등에 대한 일선 판사들의 성인지가 일반인들보다 엄청 낮다는 게 문제다. 한편, 안정적인 전문직이나 쓸만한 직장에 근무하는 여성일수록 결혼을 기피하는 뚜렷한 기현상이 사회적 병폐가 아닐 수 없다. 뿐만 아니라, 각 군의 사관학교마다 성적 등이 여성이 남성을 앞지르고 있다. 이참에 여성도 남성과 똑같이 국민 개병제에 포함시키면 어떨까. 남녀평등을 위해서도 이 제도야말로 진정한 페미니즘의 비옥한 출발점이기 때문이다. 지난날 가슬가슬하신 할머님이 고방(庫房, 광) 열쇠를 허리춤에 차시고 어머님과 두 작은어머님한테 매일 식량을 나눠주시며 시시콜콜한 일과까지 간섭하셨던 모습이 아직도 눈앞에 선연하다. 여물지 아니한 박속을 파내서 말린 박고지를 반찬거리로 삼았던 그땐 그랬다. 산후조리도 생각지 못했던 당시엔 밭고랑에서 아이 젖 주면서 잠시 손에서 호미를 놓은 짬이 바로 휴식시간이었다. 오늘날 역사적 소명을 다한 여성가족부나 페미니즘은 지금보다는 그때가 더 절절했다.

우리나라가 인구절벽으로 세계 최초 인구 소멸국이 될 것이라는 초저출산이란 말들이 쩌렁쩌렁 울리는 이때, 진정한 페미니즘은 다산녀에 대한 육아와 건강, 그리고 질 좋은 삶을 위해 혁신적으로 지원하고 보살피는 국책사업이 당면한 시대정신이다. 여성으로서 실체적 모성애를 회피하고 여권신장만을 왜장치는 독선은 입으로 방귀 뀌는 소리로 들릴 수밖에…. 그러기에, 민중화가 박수근(1965년 작고)의 그림에 자주 등장하는 '아이 업은 소녀'가 거리마다 넘칠 때, 페미니즘은 한층 옴팡질 것이다.

꼰대의 잔소리로 들릴지라도 윤석열 대통령 부부는 애견 · 애묘만 입양할 것이 아니라 부모가 절대적으로 필요한 버려진 아이들을 속 깊은 모성애로 길러낼 때 진정한 페미니즘의 수범사례로 온 국민의 추앙을 받으리라.

전기수傳奇叟의 방

워버멘쉬 228
운동에너지 232
불편한 편의점 237
82년생 김지영 242
노트르담의 꼽추 246
햄릿이 뭘 안다고 250
이이화의 동학농민혁명사 254
그 행복, 그 독을 두려워해라 276

워버멘쉬

나는 고등학교 1학년 때, 독일의 시인이자 철학자 프리드리히 니체의 『차라투스트라는 이렇게 말했다』란 버거운 책을 손에 들었다. 수업시간에 하도 많이 들어왔기에 호기심이 작동했던 것이나 첫 페이지부터 막혔다. 처음엔 그러려니 했는데 갈수록 점입가경, 몇 장 넘기지 못하고 포기할 수밖에. 그리고 60년 세월을 훌쩍 넘긴 후 충북대학 철학과 정동호 명예교수의 번역서(538쪽)를 다시 손에 들었다. 결과는 60년 전이나 지금이나 차라투스트라의 말은 별나라 이야기처럼 이해 불가함은 오십보백보였다. 다만, 전에는 초동에서 읽기를 포기했고 이번에는 끝까지 정독은 했으나 아주 난해한 철학적 중수필(에세이)이란 점은 여전했다. 니체의 사상이 빈곤한 탓이겠지만….

니체의 현신 '차라투스트라'는 기원전 6세기 예언자 '조로아스터'란 이름에서 비롯된 것으로 알려지고 있으나 니체 자신은 본문에서 분명히 밝히지 않았다. 그는 차라투스트라를 선지자도 종교지도자도 광신자도 아님을 곳곳에서 내비쳤다. 그가 구현코자 하는 인간상은 니체 자신이 모태종교(기독교)에서 탈출했듯이 과거를 청산하고 건강한 미래를 열어나갈 새로운 디오니소스적 긍정의 '워버멘쉬'가 분명했다. 차라투스트라는 이렇게 말했다. "나 너희에게 워버멘쉬를 가르치노라."(16, 18, 23쪽) 아래는 별나라의 초인적 어록이 아닌, 지상에서나마 이웃과 소통 가능한 차라투스트라의 가르침 가운데 가장 중핵만을 간택해 보았다. ( )안은 이 책의 쪽수.

차라투스트라는 나이 서른이 되던 해에 자신의 고향과 호수를 떠나 산속으로 들어갔다. 형제들이여, 간청하노니 대지에 충실하라. 하늘나라에 대한 희망을 설교하는 자들을 믿지 마라! 지난날에는 신에 대한 불경이 가장 큰 불경이었으나 신은 죽었고 그와 더불어 이들 불경을 저지른 자들도 죽어 없다.(18)

신이 없으면 살아갈 수 없을 자들 가운데는 언제나 병든 민중이 허다했다. 그런 자들은 깨달음에 이른 자로서 정직성이란 덕을 미친 듯이 미워한다. 형제들이여, 차라리 건강한 신체에서 울려오는 음성에 귀를 기울이도록 하라. 영혼이란 것도 신체에 깃들어 있는 그 어떤 것에 붙인 말에 불과하다. ~ 그 누구보다도 체념을 가르치고 있는 저들의 선생들이 "차라투스트라는 신을 믿지 않는다."라고 외쳐댄다. 그렇다. 나는 신을 믿지 않은 차라투스트라다!(51, 283)

밝음과 어둠, 선과 악의 공존을 차라투스트라는 이렇게 말했다. "나무가 더욱 높고 환한 곳을 향해 뻗어 오르려 하면 할수록 그 뿌리는 더욱더 힘차게 땅속으로, 저 아래로, 어둠 속으로, 깊은 곳으로, 악 속으로 뻗어 내려가려 하지. 깨달음에 이른 사람이라면 적을 사랑할 줄 알 뿐만 아니라, 벗을 미워할 줄도 알아야 한다." 진정, 너희에게 말하건대 불변의 선과 악이라는 것은 존재하지도 않는다. 사람 틈에서 깨끗함을 잃지 않으려면 더러운 물로 자신을 씻을 줄도 알아야 한다.(66, 130, 196, 243) 저들은 권력을 원하며 그 무엇보다도 먼저 권력의 지렛대인 많은 돈을 원한다. 이 무능한 자들은! 모두가 왕좌에 오르려 한다.

마치 행복이라는 것이 왕좌에 앉아 있기라도 하듯, 정신 나간 짓들이다.(82) 나는 숲을 좋아한다. 도시에서는 살기가 어렵다. 욕정에 눈이 먼 사람들이 너무도 많으니.(89)

여인의 가슴속에는 너무도 오랫동안 노예와 폭군이 숨어 있다. 그래서 여인은 아직도 우정을 나눌 줄 모른다. 사랑을 알 뿐이다. 여인의 사랑에는 사랑하지 않는 모든 것에 대한 불공평과 맹목이 깃들어 있다. 여인들은 여전히 고양이며 새다. 기껏해야 암소 정도다. ~ 여인에게 사내는 일종의 수단이다. 목적은 언제나 아이다. 아무리 달콤한 여인이라 할지라도 여전히 쓴맛을 내기 마련이다.(94, 109) 입장에 따른 관점(편견)에 대해 "이 민족에게 선한 것 가운데 많은 것이 다른 민족에게는 웃음거리와 모욕이 되고, 이곳에서는 악한 것으로 불리는 것들이 저곳에서는 존귀한 영예로 장식되는 것도 발견했니."라고 차라투스트라는 말했다.(96)

발 빠른 죽음을 설교하는 자들이라도 나타났으면 좋겠다. 그런 자들이야말로 생명의 나무에게는 제때에 찾아온 폭풍이요, 뒤흔들어대는 자들일 터이니. 그런데 단지 천천히 죽고 이승에서의 모든 것을 참고 견뎌내라는 설교뿐이다.(121) 신은 올곧은 것 모두를 왜곡하고 서 있는 것 모두를 비틀거리게 만드는 착상의 하나다. 그렇지 않다면 시간은 사라졌을 것이고 덧없는 모든 것은 거짓일 뿐이 아니겠는가?(141)

신은 죽었다. 사람들에 대한 연민의 정 때문에 죽고 만 것이다.(149) 생명은 비밀도 내게 직접 말해주었다. "보라, 나 끊임없이 자신을 극복해야 하는 존재렷다."(195) 이 대지는 살갗으로 덮여 있다. 그런데 이 살갗은 여러 가지 병으로 신음하고 있다. 그 병 가운데 하나가 '인간'이라 불리는 존재다.(222)

어느 날, 차라투스트라가 큰 다리를 건너고 있을 때 불구자들이 에워쌌다. 그대의 가르침을 믿게 되었으나 우리의 불구를 고쳐주어야겠소. 그가 말했다. "장님에게 눈을 준다면 차마 눈 뜨고 볼 수 없는 것들까지 보게 되면 나를 저주할 것이다. 절름발이를 걷게 하면 더없이 몹쓸 짓을 하게 되어 걷자마자 너희의 악덕들이 너희를 따를 것이다.(233~234) 사람이야말로 뛰어난 맹수이니 사람이 이미 모든 짐승들로부터 저들의 장점을 빼앗았다. 아직은 새들만이 사람들의 머리 위에 있다. 사람들이 나는 법까지 배우게 된다면 슬픈 일이로다! 어느 높이까지 그의 약탈욕은 날아오를 것인가!(348)

나는 사내와 계집이 한쪽은 전쟁에 능하고 다른 쪽은 아이를 낳는데 능하기를. 형제들이여, 그것을 위해 결혼이라는 화원이 너희에게 힘이 되어주기를!(348) 오늘날 내게 가장 바람직하고 가장 사랑스러운 인간은 거칠고 영악하며 고집이 세며 참을성 있는 강건한 농부야말로 오늘날 더없이 고귀한 종족이다. 이들이 주인이 되어야 한다!(400) 우리가 변하여 암소와 같이 되지 않는다면 천국에 이를 수가 없지. 저들에게 배울 것은 '되새김질'이다. 진정 사람이 온 세상을 얻고도 되새김하는 법을 배우지 못했다면 자신이 빠져있는 비애에서 벗어나지 못할 역겨움에 처할지니.(439) '사람은 악하다'는 말은 지혜롭다는 자들이 이구동성으로 내게 일러준 말이다. 그 말이 진실이기를. 악이야말로 인간에게는 최상의 힘이기 때문이다.(473)

과연 니체의 현신 차라스트라우스의 존재 의의는? 초인, 은자, 성자, 예언자? 예수는 광야에서 40일간 기도했다. 차라스트라우스는 감란산 동굴에서 짐승들과 함께 10년을 지내며 명상했던 것과 비교된다. 다행히 제3부 「건강을 되찾고 있는 자」에서, 그의 신분이 조금은 얼비친다. "나의 소리는 타고난 장님까지도 고쳐주는 영약이다. 신을 믿지 않은 차라스트라우스는 생의 대변자이자 고뇌의 대변자이거늘."(357) 니체가 말하는 차라스트라우스는 다음과 같은 말에서 선명하게 그 존재가 드러난다. "그대는 영원회귀를 가르치는 스승이 그대의 숙명인 것이다!"(364) 여기에서의 스승이란 곧, 인간존재의 새로운 유형인 '워버멘쉬'가 아니겠는가.

운동에너지

고향집 서가에서 단기 4291년 11월호의 「現代文學」과 눈빛이 마주쳤다. 우리나라 최장수 문예지 월간 「現代文學」은 1955년 1월 창간이래, 지금까지 한 차례 빠짐없이 발행됐다. 마지막 안쪽 표지에서 '우리의 맹세'를 오랜만에 만나니 죽마고우와 재회한 듯 반가웠다.

– 우리는 대한민국의 아들딸 죽음으로써 나라를 지키자.
– 우리는 강철같이 단결하여 공산 침략자를 쳐부수자.
– 우리는 백두산 영봉에 태극기 날리고 남북통일을 완수하자.

'우리의 맹세'는 플라스틱이나 철재로 만든 옷가지 등의 보관용 용기가 생활용품으로 쓰이기 전, 고리짝* 시절엔 우리의 지상과제였다. 교과서는 물론, 모든 책의 끝자락엔 5 · 16의 '혁명공약'(1961)으로 대체되기 전까지는 울울창창 쓰였다. 위 「現代文學」에 실린 손창섭(1922~2010)

* 청일전쟁 직전까지 독립국으로서 국기를 가지고 있었으나 1879년부터 오키나와로 불려지고 있는 '유구왕국'에서는 '고려'를 '가오리'(꼬리)라 했는데 '고리적'이란 말은 '가오리 적'에서 비롯되어 '가오리 때'를 일컫는다. 그러니까 '고리 적'은 '고려 때'를 말하는 것으로 조선시대 민간사회에서 널리 쓰이던 용어로써 지금까지도 '고리짝'으로 널리 쓰이고 있다.〈안천 『황실연구 시리즈 일월오악도 제7권(천황을 고발한다) 2011〉

의 단편 「인간시세人間時勢」를 달짝지근하게 잘 읽었다. 역시, '우리의 맹세'를 지키지 않으면 작품 속 주인공 '아리마 야스꼬[有馬康子]'와 같은 성 노리개는 우리의 위안부에서 보듯이 실제에서도 얼마든지 찾아볼 수 있음을 실감 나게 현실화시켰다.

1945년 8월, 군국주의 일본 천황은 살아 있는 신의 가면을 벗고 인간 앞에 무조건 항복했다. 야스꼬는 할삔에서 200여 리 떨어진 20여 세대의 일인 가족들이 살고 있는 '이멘퍼[一面坡]'에 무선 기술자 남편을 따라 장남 쿠니오(4세)와 딸 히로꼬(2세)와 함께 살고 있었다. 군 당국의 긴급 명령을 받고 할삔으로 떠나면서 남편은 "살아 있는 한, 우리는 부모와 형제가 기다리는 고국의 품 안에서 다시 만나게 될 것"이라며 아내(야스코)를 위로했다.

이틀째 되는 날, 일인 가족 전원은 할삔으로 떠난다며 급히 집결하라는 명령이 내려졌다. 먼 발찌에서는 포성이 울렸다. 야스꼬는 등에 두 살배기 히로꼬를 업고 쿠니오의 손목을 잡고 군용트럭에 오르다 말고 갑자기 돈지갑을 확인하니 관사에 놓고 나왔다. 아들 쿠니오는 차에 남겨둔 채, 히로꼬만 등에 업고 관사로 달렸다. 그러나 지갑은 찾을 수 없었다. 다시 군 트럭으로 황급히 내달렸으나 아수라장 속에서 트럭은 보이지 않았다. 야스꼬는 히로꼬를 업은 채 헐떡거리며 지친 걸음으로 무작정 신작로를 걸었다.

야스코는 사내가 하는 대로 몸을 맡겼다. 일본의 국권이 무너진 지금, 자기는 한 오라기의 검불에 지나지 않는다는 것을 깨달았다. 밖에서는 쏘련군의 전차소리가 들렸다. 야스꼬가 갇힌 방 앞에서는 "아무튼 일본 놈들은 몰살 시키더라도 그 여편네들만은 남겨 두었다가 하나씩 배급해 주었으면 좋겠어."라고 사람들은 웅성거렸다. 창밖에서 자신을 노려보는 사내들의 눈을 피해 몸을 숙이자 이곳으로 끌고 온 사내가 뛰어들어 꼿꼿이 앉으라며 따귀를 후려쳤다. 그러자 고개를 드니 '장'이란 사내가 보였다. 구원의 신이라도 만난 듯 반가웠다. 그는 며칠 전까지도 야스꼬네 바깥 일꾼이었다. 사내가 야스꼬를 대문 밖으로 데리고 나갔다.

빈 짐차에 야스꼬를 싣자 장이 다가왔다. 도착한 곳은 어제까지 거처했던 야스꼬의 관사였다. 그런데 장의 집이라고 했다. 방안 구석에는 아직도 야스꼬의 손때가 그대로 묻어 있었다. "나 좋은 사람야, 나 옥상(아주머니) 많이많이 사랑했어. 내 말 잘 들으면 나도 옥상 오래오래 사랑해 줄 테야" 말이 끝나자마자 와락 덤벼들어 강제로 입을 맞췄다. "장, 너무 하잖아. 이런 법이 어디 있어" 야스꼬의 말이 떨어지기가 무섭게 번개같이 장의 억센 주먹이 야스꼬의 면상을 갈기면서 사정없는 발길이 가슴팍을 향했다. 그 이후, 야스꼬는 장의 맹렬한 성욕의 제물이 되었다. 다음날 장의 감시가 소홀한 틈을 타, 관사를 탈출했다.

낮에는 숲에서, 밤에는 철길을 따라 할삔을 향해 야스꼬는 딸을 등에 업고 걷고 걸었다. 그래도 미수가루나마 준비해온 것이 다행이었다. 삼사일이면 목적지 할삔에 도착할 수 있을 것 같았다. 어디선가 마차소리가 들려오더니 40세쯤의 우람한 사내가 언뜻 눈앞을 어른거렸다. 몸을 옴츠리자 등에 업힌 딸(히로꼬)이 킹킹거리더니 그만 악을 쓰며 울어댔다. 그러자 그 사내는 야스꼬 곁에 성큼 다가왔다. "니 호우칸(예쁘다)" 하면서 야스꼬를 우격다짐으로 마차에 실었다. 도중에 마부는 야스꼬를 풀밭에 눕히고 만족을 채웠다. 그리고 축 늘어진 야스꼬를 마차에 다시 태우고 반나절을 달려 어느 집에 도착, 어둠침침한 골방에 가두었다.

그는 비대한 사내에게 야스꼬를 보였다. 그러자 뚱보는 만족해하며 "어린애는 필요 없다" 뚱보 사내는 큰 지폐뭉치를 마부에게 건넸다. 화장실에 다녀온 야스꼬는 딸이 보이지 않자 남성에 대한 분노로, 운명에 대한 모성애의 도전으로 몸부림쳤다. 야스꼬는 전신에 주먹과 발길의 세례를 받고 쓰러져 정신을 잃었다. 깨어나니 한 노파가 야스꼬를 목욕탕으로 안내했다. 정신을 차린 야스꼬는 '흥분하지 말자, 흥분하면 손해다'를 되뇌었다. 노파는 다시 침대가 있는 방으로 안내했다. 뚱보 사내의 그 육중한 고깃덩이 밑에서 신음하며 밤을 지새웠다. 다음날, 야스꼬는 가게(성매매 업소)의 맨 구석방에 이끌려졌다.

노파의 말이다. "여기에선 옷을 벗고 살게 되어있다." 이에 불응하자 중년 남자가 야스꼬의 옷을 벗기고 나가면서 용건이 있으면 손뼉을 쳐서 부르라고 한다. 대낮 때쯤부터 사내들이 하나둘씩 몰려들기 시작했다. 사내들은 성급하게 옷을 벗어던지고 야스꼬를 껴안고 일이 끝나면 벗은 채로 옆방으로 건너가 아편을 피워댔다. 그리고 다음, 다음 사내가…. 이러다보니 야스꼬의 육체는 도저히 당해 낼 재간이 없었다. 야스꼬는 이 인육시장에서 빠져나갈 궁리를 했다. 돈푼이나 있어 보이는 사내에게 온갖 애교와 성적 서비스를 다해주며 약간의 돈을 모을 수 있었다. 야스꼬는 꼭두새벽에 그 지옥 같은 곳을 용케 빠져나올 수 있었다.

곳곳에 장 총통의 포고문이 보였다. 야스꼬는 우선 딸 히로꼬를 빼돌린 마부를 찾는 것이 급선무였다. 바로 그때 뚱보에게 자기를 팔아넘긴 사내가 팔을 붙잡자 이를 뿌리치고 달아나던 중, 쏘련 군인이 이를 발견하고 "야뽄스께(이쁘네)"하며 음탕한 웃음을 지었다. 쏘련군은 야스꼬를 끌고 골목 안으로 들어가 길바닥에 눕히더니 그녀의 아랫도리를 벗겼다.

얼마 후 야스꼬는 국부군 부대 병사兵舍의 한 구석에 앉아 있었다. 일어를 유창하게 통역하는 장교가 나타났다. "몹시 봉변을 당했군요. 그러나 무고한 우리 중국의 수많은 여자들이 당신네 일본군에게 얼마나 억울하고 비참한 치욕을 당했다는 사실을 생각하셔야 합니다." "장교님 그럼, 저를 죽이시려나요." "우리는 당신네 일본군처럼 원한을 총칼로 갚으려 하지 않소. 그것은 일인에게는 손대지 말고 무사히 돌려보내라는 장 총통 각하의 포고문을 보아도 알 것이오. 곧바로 일인들이 집단으로 거주하는 할삔으로 이송하겠소."

오늘날에도 '우리의 맹세'는 절절切切하다. 빨갱이에게 우리의 국권이 전복된다면 제2의 요시꼬, 제2의 종군위안부가 탄생됨은 물론, 오늘의 대한민국이란 자유민주주의는 사라지기 때문이다. 목하, 우리 정치판은 빨갱이 바라기들이 힘깨나 쓰고 있다. 위치에너지에 머물고 있는 '우리의 맹세'를 운동에너지로 다시 활성화시켜 반공전선을 굳건히 지켜야겠다. 그러나 우리의 현실은 불행하게도 고리짝 시절의 '우리의 맹세'를 잊고 있음이 그저 허구프다.

* '할삔'과 '쏘련'은 원문 표기에 따름.

불편한 편의점

염영숙 여사의 아들 민식은 못난이에 준사기꾼으로서 결혼 후 2년이 될 무렵 이혼하고 말았다. 이혼 후 아들은 재산마저 3년 동안 다 말아먹고 초라한 꼴이 되었다. 이에 비해 딸은 똑똑하고 살림도 잘해 아들과는 비교되었다. 다만 딸이 결혼한 후로는 아주 잘 살고는 있지만 딸 같지 않아 보이고 사위는 더욱 사돈댁 사람만 같아 보였다. 염 여사는 지지리도 말 안 듣는 아들놈과 오지게도 잘난 딸년보다 요즘은 함께 일하는 편의점 직원들이 가족 같고 편하다는 느낌이 들었다.

오전에 편의점을 책임지는 오 여사는 염 여사를 친언니처럼 따르며 한 동네에서 20년 살아온 친구이자 교회 성도이기도 하다. 밤을 책임지고 있는 50대 중반의 성필 씨는 마침 실직 상태였을 무렵 생계가 막막하던 차 최저 시급으로 200만 원이 넘는 월급으로 생활비를 마련할 수 있었다. 문제는 장사가 잘 안 된다는 것이나 염 여사는 공무원(고등학교 교사) 연금으로 생활할 수 있고 남편의 유산을 처리하여 마련한 이 편의점 운영은 직원들의 생계를 해결할 수 있어 그런대로 만족했다.

염 여사가 가방 안의 지갑 · 통장 · 수첩 등이 들어있는 주머니(파우치)

가 없어진 것을 알게 된 것은 서울역에서 KTX로 출발, 평택 부근이었다. 잠시 후, 지갑을 습득한 사람으로부터 전화가 왔다. 서울역 공항철도 가는 길 GS편의점에서 만나기로 약속했다. 여사가 도착하니 세 명의 노숙자인 듯한 사내들이 도시락을 먹다말고 분홍색 여사의 지갑을 서로 차지하려고 다툼이 벌어졌는데 전화한 사내가 그 둘에게 맞아가면서 그 지갑을 끝까지 움켜쥐고 있다가 여사의 신분을 확인하고 돌려주었다. 이렇게 두 사람은 인연이 되어 여사는 선한 사마리아인이 되고자 그 사내를 서울 청파동 자신의 편의점까지 안내했다. 편의점에는 시현이가 아르바이트로 일하고 있었다. 여사(편의점 사장)는 이곳에서는 맘껏 먹고 싶은 것을 골라 먹도록 노숙인에게 말하고 직원들에게도 특별히 당부했다.

이런 계기로 노숙자는 하루도 빠짐없이 저녁 여덟시 폐기 시간에 편의점에 들려 폐기 도시락만을 먹곤 했다. 때마침 여사는 노숙자가 야외 테이블 청소하는 모습을 목격했다. 고마워서 이름과 나이, 그리고 전에 뭐 했느냐고 물었으나 모르쇠로 일관했다. 겨우 알아낸 정보는 서울역 노숙자들 간에 그를 '독고'라고 불러왔다는 정도였다. 그는 알코올성 치매로 인해 기억이 많이 쇠한 것으로 보였다. 여사는 그를 돕고 싶다고 하니 그는 굳이 폐기 도시락과 술을 마시고 싶다고 주문한다. 도시락은 몰라도 여기에서 술만은 허락할 수 없다고 잘라 말했다. 그 대신 술을 끊을 수 있는 옥수수수수염차로 대신하기로 했다.

체격이 좋은 독고는 때때로 취객들을 상대로 문제를 잘 해결하는 등 차츰 편의점에서는 절대적으로 필요한 사람이 되었다. 이로 인해 목욕도 하도록 하고 깨끗한 옷도 사 입도록 함으로써 환골탈태한 독고 씨에게 서울역 건너편 동자동 쪽방도 마련해 주는 등의 조건으로 편의점 야간 업무를 전담토록 여사는 그와 계약까지 하였다.

정인경(37세) 씨는 시나리오를 쓰던 작가였으나 잘 풀리지 않아 포기할까도 했는데 이곳 편의점에서 독고 씨를 만나 이야기를 나누다 보니 재미가 솔솔했다. 그녀는 독고 씨를 조폭? 기러기 아빠? 명퇴자? 궁금했다. 사장님이 서울역 노숙자를 이곳에서 일하도록 배려해 주셨다는 말에 그녀는 사내를 더 관찰, 그에 대한 작품을 쓰면 재밌을 것 같은 생각이 들었다. 작품명은 가칭 '불편한 편의점'이었다.

'독고'란 이름의 유래는 그가 서울역에서 노숙한 지 2년쯤 무렵, 한 노인을 만났는데 어느 날 노인은 그 옆에 죽어갔다. 노인은 자신을 '독고'라고 밝히며 기억해 달라고 했다. 다음 날 아침, 독고는 죽었고 그는 죽은 노인을 기억하기 위해 '독고'라는 이름을 그대로 자기 이름으로 쓰기로 했다.

편의점 일에 숙달될수록 독고의 기억은 조금씩 되살아나기 시작했다. 한 여성이 딸아이와 함께 편의점에 들어와 눈을 마주치고 편의점을 나서는 모녀의 뒷모습을 바라보노라니 자신에게도 아내와 딸이 있다는 것이 기억되었다. 키가 작고 머리도 단발인 아내의 차분한 모습이…. 그에게는 한심하기 짝이 없는 형이 하나 있었다. 그는 공부 머리로, 형은 온갖 협잡과 술수에 머리를 굴렸다. 그가 의대에 진학하자 의사 따위가 얼마나 벌겠냐며 개무시하더니 그가 인턴 시절에 형이 찾아와 돈을 요구하기도 했다. 이 무렵 그에게 똑똑한 머리를 물려준 엄마는 무능력한 아버지와 우리들을 버리고 집을 나갔다, 초등학교에 다니는 아들 둘을 친할머니에게 맡긴 채.

불행하게도 그는 인턴 시절 22세의 여자를 수술하다 의료사고로 목숨을 잃게 했다. 유가족은 병원을 고소했지만 병원장이 법조계의 인맥을 가동하여 기소조차 되지 못하도록 했다. 그는 아내에게 이 사건의 전말을 실토했다. 이후 아내는 의료사고에 끔찍이 놀란 나머지 그와의 심한 다툼 끝에 손찌검까지 당하게 되었다. 이로 인해 아내와 딸은 집에서 사라져 버렸다. 그런저런 일로 정신마저 혼미하던 차, 병원에서는 복귀하라는 연락이 왔지만 근무할 수 있는 처지가 못 되었다. 이로써 어머니의 가출로 인한 상처와 아내와 딸이 사라짐으로써 그는 술에 의지하게 되었고 점점 미쳐가기 시작했다. 그는 서울역으로 향했다. 이후로 서울역을 떠날 수 없게 되었고 사람들은 그를 노숙자로 불렀고 동료들은 그의 옆에서 죽은 노인의 이름을 딴 '독고'라 불렀다.

사장님의 협조로 말소된 주민등록을 살렸고 아이디와 비밀번호를 찾아내 인터넷 속 그의 세계가 열었다. 그리고 사장님과 면담하고 그는 편의점을 떠나겠다는 의사를 밝혔다. 다음 날 아침 인수인계를 마치자 정 작가가 편의점을 찾았다. 그는 정 작가가 애써 쓴 대본(자신의 이야기의 '불편한 편의점')이 멋지게 공연되기를 빌었다.

그는 대구행 차표를 끊었다. 4년 전, 이곳에서 무너져버린 기억이 떠올랐다. 편의점 사장님이 그를 배웅했다. 그는 다시 대구에서 의사로서 활동할 수 있음을 전화로 확인한 상태였다. 사장님의 말이다. "내 자네 놔주기 싫었는데 대구의 코로나 환자를 위한 봉사를 하기 위해 떠난다니 어떻게 말리겠어." "사장님, 덕분입니다. 사장님 안 만났더라면 지금도 서울역에서 누어있지 대구로 갈 수 있겠습니까?" 이 소설은 아래와 같이 아퀴(266쪽, 맨 끝 마무리 문장)지었다.

> 강은 빠지는 곳이 아니라 건너가는 곳임을, 다리는 건너는 곳이지 뛰어내리는 곳이 아님을, 부끄럽지만 살기로 했다. 죄스러움(의료사고)

을 지니고 있기로 했다. 도울 것을 돕고 나눌 것을 나누고 내 몫의 욕심을 가지지 않겠다. 나만 살리려던 기술로 남을 살리기 위해 애쓸 것이다. 사죄하기 위해 가족을 찾을 것이다. 만나길 원하지 않는다면 사죄의 마음을 다지며 돌아설 것이다. 삶이란 어떻게든 의미를 지니고 계속된다는 것을 기억하며 살아가야겠다. 기차가 강을 건넜다. 눈물이 멈췄다.

초판(2022) 이후부터 이 소설은 불티나게 팔렸다. 베스트셀러가 되었다. 나는 이 소설을 대출받기 위해 전주시립도서관을 비롯하여 도청도서관과 효자동도서관을 들릴 때마다 대출 여부를 확인해오다가 드디어 효자도서관에서 도서목록을 확인, '대출가능'이 뜨기에 바로 대출(2023. 9. 24.)받을 수 있었다. 닷새 만에 독파하고 위와 같이 독후요약문을 작성하게 됐다. 한마디로 퇴직 교사(염영숙)가 운영하는 편의점에서 얽히고설킨 이야기를 중심으로 엮었다.

의료사고를 빚은 한 젊은 의사가 가정 파탄으로 인한 도식병倒植病으로 노숙자가 된 그(독고)를 편의점으로 이끌어 마침내 대구 코로나 의료봉사에 참여할 수 있도록 계기를 마련해 준 아주 보기 드문 현대판 '노블레스 오블리주'의 단면을 잘 보여 주었다. 퇴직 여교사로서 편의점 사장이기도 한 염영숙 여사의 '송무상열'(松茂柏悅, 벗이 잘됨을 기뻐함)의 수범을 본 것 같아 이 소설을 끝까지 찾아 읽은 보람을 백번 만끽할 수 있었다.

〈김호연 장편, 《불편한 편의점》(2022. 큰 글자도서, 2023. 전266쪽)〉

82년생 김지영

김승옥의 단편 「환상수첩」(1962)에서 아버지는 생활력이라곤 조금치도 없었다. 때때로 술이 들어가면 자식들을 불러놓고 "이놈들아. 내가 왜 너희들을 만든 줄 아느냐? 하 이놈들, 외로워서 그랬다. 외로워서 그랬어. ~그나저나 하여튼 미안하다." 김애란의 첫 소설 『달려라, 아비』(2005)에서도 아내의 임신 사실을 알고 집을 나간 뒤 죽을 때까지 돌아오지 않은 구혁면목狗革面目 같은 아비를 다뤘다.

그러나 미국 극작가 아서 밀러의 『세일즈맨의 죽음』(1949)에서, 아버지(윌리 로만)의 죽음은 곧, 보통 아버지상으로 굳어졌다. 오로지 성공을 위해 1929년 대공황을 거쳐 1950년 황금시대로 접어드는 길목에서 60대를 맞이한 그는 한 회사에서 36년 가까이 평생을 비정규직으로 일했다. 하지만 남은 재산이라고는 은행 융자금을 다 갚지 못한 집 한 채 뿐이었다. 이처럼 앞만 보고 달려왔지만 어느 순간 자신의 존재가 초라해지자 무기력증에 시달리다 스스로 생을 마감했다. 김정현의 장편 『아버지』(1996)에서도, 조창인의 장편 『가시고기』(2000)에서도 이와 엇비슷했다. 그래서 그랬던가, 박범신의 장편 『소금』(2013)에서는 일반적인 아버지상을 이렇게 정리했다. “아버지는 빨대다. 자식들한테 다 빨리고, 더 이상 생산력이 없어지면 폐기처분된다.”

조남주의 장편 『82년생 김지영』(2016)은 어린 시절부터 학창시절과 회사생활, 그리고 결혼하여 산후 및 육아우울증을 앓기까지 여성이라면 누구나가 겪는 삶을 작가전지적 시점에서 캐릭터를 이끌었다. 앞에서 소개했듯이 우리 아버지들의 삶 역시, 지난날은 물론이려니와 오늘날까지도 이와 만만치 않다. 어쨌든 가부장적 여성 억압(에코페미니즘) 문화가 지난날이었다면, 성적 불평등을 극복하려는 페미니즘은 오늘의 시대적 현상이 아니겠는가.

통시적 관점에서 여성의 사회적 지위 변천과정을 살펴보면 여권신장이 괄목하리만큼 발전했음은 목하의 현실이다. 비록 소설 속 할머니(고순분)는 남의 농사를 지어주고 남의 장사를 팔아주고 남의 집 살림을 살아주면서 본인 살림까지 알뜰살뜰 꾸려가며 악착같이 4형제를 건사했다. 할아버지는 평생 흙 한 줌 쥐어보지 않은 한량이었다. 그래도 할머니는 할아버지를 원망하지 않았다. 계집질 안 하고 마누라 때리지 않은 게 어디냐며 그 정도면 괜찮은 남편이었다고 진심으로 섬겼다. 이에 비해 손녀 김지영의 남편은 애처가요, 집 안의 돌보미 역할까지 다했다. 그렇다 해도 김지영 모녀시대의 정체성을 다룬 이 소설의 주제(여성의 힘든 삶)에 대해 누구나가 마음이 짠하고 가슴이 먹먹할 수밖에 없다.

다만, 저출산으로 나라 존망의 위기가 눈앞에 어른거리는데 조남주의 이 소설이 요새 가장 많이 팔렸다는 현실이 어쩌면 당혹스럽기도 하다. 그렇잖아도 신세대 여성 독자들이 연애와 결혼, 그리고 출산 기피에 날개를 달지 않을까 염려되기 때문이다. 가수 김연자의 「아모르파티」의 가사 중에 “연애는 필수, 결혼은 선택”이란 악구惡句를 나는 내 작품에서 여러 번 지적한 바 있다. “연애는 선택, 결혼은 필수”라 해도 시원찮은데 말이다. 개념 없는 가수 김연자의 「아모르파티」를 청소년들이 무작정 떼창만 할 것이 아니라, 이미자의 「여자의 일생」(1968) 1절만이라도 음미해 보면 어떨까 싶다. “참을 수가 없도록 이 가슴이 아파도, 여자이기 때문에 말 한마디 못하고, 헤아릴 수 없는 설움 혼자 지닌 채, 고달픈 인생길을 허덕이면서, 아~ 참아야 한다기에, 눈물로 보냅니다.”

김남주의 이 소설 역시, 김연자의 노랫말과 초록동색으로 비치니 더욱 옹색하다. 누군가가 “그러니 여자들 보고 애기 낳은 기계가 되란 말이냐”고 항변한다면 둥갤 수밖에 없겠지만. 한 여성이 평생 낳는 아이를 뜻하는 합계출산율이 작년까지만 해도 우리나라는 0.71명으로 세계 꼴찌다. 그럼에도 꼴값 떠는 한 여대생의 다음과 같은 새퉁이는 이 소설에서 가장 혐오스런 대목(140쪽)으로 각인되었다.

퇴근길 지하철에서 어설프게 손잡이에 의지하고 있는데 앉아 있던 50대 아주머니가 김지영 씨의 배를 흘끔흘끔 보더니 내가 발목을 다쳐 시큰거리기에 자리 양보도 못하고 이를 어쩌나. 그러자 대학 마크가 새겨진 점퍼를 입은 아가씨가 짜증스러운 얼굴로 자리를 박차고 일어섰다. 그리고 김지영 씨의 어깨를 툭 밀고 스쳐 지나며 들으라는 듯 말했다. “배불러까지 지하철 타고 돈 벌러 다니는 사람이 애는 어쩌자고 낳아?”

이 천둥벌거숭이 여대생의 되먹지 못한 말이 내 귀에는 참으로 뇌꼴스럽게 들렸다. 동병상련 아닌, 동병미련未憐이라고나 할까. 그러나 한편으론 이해됨직도 하다. 통계청의 「2015 통계로 보는 여성의 삶」에서, 2014년 대한민국 기혼여성 다섯 명 중 한 명은 결혼하여 임신 · 출산 ·

자녀의 육아와 교육 때문에 직장을 그만 두었다고 했다. 지금은 조금 나아졌겠지만 이 어두운 현실을 정치권에서는 과감히 혁파해야 할 시급한 과제가 아닐 수 없다. 내가 만일 대통령이라면, 국가에서 자녀수 당으로 1인당 월 50만 원씩, 다섯이면 250만 원을 퇴직 때까지 지급할 수 있도록 제도화함으로써 화급한 저출산만은 어떻게든 막아보겠다. 재원 마련은 간단하다. 국회의원을 100명으로, 9명의 떼거리(비서진)들도 2~3명으로, 광역의원도 지금보다 절반 이상 줄이고 기초의회는 아예 폐지토록 입법 추진하겠다. 한편, 대통령 관사를 제외한 모든 관택을 폐쇄하고, 권력 언저리에 빌붙은 유명무실한 각종 위원회 및 사회단체에게 주는 막대한 보조금 살포를 엄격히 살핀다면 재원은 부족함이 없으리라 확신한다.

최근 미국의 출산율은 상승세로 돌아서고 있다. 미국은 출산과 육아에 대한 지원이 없다. 국가 차원의 출산휴가도 육아휴직제도도, 지하철이나 버스 임산부 전용석도 핑크색 주차 자리도 없다. 이런 열악한 환경에서도 미국인들은 아이를 낳는다. 왜일까. 경력단절이란 고통은커녕 쓸 만한 일자리를 쉽게 찾을 수 있기 때문이다. 그러니 정부는 이를 거울삼아 천문학적 저출산 예산을 엉뚱한 곳에 내팽개칠 일이 아니다.

지난날의 어머니는 자식을 위해 희생자가 되어야겠다는 '모성애'가 곧 종교였다. 그런데, 82년생 김지영 씨는 과연 자식을 위해 자신을 희생하겠다는 마음이 가슴에 남아 있는지 한번 묻고 싶다.

노트르담의 꼽추

창의성 개발을 위해서는 고전을 읽어야 한다. 자연과학 즉, 공학전공 분야는 반드시 문·사·철로 지적인 보양을 해야 한다는 말에 이의를 제기할 사람은 없을 것이다. 그러나 고전은 너무 지루하고 분량이 문제다. 특히나 우리 민족은 빨리빨리가 체화됨으로써 그 장단점이 뚜렷하다. 과거 일본 소니가 삼성의 무서운 추격의 배경을 설명할 때, 의사결정 시스템의 유연성과 신속함을 첫째 요인으로 꼽았다. 삼성의 경우, 부분적인 수평적 리더십을 통해 다수의 의사결정이 신속하게 이루어짐으로써 수직적 리더십으로 상당한 시간을 소비하는 일본기업보다 의사결정이 빨라 소니를 추월할 수 있었다.

한편, 光州시 서구 화정현대아이파크 고층아파트(현대산업개발) 외벽붕괴사고(2022. 1. 11.)로 6명의 사망자를 낸 인재는 영하의 날씨에 충분한 콘크리트 양생시간이 필요했음에도 인부들은 회사로부터 '작업을 빨리 끝내라'는 요구가 많았다. 이렇듯 매사에는 빠름과 느림의 조화가 절대적으로 필요함에도 그 균형을 깨뜨리면 나락을 향해 곤두박질칠 수밖에….

쓰다 보니 췌언이 길었는데 학창시절 『노트르담의 꼽추』란 소설에 대해서는 숱하게 들어왔지만 직접 읽어보기는 이번이 처음이었다. 내가 읽은 조정래의 대하소설 『태백산맥』(1986)과 최명희의 『혼불』(1996)은 모두 10권으로 되어 있으나 빅토르 위고의 장편 『노트르담의 곱추』(1831. 조홍식 옮김, 2004)는 단행본으로써 쪽수가 가장 많은 분량(760쪽)이었다. 더군다나 요새는 이동규 교수의 '두 줄 칼럼'(조선일보), 『전북수필』의 '짧은 수필'(2쪽 분량), 그리고 제20대 대선후보들의 홍보물 영상은 모두 주어조차 생략한 단문을 즐겨 쓰고 있다.

장편 『노트르담의 꼽추』를 완독하기까지는 주야장천 닷새가 걸렸다. 소설은 재밌어야 하는데 프랑스 역사와 정서, 그리고 그 내용이 방대하여 천견박식淺見薄識한 두뇌로서는 이해하기가 난감했다. 다만, 소설의 제목이며 배경인 파리의 노트르담 대성당은 중세건축의 일대 걸작으로써 센 강가에 우뚝 솟은 아름다운 모습은 지금도 파리의 명물로 남아있다. 한편, 사랑 · 정열 · 질투 등 인간의 생생한 감정을 자유분방하게 묘사하고 있다는 점에서 낭만주의의 전형적인 작품이라는 것쯤은 어렴풋이나마 짐작할 수 있었다. 특히 나에게 강한 인상을 남긴 부분은 '옛날 재판관들을 공평무사한 눈으로 보면'(제5장 1)에서, 사법관의 타락상을 맹렬히 공박 · 조소한 대목이었다. 오늘날까지도 그 울림은 계속되고 있으니 사법관의 '정의'란 외치기는 쉬어도 실천궁행은 태산보다 더 무거운 모양이다. 그 내용을 긴축하면 이렇다.

노트르담의 부주교(클로드 프로로)는 귀족 중류가정 태생이었다. 그는 18세 때 이미 신학 · 법학 · 의학 · 예술의 네 과정에 통달, 박사를 모두 획득했다. 그리고 교황청의 주교로서 노트르담에 속한 주교단의 최연

소자가 되었다. 이때 보기 흉한 꼽추아이를 보고 측은한 생각이 들어 그에게 세례를 베풀고 '카지모도'라고 불렀다. 사실 꼽추는 애꾸눈 · 조막손 · 안짱다리로서 거의 인간의 탈을 쓴 생물이라고밖에 달리 표현할 수 없는 아이였다. 어느덧 그가 성인(1482)으로 훌쩍 자라자 부주교는 그에게 노트르담의 종지기(14개 妹鍾)를 맡도록 했다. 그는 마침내 조금씩 건물을 닮아갔다. 성당은 그의 집이고 피부이며 우주이기도 했다. 신체적 불구는 정신마저 위축되어 그의 생각과 판단은 몹시 비뚤어져 심술궂은 사람이 되어가고 있었다. 다만 그는 모든 인간에게 악의와 증오심을 품고 있었으나 대성당과 그를 키워준 부주교만은 예외였다.

집시처녀(에스메랄다)는 미인으로서 종교재판소의 금지령이 있었음에도 불구하고 매일같이 광장에 나와 춤을 추곤 했다. 이로 인해 노트르담 대성당 작은 방(가로 · 세로 2m)에 그녀는 가둬졌으나 꼽추 카지모도는 성당 안에서만큼은 자유스럽게 활동하도록 배려했다. 그는 호루라기를 처녀에게 주면서 위급할 때 불면 달려오겠다고 했다.

불현듯 부주교는 몰래 들어와 두 팔로 처녀를 끌어안으려고 했다. "나가, 도깨비 같은 놈아! 살인자야!"라고 하자, "부탁이야, 제발 부탁이야!"하면서 그는 "내가 얼마나 너를 사랑하고 있는지 알아다오!" 처녀는 음탕한 손이 자기의 몸을 마구 더듬는 것을 느끼자 "사람 살려요!"라고 외치며 호루라기를 불어댔다. 꼽추의 칼날이 반짝거렸다. 그러나 꼽추는 부주교임을 알고 "저를 죽여주십시오."하고 그에게 칼을 내밀었다.

이후, 부랑자들이 대성당을 공격하고 있을 때 성당에 갇혀있던 집시여인 곁에 사랑하는 시인 피레르 그랑고아르가 다가왔다. 이들은 어렵사리 대성당을 빠져나갔다. 그러나 노트르담 섬(생루이섬) 나루터에서 그만 시인의 손을 놓치고, 검은 옷의 낯선 사나이의 손에 자신이 잡히자 자세히 살피니 부주교였다. 부주교는 "너를 단두대로 보내라는 고등법원의 체포영장이 나왔다. 그러니 나와 교수대 중 하나를 택하라."고 윽박질렀다. 그러나 집시여인은 "교수대보다 당신이 더 무섭다."며 교수대 앞에 무릎을 꿇었다. 그러자 부주교는 탄식한다. "학자인 주제에 나는 학문을 비웃는다. 귀족인 주제에 자기 이름을 더럽힌다. 성직자인 주제에 미사의 기도 문전을 음란하게 베개 삼아 신의 얼굴에 침을 뱉는다. 이 모든 일은 다 너 때문이란 말이다." 처녀는 외쳤다. "당신은 살인자야!"

꼽추 카지모도는 집시여인이 사라진 것을 확인하고 곧장 부주교만이 그녀의 행적을 알고 있었기에 부주교의 뒤를 쫓았다. 부주교는 그만 난간의 70m 아래로 추락하고 말았다. 꼽추가 손을 내밀어 구출할 수도 있었으나 그의 눈길은 교수대의 집시여인에게 향했다. 부주교는 이미 탑 밑으로 추락, 인간의 형체를 찾아볼 수 없었고 집시여인도 교수대에서 사라졌다. 카지모도가 사랑했던 두 사람이 이렇게 모두 죽자 그도 노트르담에서 자취를 감췄다. 다음 해(1483)에 루이 11세도 죽었다.

큐피드는 사랑의 신 비너스와 전쟁의 신 마르스의 아들이다. 그러므로 큐피드의 화살에는 달콤함과 갈등, 조화와 오해가 듬뿍 묻어있다. 집시여인에 대한 꼽추와 부주교의 외사랑과 시인 그랑고아르와 집씨여인의 조화로운 사랑은 2세기가 지난 오늘날에도 변함없으니 사랑은 역시, 시·공을 초월하는 불사조의 화신임에 틀림없다.

노르웨이의 국민작가 크누트 함순의 장편 『땅의 혜택』(안미란 옮김, 2015. 17쪽)에서, "사랑은 똑똑한 사람도 바보로 만든다. 사랑은 바보도 똑똑하게 만든다."라는 명언은 부주교와 꼽추를 두고 이르는 말이 아니겠는가. 그러기에 깐족거린다고 할지라도 우주에서 가장 높은 에너지를 지니고 있는 말은 역시, '사랑'이 으뜸이리라.

햄릿이 뭘 안다고

아동문학가 서담 시인은 그의 동시 「엄마라는 말」(2014)에서, "내가 처음/ 배웠다는 말도// 엄마!// 할아버지가 마지막에/ 부르셨다는 말도// 엄마!"라고 했다. 사도세자의 부인이자 정조대왕[李祘]의 어머니 혜경궁 홍씨는 아들을 보위에 오르도록 노론 편에 가까이함으로써 지아비를 제물로 바치고 아들을 살려 마침내 용포를 입도록 했다. 어찌, 혜경궁 홍씨뿐이랴! 세상 어머니들은 자기 아이의 신발을 바라볼 때만큼의 옴팡진 마음보다 더 큰 행복은 없다고 하지 않던가.

나는 두 어머님의 사랑을 흠뻑 받으면서 성장했다. 나를 길러주신 어머님은 불임이셨고, 또 다른 어머님은 나를 맏이로 8남매를 낳으셨다. 아버님은 어머님이 40대 초에 돌아가셨다. 부엌의 살강은 그을음으로 시커멓고 가마솥은 언제나 비어 있기 일쑤였던 시절, 어린 동생들의 호구지책과 학교 보내는 일은 옴시레기 어머님의 몫이었다. 나와 바로 밑 동생은 군 복무 중이었으니 무텅이 농촌의 궁핍 속에서 우리 형제를 무탈하게 키우셨던 것은 어머님 몸속의 억척스런 유전자 때문이라 생각된다. 살아생전이나 돌아가신 후에나 사라지지 않은 그 유전자가 우리 형제의 몸속에까지 꿈틀거리고 있기에 오늘날 이만큼이라도 듬쑥하게 살 수 있음에 감사한다. 후회스러운 것은 남편 복은 없을지라도 자식 복만은 넉넉하게 해 드리고 싶었지만 그마저 생각뿐, 불효만 끼침으로써 자식들의 가슴은 후회만이 설레발친다. 지금도 잊히지 않은 것은 자식들은 비록 보리밥일망정 배부르게 먹었으나 어머님의 밥그릇엔 시래기 더미에 밥 한 숟갈 담아 배 채우셨던 모습이 아직까지도 그림처럼 훤히 보인다. 아래 글은 낳아주신 어머님 대상(2019. 6. 22.) 때의 추도사다.

어머님의 대상을 추모하기 위해 형제들이 다시 모였습니다. 우리 형제들의 잘사는 모습을 위해 주야장천 기도해 주셨던 어머님, 자식들을 위한 일이라면 어떤 소설도 무색할 만큼 강하게 살아오셨던 어머님, 생전에 당신을 뵙고자 집에 가면 어김없이 밭이랑 사이를 무슨 세월의 얼룩처럼 구슬땀을 흘리시던 어머님! 오늘 이후로는 그곳을 찾는 자식들의 발길마저 뜸하겠지요. 지난날처럼 어동육서 홍동백서로 제수 준비는 못할망정, 이렇게 고개만 잠깐 숙이다가 떠나는 자식들의 뒷모습을 어머님께서는 하나님의 사랑으로 용서해주시리 믿습니다. 이승에서 못 받은 사랑까지 하나님 나라에서는 넘치시리라 믿기에 자식들은 이만 물러납니다. 〈이하 생략〉

조정래의 장편 『정글만리』(② 2013)에서, 엄마(리옌링)가 딸에게 던진 말이다. "딸이 크면 친구가 된다더니, 니가 내 보물이다." 청상과수로서 외동딸 하나 잘 키워보겠다는 엄마의 마음이다. 엄마와 딸은 가장 소중한 관계이면서도 가끔은 미움과 분노로 사품치는 경우가 어찌 한두 번일까마는 이런 엄마와 딸의 관계라면 행복 호르몬이 집 안에 철철 넘치리라. 미국 엘리자베스 스트라우트(여)의 첫 장편 『에이미와 이저벨』(1998. 정연희 옮김)은 모전여전의 얄궂은 운명과 엄마는 딸의 손아귀에 든 밀랍과도 같은 존재임을 현실감 있게 잘 그려냈다. 나는 이 소설을 읽으면서 엄마(이저벨)의 공방空房살이 아픔을 겪지 않은 사람은 '아픔'이란 한낱 명사에 불과할 뿐임을 느꼈다.

엄마(이저벨)가 열두 살 때 외할아버지는 세상을 떠났다. 아빠는 엄마와 사랑하기 전, 자식이 셋이나 되는 외할아버지의 친구(도티)였다. 아빠는 딸(에이미)이 열세 살 때 심장마비로 세상을 떠났다. 그 후, 엄마는 구두공장에서 일하면서 혼자 딸을 키웠다. 비록, 대학은 다니지 않았지만 셰익스피어를 거침없이 인용하는 지성과 열정을 겸비한 여자였다.

딸이 생각하는 엄마는 사람들을 따뜻이 반겨주는 엄마, 퇴근하고 돌아온 남편에게 키스하는 엄마였지, 외진 숲속의 작은 공간에 박혀 아빠 없이 사는 엄마가 아니었다. 열여섯 살의 딸은 학교에서 문제아로 찍힌 친구와 어울리면서 흡연은 기본이요, 임시교사(로버트슨)와 첫사랑의 감정이 육체적 불길로 치솟아 큰 화상을 입고 말았다.

"선생님을 만나서 기뻐요." "나도 기쁘구나. 오늘은 집까지 태워줄까?" 하루는 차 속에서 선생의 뜨거운 혀가 그녀의 혀를 파고드는 프렌치 키스로 시작, 엑스터시에 이르자 팬티까지 내리면서 그녀는 "임신은 하고 싶지 않아요."라는 말까지 잊지 않았다.

차 안에서의 이 밀교를 목격한 엄마의 직장 동료가 이 사실을 엄마에게 전하자 "잘못 알았을 거야. 이건 사실이 아니야."라며 믿지 않았다. 딸에게 직접 묻자 "선생님이 시켜서 한 게 아니에요" "너를 좋아하는 게 아냐. 그런 기혼자는 널 갖고 싶어서 좋아한다고 한 것뿐이야." "선생님은 저를 원해요. 저를 좋아한단 말이에요." "넌 아직 세상이 어떤 곳인지 몰라." 딸이 소리 질렀다. "세상이 어떤 곳인지 모르는 사람은 엄마죠! 엄마는 어디에도 가지 않고 다른 사람과 말도 하지 않잖아요.” “그 선생이 한 행동은 불법이야.” “먼저 키스한 건 저였어요.”

이튿날, 엄마는 그 선생 집을 찾아가 단호히 말했다. “경찰에 신고할까도 생각했지만 당장 이 학교를 떠나주세요.” “그렇게 하겠습니다.” 엄마는 딸을 좋아한다고 해도 화가 나겠지만, 태연한 모습에 더욱 분노가 치밀었다. 에이미는 선생과의 통화하면서 “엄마가 미워요, 미워 죽겠어요. 엄마한테 뭐라고 해요?” “엄마한테 아무 말도 하지 마. 내가 알아서 할게.” 선생의 말은 자기를 사랑한다는 뜻으로 에이미는 받아들였다.

엄마는 정신이 나간 사람 같았다. 가위로 딸의 머리채를 잡고 머리카락을 싹둑싹둑 다 잘라버렸다. 그리고 며칠이 지났다. 엄마는 우울해하는 딸의 목을 끌어안고 얼굴을 비비며 ‘에이미, 미안해, 엄마가 미안해.’ 이렇게라도 하고 싶었으나 딸은 이를 허락하지 않을 것이다. 그래도 엄마는 용기를 내어 딸에게 말했다. “에이미, 엄마랑 이야기 좀 해.” “싫어요. 다시는 엄마와 말하고 싶지 않아요.”

에이미는 선생과 직접 통화가 여의치 않자 어렵사리 선생의 집 전화를 알아냈다. “로버트슨 선생님과 통화하고 싶은데요.” “누구세요?” “친구인데요” “여보세요. 선생님, 저 에이미예요” 선생의 상냥하고 그윽한 목소리가 들려왔다. “전화를 잘못 건 것 같군요.” “아니요. 그렇지 않아요. 저예요.” “미안하지만, 모르겠군요. 여기로 다시 전화할 필요는 없을 것 같네요.”

에이미가 대학재학 중, 엄마는 심한 스트레스를 이겨내지 못하고 심장마비로 숨졌다. 엄마가 딸에게 평상시 바랐던 것은 대화할 때 상냥하게 조금의 예의 정도 갖춰달라는 것이었는데…. 햄릿이 말했던가. “나약함이여, 그대의 이름은 여자이니라.” 엄마는 이 너스레를 가증스럽게 여겼다. 혼자 아이를 키우는 것에 대해, 사랑하는 남자를 잃은 것에 대해 햄릿이 뭘 안다고? 여자는 나약하지 않다. 누가 뭐래도 먼 옛날부터 세상을 흘러가게 한 것은 여자였다는 강한 주장을 엄마는 늘 몸에 달고 살아왔다.

이이화의 동학농민혁명사

문체부 특수법인 「동학농민혁명기념재단」의 전 부회장(유족대표)이며 동학농민혁명군 정읍접주 손여옥의 친손 손주갑 동문(정읍중)께서 보내 준 『이이화의 동학농민혁명사』(2020. 전3권, 총864쪽)를 감동적으로 읽었다. 그 내용을 요약하고 충실하게 긴축코자 했어도 문장솜씨가 태부족한 탓으로 많은 지면을 차지하기에 필자의 의견은 일체 생략했음을 밝힌다.

우리의 19세기 역사를 '민란의 시대'라 부른다. 봉건의 모순에는 인간의 존엄성을 짓밟는 불평등한 신분제도와 일부 특권층의 불균형한 토지제도가 바탕에 깔려있다. 동학농민혁명은 인간평등을 추구하고 자주국가를 건설하려는 용트림이었다.

東學은 '사람이 한울이다'라는 명제를 내걸고 불평등한 신분차별의 타파를 주창하면서 새로운 세상을 열망하는 개벽을 내세웠으며 이 '농민동학혁명'은 「동학교」란 종교적 외피와는 색깔이 좀 달랐다. 따라서 3 · 1혁명은 1894년에 전개된 동학농민혁명의 정신을 이어받아 침략자 일본에 저항해 민족자주를 지향했다. 그 전통은 4 · 19혁명, 5 · 18민주화운동, 6월 민주항쟁 등 반독재 민주화운동으로 이어졌다. 이상은 이이화 선생이 돌아가시기 1년 전(2019)에 쓴 '서문'을 요약해 보았으며 책이 나오는 것을 끝내 보지 못하시고 2020년 3월 18일에 작고하셨다.

인재는 신분이나 지역과 상관없이 재주와 능력에 따라 고루 등용했던 正祖가 갑자기 죽자 11세의 순조가 왕위에 오르고 정순대비(정순왕후) 김 씨가 대왕대비의 신분으로 정사를 맡았다. 김 씨는 민심을 살피지 않고 정조를 따르던 신하들을 모조리 내쫓고 정조의 개혁을 반대하던 신하들과 친정붙이를 대거 요로에 앉혔다. 이후 김조순은 12세의 자기 딸을 새 임금의 왕비로 앉히고 수렴청정 4년 만에 정순대비는 뒷전으로 물러나고 임금의 장인 김조순이 권력을 쥐고 안동김씨의 세도정치를 폈다. 그리고 27년이 지난 후 순조는 조만영의 딸을 며느리로 맞이했다. 이제 안동 김 씨에서 풍양 조 씨의 세상이 되었다. 1834년 순조가 죽자 여덟 살의 헌종이 임금 자리에 오르니 김조순의 딸 대비가 수렴청정을 하였다. 다시 안동김씨의 세상이 돌아왔다.

1849년 헌종이 후사 없이 세상을 떠나자 강화도령(이원범, 사도세자의 증손자)을 찾아 임금(철종)에 앉혔다. 당시의 시대상황을 정약용 선생은 강진의 유배시절에 양물을 잘라낸 남편을 둔 지어미의 한탄을 「애절양哀絕陽」으로 읊었다.

> 달려가서 억울함을 호소하려도/ 범 같은 문지기가 버티어 있고/ 里正이 호통하여 단벌 소만 끌려갔네// 남편 문득 칼을 갈아 방안으로 뛰어들자/ 붉은 피 자리에 낭자하구나/ 스스로 한탄하네 "아이 낳은 죄로구나"/ 말 · 돼지 · 거세함도 가엾다 이르는데/ 하물며 뒤를 잇는 사람에 있어서랴. 〈다산시선〉

뿐만 아니라, 선생의 『목민심서』(1818)는 동학농민혁명의 이념적인 토대가 된 위민사상의 정수다. 그 서문은 이렇다.

> 군자의 學은 수신이 그 반이요, 나머지 반은 牧民이다. ~ 요즈음 백성을 다스리는 목민관들은 이익을 좇는 데만 얼이 빠져 있고 목민을 어떻게 해야 할지는 모르고 있다. 이 때문에 백성들은 찌들고 병들어 줄줄이 진구렁으로 떨어져 죽는데도 이자들은 고운 옷과 맛있는 음식으로 제 몸만 살찌우고 있으니 어찌 슬프지 않겠는가.

고을수령이 맡은 삼정은 농지세의 전정, 군복무 대신 장정들에게 부과하는 군정(군포, 16~60세), 춘궁기에 곡식은 나눠주고 가을 추수에 이자를 붙여 거두어들이는 환정을 말한다. 문제는 이 삼정이 백성편이 아닌 수령 편에서 부정적으로 집행된다는 것이 화근이다. 전정은 1할인데 그 이상을 받는다든지, 군정은 장정이 죽은 후에도 거두어들이는 백골징포, 어린아이를 군적에 올려 받는 황구첨정黃口簽丁, 도망친 자를 이웃에 물리는 인징隣徵, 일가붙이에게 물리는 족징族徵 등 터무니없이 갈취했다.

삼남 농민봉기는 수령과 구실아치들이 1861년의 환곡 10만여 섬의 절반을 착복한 것에 분개한 진주의 유계춘이란 나무꾼이 이들 벼슬아치를 징치하자면서 수만 명을 모아 1862년 2월18일 진주성을 포위했다. 이에 조정에서는 박규수를 진주 안핵사로 임명, 수습케 했으나 구실아치들의 횡포와 가렴주구로 민심이 폭발했다고 조정에 보고했다. 이 소문이 이웃 고을로 번져 1862년 3월 16일에는 산골인 함양을 시작으로 거창 · 선산 · 개령 · 안동 등에서 불길처럼 번졌다.

전라도 지방은 먼저 3월에 익산에서, 4월에는 함평에서, 5월에는 부안에서, 금구·무주·장흥·순천 등지로, 청주와 은진으로도 번졌다. 가을 추수기에는 전국적으로 확산, 10월 24일 함경도 함흥에서, 11월에는 경기의 광주에서, 12월 7일에는 황해도 황주에서, 1년 동안 115고을로 불길이 솟았다. 일부 농민들은 먹을 것이 없어서 고향을 떠나거나 도망치거나 산적으로 전락했다.

1863년 허수아비 임금 철종이 죽자 이하응은 조대비의 각본대로 자신의 둘째 아들 12세의 명복을 임금에 앉혔다. 조대비가 수렴청정, 흥선군 이하응을 흥선대원군으로 추대한 후, 안동김씨를 몰아내고 권력을 마구 휘둘렀다. 흥선군의 무리한 경복궁 재건과 천주교를 탄압할 무렵, 강화도에서는 병인양호(1866)와 신미양호(1871)가 일어났다. 흥선은 이를 계기로 서양 배척운동을 적극 폈다. 아들 고종이 어느덧 20세가 되자 친정을 단행하고 흥선의 궁궐 출입을 막았다. 이제 민비와 여흥 민 씨가 집권해 정사를 보는 외척정치의 시대가 다시 시작되었다.

이에 일본은 호시탐탐 조선을 노렸으나 걸림돌은 조선에 대해 종주국 행세를 하는 청나라였다. 일본은 1876년 운요호가 일장기와 욱일기를 펄럭이며 강화도 앞바다에 나타나 조선정부에 통상조약을 강요 '강화도 조약'을 맺었다. 이 조약은 일본에게 금광채굴권과 전차 및 철도 부설권, 전등가설권 등 이권을 거머쥔 불평등 조약이었다.

1882년 구식 군인들이 대원군을 받들어 폭동을 일으킨 '임오군란'으로 민 씨 일파와 민비가 도망칠 때, 청나라 군인들은 민 씨 일파의 뜻대로 구식 군인들을 타도하고 흥선대원군을 청나라에 유폐시키는 불법적 행동을 자행했다. 2년 후, 개화파가 일으킨 '갑신정변'은 일본의 지원으로 민영익을 저격하고 경복궁을 습격했으나 청나라 군대가 이들을 몰아내자 김옥균 · 박영호 등 주동자는 일본으로 망명, 민 씨 일파는 다시 정권을 잡고 더욱 부패하고 매관매직이 심대했다.

최제우는 혼돈의 시대에 '사람이 한울이다'라는 기치를 내걸고 동학을 창도(1860), '개벽사상'을 주창했다. 그러나 '이단의 가르침으로 정도(유교)를 어지럽혔다'는 죄목으로 1864년 처형되었다. 이 무렵, 농민군의 1차 봉기는 전주성을 점령, 집강소 활동을 통해 신분해방과 함께 풀뿌리 민주주의 시대를 열었다. 동학은 조정의 탄압에도 불구하고 2대 교주가 된 최시형은 충청북도와 강원도 산골에 들어가 포덕을 멈추지 않았다. 이후 최시형은 강원도와 경상좌도 일대를 잠행하면서 김연국 · 서병학 · 손병희 등을 제자로 입도시켰다. 그리고 호남에서는 김낙철 · 손화중 · 김개남 · 김덕명 등이 새 교도로 들어왔다. 동학이 충청도와 전라도에 급속히 퍼지자 충청감사 조병식과 전라감사 이경직은 동학교도를 잡아 고문하자 1892년 말에 삼례와 공주에서 수천 명이 모여 공개적으로 집회를 열었다. 동학교도에 대한 탄압금지, 탐관오리 처벌 등을 요구하는 탄원서를 충청과 전라감사에게 전달자로 전봉준이 지목되자 그 이름이 처음 일반인들에게 알려졌다. 동학교도는 1893년 봄에 보은 장안 마을과 금구와 원평에서 대규모 평화집회를 열고, 수만 명이 함께 죽기로 맹세, 왜놈과 외세를 몰아내자는데 큰 뜻을 모았다. 이는 평안도와 함경도를 제외하고 전국 고을로 번졌다.

원평 집회를 이끌고 난 뒤 선배 김덕명은 원평, 전봉준은 고부, 김개남은 남원, 손화중은 무장, 최경선은 태인을 근거지로 삼아 민심을 충동하고 농민군을 모으는 활동을 본격적으로 벌였다. 전봉준은 고창 당촌 태생이지만 훈장이었던 아버지를 따라 여기저기 이사를 다녔다. 한때 원평 언저리나 태인 지금실에서 살았고 나이가 들어서는 고부 조소

마을에 거처를 정해 훈장노릇과 가까운 말목장터에서 약국과 논 서너 마지기를 소작으로 부쳐 가족을 이끌었다. 그는 체구는 작았지만 코가 우뚝하고 귀도 크며 눈빛이 형형하여 그와 한 번 만나면 그 당당한 외풍에 압도될 정도였다.

고부군수 조병갑은 세금을 인징의 수법으로, 환곡과 곡물을 마구잡이로 갈취했다. 마침내 1893년 가을걷이가 끝나자 농민들은 분노가 폭발하기 시작했다. 그 우두머리로 전봉준의 아버지 전창혁은 붙잡혀 곤장을 얻어맞고 장독으로 죽었다. 그해 겨울, 전봉준 등 20여 명은 전주성을 점령하고 서울로 곧바로 향하자는 다짐을 누가 우두머리인지 모르게 사발 모양대로 그린 원을 따라 서명, 사발통문을 작성하였다.

1894년 1월 10일 전봉준은 고을민 500여 명과 함께 고부관아로 진격했다. 낌새를 눈치 챈 조병갑과 구실아치들은 이미 도망치고 없었다. 먼저 창고를 털어 쌀을 농민들에게 나눠주고 감옥을 부숴 무고한 죄인들을 풀어주고 무기고를 접수했다. 고을민 1만여 명이 동참하자 1월 17일, 전봉준은 무장한 농민군을 말목장터로 이동시켜 그 안에 대장소(지휘부)를 두고 조병갑이 새로 쌓은 만석보를 허물어뜨렸다. 전봉준은 여기에 그치지 않고 고부봉기를 호남뿐 아니라 전국전역으로 확대하려는 구상과 함께 창의의 격문을 띄웠다. "~우리는 비록 초야의 유민이지만 차마 나라가 위태함을 앉아서만 볼 수 없으니 각 고을의 군자는 일제히 소리를 내어 의리로 길에 떨쳐 나와 나라를 해치는 도둑을 쓸어 없애 위로는 종묘사직을 보존하고 아래로는 백성을 편안케 하자" 조정에서는 고부의 심각성을 알아차리고 2월 15일자로 조병갑의 죄를 물어 파면하고 광주 부호 출신 용안현감 박원명을 고부군수, 장흥부사 이용태를 안핵사(조사관)로 임명, 폐정을 바로잡고 너그러이 조치하라고 일렀다.

전봉준 등 농민군들은 주둔지를 백산에 옮겨 그곳에 흙성을 쌓게 했으며 공미를 모아 둔 4천여 석의 창고를 털어 군중들에게 나눠주었다. 고부·부안·줄포까지 이들은 진출했다. 이와 때를 같이 해 박원명 고부군수는 자비로 소를 잡고 술을 빚어 농민군들의 동요를 잘 막아내자 전봉준은 이들을 해산시키고 부하 수십 명을 데리고 무장으로 내려갔다. 이후 농민군이 해산하자 안핵사 이용태는 고부로 기어들어 박원명과는 달리 민란 우두머리를 잡아들이고 부녀자들을 욕보이고 민가에 불까지 질렀다. 이때 전봉준의 세 칸 집도 불에 타자(복원된 고택) 예전에 살았던 태인 동곡리로 남몰래 이사했다. 전봉준은 무장에서 손화중과 김개남의 동의를 얻어 전면적 봉기를 결의했다. 이곳에서 일주일 동안 무려 4천여 명의 농민군을 규합했다.

무장관아의 구수내에 집결한 수천 명의 농민군 전봉준 부대는 '보국안민창의輔國安民倡義'라고 쓴 깃발을 앞세우고 고창·흥덕·금구·부안 일대를 휩쓸었다. 전봉준은 백마를 타고 앞에 대장기를 펄럭이며 위의를 갖추고 행진했고 말을 탄 군사 20여 명이 뒤에서 호위했다. 이때 최경선이 농민군을 이끌고 합류했다. 고창관아를 접수하고 전봉준이 이끄는 주력부대 삼천여 명은 고부로 방향을 잡았다. 말목장터에 숨겨놓은 무기를 꺼내들고 다시 고부관아로 몰려갔으나 관아는 텅텅 비어있었다. 이들은 옥사에 갇힌 사람들을 재차 풀어주고 이틀 동안 대오를 정비하고 사흘 뒤 전주의 입구 원평으로 진출했다. 다른 무리의 농민군은 부안 농민군과 합세해 부안관아로 들어가 부안현감 이철희를 묶어 죄를 물었다. 고부와 백산으로 몰려든 농민군은 손화중포 김개남포 김덕명포의 8천여 명이었다. 이때 전봉준을 총대장인 동학농민군의 총사령관이 되었다.

한편, 전라감사의 보고를 받은 조정에서는 황급히 4월 2일 무남영군이 이끄는 토벌군을 꾸렸다. 6일에는 700여 명이 군산항에 도착, 두승산을 중심으로 관군과 농민군이 대치했다. 밤을 새우면서 이들은 농민군 진영이 조용하자, 달아난 줄 알고 술판을 벌이고 부녀자들을 희롱했다. 이들이 잠든 틈을 이용, 기습하여 4시간 만에 막사의 군량미 400여 석과 대포 1문, 소총 600자루, 그리고 많은 칼과 창을 수습했다. 승리로 이끈 농민군은 김제로 나아가 전주로 곧바로 올라가지 않고 정읍 쪽으로 깃발을 돌렸다. 행군하면서 농작물과 노인, 부녀자들과 어린이들을 보호했고 가축들을 해치지 않았다. 주민들은 이들을 반겼고 마을에 들어서면 주먹밥을 만들어 주기도 했다.

전주의 홍계훈은 자신이 거느린 군사나 조정의 병력으로는 농민군을 막을 수 없다고 판단하고 민영준 등 조정 요로의 인사에게 청나라에 원병을 요청할 것을 요구하자 민영준은 고종에게 청나라 지원병 요청을 건의했다. 이 무렵 정읍 · 고창 · 영광의 관아를 차례로 점령, 죄인을 풀어주고 무기를 수습하고 양곡을 확보한 농민군은 함평으로 진출했다. 함평의 농민군 7만8천여 명이 무안 접경을 넘어 나주 쪽을 향했다.

당시 민 씨 정권의 농간에 쫓겨난 흥선대원군의 인기는 농민군 사이에서는 높았다. 전봉준이 한 번은 운현궁으로 이하응을 찾았다. 이하응이 무슨 부탁이냐고 물어도 전봉준은 대답이 없었다. 그러자 이하응이 손바닥에 江자를 써보이자 그는 자리에서 일어났다고 한다. 이 江은 漢江을 뜻하며 농민군이 한강까지 올라오면 돕겠다는 뜻으로 그는 이해했다. 1876년 강화도조약으로 개항한 이래 일본은 부산 · 인천 · 원산 등에서 무역을 했다. 4월 27일 전주성에 무혈입성, 전라감사 김문현과 벼슬아치들은 도망쳤는데, 농민군의 규율에 대해 일본 국민신문(고쿠민)은 다음과 같이 전했다.

> 그들의 엄격한 규율은 실로 놀랍다. 만약 한 명의 군사라도 양민의 재산을 탐내고 부녀자를 겁탈하는 따위의 일이 있다면 모조리 붙잡아 여러 병사의 면전에 끌어다놓고 죄를 열거하고 그 자리에서 목을 자르겠다고 하니 관군에 대해서는 뱀을 보는 것과 같이 꺼리고 동학당에 대해서는 스승을 만난 듯이 좋아하였다.

전봉준 일행은 텅 빈 선화당을 점령하여 대장소로 썼다. 그는 일부 농민군과 관노 사령들이 양반과 부호의 집을 습격해 약탈하고 방화하거나 훔치는 일을 엄히 다스리고 농민들에겐 안심하고 모내기를 하도록 지도했다. 이때 관군 2천여 명을 이끈 초토사 홍계훈은 전주성을 포위하고 완산7봉을 중심으로 진지를 구축, 농민군이 남쪽 완산을 소홀히 한 틈을 노렸다. 관군의 대포는 사정거리 500m를 넘을 정도로 성능이 좋았다. 이때 농민군은 300여 명과 관군 5~600여 명이었다. 이에 전봉준은 5월2일 홍계훈에게 자신의 뜻을 전달했다.

> 예전 감사가 수많은 양민을 죽인 일은 생각지 않고 도리어 우리에게 죄를 물으려 하는가? 선화하고 목민해야 할 사람이 많은 양민을 죽였으니 이것이 죄가 아니면 무엇이 죄인가. – 중략 – 탐관이 모질게 굴어도 조정에서 생민을 돌보았다는 말은 듣지 못하였다. 탐관은 마땅히 날날이 죽여서 제거하는 것이 무슨 죄인가? 각하가 잘 생각하여 임금에게 알리는 것이 해결의 실마리다. 〈양호초토담록兩湖招討謄錄〉

남쪽의 지원군도 오지 않자 전봉준은 마침내 화약을 맺기로 결심하고 대기하던 신임 전라감사 김학진과 교섭을 벌이기로 했다. 농민군 지도부는 홍계훈에게 요구조항을 전달했다. 국가의 이름으로 행해진 잘못된 비정, 중앙벼슬아치와 수령의 부정과 쌀의 유출 방지 등 27개 조항을 제시했다. 이에 홍계훈은 전라감사 김학진의 재가를 통해 이 요구사항을 조정에 시정할 것을 건의키로 약속했다. 이 무렵, 전라감사 김문현과 고부군수 조병갑, 안핵사 이용태는 관직이 박탈되고 유배되었다. 농민군은 내부사정의 악화와 전주성은 사실상 포위된 상태였으며 5월 3일의 전투는 관군의 대승리로 전세가 역전되었다. 5월 8일 마침내 농민군은 '폐정 개혁안'을 임금에게 전달해 줄 것을 조건으로 무기를 관군에게 내주고 전주성에서 철수했다.

새로 부임한 전라감사 김학진은 안동김씨의 후손이었으나 여흥 민씨와는 거리를 두고 있었다. 그는 현지 사정에 따라 임금의 결재를 받지 않고 일을 처리할 수 있는 '편의종사便宜從事'를 허락받아 부임했다. 6월 7일 김학진과 전봉준은 은밀히 만나 여러 현안을 논의했다. 논의 결과 군현 단위의 집강소를 설치토록 합의함으로써 면과 리·읍 단위의 행정력까지 장악할 수 있었다. 이에 따라 김개남은 전라좌도를, 전봉준은 전라좌도와 우도의 집강소를 관리했다.

한편, 7월 15일 무렵, 일본군이 경복궁을 무력으로 점령해 고종을 궁궐에 유폐시키고 일본의 지시를 따르는 개화정권을 출범시켰다. 이어서 일본군은 조선조정을 지원하고자 상륙한 청나라 군대를 공격, 청일전쟁의 야욕을 드러냈다. 아예 김학진은 전라감사의 집무실 선화당을 다시 전봉준에게 내줘 집강소 활동을 도왔다. 농민군 지도부는 일본군과 전면적 항쟁을 벌여야 한다는 여론이 형성되었다. 김개남은 전봉준과 나이도 비슷하고 어릴 때 한 마을에 살면서 동무로 지냈다. 그러나 전자는 강경파, 후자는 온건파로 분류되었다. 김개남은 남원 부사를 죽여 원성을 사기도 했고, 현직 수령들이 말을 듣지 않으면 서슴없이 칼로 내리쳤다. 김개남은 전라감사 김학진과의 타협에 불만도 가졌다. 이런 급진적인 활동 탓에 농민혁명이 실패한 뒤에도 재판받지 못하고 처형되어 조리돌림까지 당했다.

1893년 6월초 일본 극우단체 다케다 한시 등 낭인 10여 명은 순창집강소에 머물고 있는 전봉준을 만났다. 그들은 일본과 손잡고 청나라 군사를 몰아내고 조선을 자주국으로 만들자고 제의했다. 전봉준은 점잖게 그들의 제의를 거절했다. 이러한 제의가 한두 차례 이어졌지만 전봉준의 생각을 변하지 않았다. **〈제1권〉**

1868년 메이지유신 이후 날로 강해지던 일본은 대륙 진출론과 정한론이 대두되었다. 1893년 보은집회와 원평 집회가 열린 뒤 1894년 동학농민혁명 1차 봉기가 일어나고 전주성이 농민군에게 함락되자 드디어 때가 왔다고 판단, 민활하게 움직였다. 이들은 청나라가 조선에 원병을 보내자 그것을 물실호기로 일본군을 한반도에 파병했다. 일본군은 경복궁을 점령하고 친일 개화정권을 수립, 청일전쟁을 일으켰다. 이를 지켜보던 동학군은 집강소 활동을 하면서 2차 봉기를 준비했다.

1882년 임오군란이 일어나자 개항 이후 일본에게 기선을 제압당한 청나라가 먼저 군란의 막후 인물 흥선대원군을 납치, 톈진에 유폐하고 조선 조정을 장악코자 했다. 이에 일본군 혼성여단은 서울을 향해 이천과 부산에서 각각 출발했다. 조선 조정은 일본군의 철수를 거듭 요구했지만 아랑곳 하지 않고 근대식 무기를 능숙하게 다룰 줄 아는 사관학교 출신의 엘리트 장교들로서 용산에 막영지幕營地를 정하고 작전계획을 수립했다. 마침내 1894년 6월 21일, 일본군은 경복궁을 강점, 고종을 유폐하고 흥선대원군을 섭정으로 추대해 개화정권을 출범시키자 흥선은 민 씨 세력 축출에 나섰다. 일본은 청나라 조정에 조선 내정개혁안을 제시하고 사태가 진정되면 함께 물러가자는 제안을 했으나 청나라가 이를 거절했다는 구실로 이들과 전쟁을 서둘렀다.

1894년 6월 23일 인천 앞바다에 일본군 연합함대가 어뢰정을 발사해 예의 주시하던 청나라의 북양함대를 기습 공격했다. 결전을 앞두고 청나라 4대군(1만 3,526명)은 모조리 평양에 집결했다. 평양감사 민병식은 청나라 군이 보루를 쌓는 일에 토민을 동원했다. 8월 13일 일본군은 대동강 언덕에 올라 청나라군의 보루를 공격했다. 그 결과 300보 사이에 청나라군의 말과 사람의 시체가 산처럼 쌓여 개울물은 피로 붉어 있었고 시체들이 서로 베개를 베듯 누워 있었다고 하시모토 가이세키의 『일청전쟁실기』에서 밝혔다. 청나라 제독 정여창은 결전 사흘 만에 모든 책임을 자신에게 돌리고 자결했다. 이로써 이처럼 제2차 청일전쟁은 6개월 만에 일본의 일방적 승리로 끝났다. 일본은 경복궁 점령을 통해 괴리정권인 개화정신을 탄생시켜 조선의 내정에 간섭하고 동학농민군을 토벌해 군사력으로 실질적 지배를 강화했다. 마침내 1894년 9월 동학농민혁명군은 2차 봉기를 일으켰다. 일본군은 정토군征討軍을 편성해 조선 관군과 합동작전을 펴고 농민군을 토벌함으로써 곳곳에서 대량 학살이 자행되었다.

1894년 8월에 전봉준이 태인에 있을 때 두 사람이 찾아왔다. 흥선대원군의 친서를 내밀었다. "서울에 있는 일본군을 몰아내야 하니 곧바로 서울로 진격해 달라"고 했다. 또 8월에는 흥선대원군이 경상도 전라도 농민군에게 겉으로는 포유문(전북 유형문화재 제235호)을 보내 해산을 종용했으나 뒤이어 재봉기를 다짐하는 글을 은밀히 보냈다.

전봉준은 9월 초, 삼례로 나와 대도소를 설치하고 휘하의 농민군을 불러 모았다. 진안의 문계팔, 금구의 조준구, 전주의 최대봉, 정읍의 손여옥, 부안의 송희옥, 그리고 익산의 오지영 등이었다. 봉기를 위해 무기도 거둬들였다. 관아의 무기고에서 조총을 비롯해 창과 칼을 인수하고 대장간에서 무기를 만들기도 했다. 남원의 김개남은 전봉준의 부탁을 거절했고 손화중과 최경선은 후방의 공급 기지를 지키고 일본군이 바다 쪽으로 상륙할 것을 저지하면서 광주를 사수토록 했다. 최시형은 처음에는 부정적이었으나 전국의 교도들에게 남북접이 손을 잡고 항일 전선에 나서라는 '대동원' 령을 내렸다. 전봉준이 직접 지휘하는 농민군(4,000여 명)은 삼례에서 보름쯤 준비하고 마침내 9월 20일 진군의 나팔을 울렸다.

전봉준이 북상하면서 김개남에게 후원군을 보내달라고 요청하자 뒤늦게 삼례로 나와 전봉준의 후원이 되어 청주병영 공격에 나섰으나 연합전선에 차질을 빚었다. 손병희는 최시형의 명에 따라 북접 농민군을 이끌고 전봉준이 이끄는 농민군에 합류했다. 전봉준은 10월 16일, 충청감사 박제순(후에 을사오적이 됨)에게 간곡한 편지를 보냈다.

> 거짓말하고 마음을 속이는 자는 사람이라고 할 수 없다. 일본의 도둑들이 군대를 움직여 우리 임금을 핍박하고 우리 백성을 걱정스럽게 하니 어찌 참는단 말인가? 임진왜란의 원수를 초야에 있는 필부나 어린애까지 그 울분을 참지 못하고 기억하고 있는데 하물며 각하는 조정의 녹을 먹는 충신이니 우리 무지렁이들보다 몇 배 더 하

지 않겠는가? - 중략 - 지금 내가 하려는 일은 지극히 어렵겠지만 일편단심 죽음을 무릅쓰고 나라의 신하로서 두 마음을 품는 자들을 쓸어 조선 500년 은혜를 갚으려 한다. 각하는 크게 뉘우쳐서 대의를 위해 함께 죽는다면 얼마나 다행이겠나. 전봉준 上書.

박제순은 조금의 반응도 답장도 보내지 않았다. 이후 호서 · 호남에서의 농민군 토벌을 위하여 비상시 임시 군사기구 '양호도순무영兩湖都巡撫營'을 설치(1984. 9. 22.), 신정희를 순무사로 임금께 추천했다. 이들 관군은 조선이 독립국임에도 일본 정토군 사령관의 지휘를 받도록 했다. 서울로 올라오는 길목 안성과 죽산에서부터 동학교도를 색출하고 농민군을 토벌했다. 이 무렵 충청감영의 감사 박제순은 농민군이 진격해 온다는 소식을 듣고 전봉준을 사로잡기 위해 밀정을 농민군 진영에 보냈으나 붙잡혀 박제순의 계획을 실토했다. 일본군이 10월 말경, 공주에 들이 다치자 감사 박제순은 몸소 마중하고 환영했다. 공주에는 관군 1,500여 명, 일본군 200여 명 등이 집결했다.

10월 25일 동이 채 트기도 전에 농민군은 곰티의 산마루를 진격했다. 그러나 몇 차례의 전투를 겪으면서 큰 피해를 입자 지치고 추위를 견디지 못한 농민군이 잇따라 달아나기 시작했다. 농민군 시체가 우금치 언덕과 고개 부근에 수없이 쌓였다. 시체에서 흘러나온 피가 흰 눈을 붉게 물들였다가 얼어붙었다. 1만 여의 농민군은 500여 명으로 줄어들자 4일 동안의 전투를 점검한 전봉준은 농민군을 이끌고 후퇴했다. 우금치에서 패한 농민군은 남하해 논산 황화대에서 관군과 일본군과 대적했으나 다시 패주했다. 전국에 포고된 칙유(勅諭, 임금의 말씀)의 글(11. 4.)이다.

일본국가 우의를 중하게 여겨 몸과 힘을 다해 작은 혐의를 피하지 않고 우리나라에 자주와 자강의 길을 권고해 천하에 분명하게 밝혔다. 우리 국가가 그 뜻을 아름답게 여겨 바야흐로 그들과 더불어 번갈아 일어나서 여러 나라의 국민을 온전히 하려 하니 이는 진실로 어려움을 이겨 나라를 일으킬 기회이며 위험을 안전으로 삼을 때다. - 下略 〈『고종실록』〉

11월 12일, 전봉준은 분연히 붓을 잡고 피를 토하듯 애국심을 호소하는 글을 썼다.

- 冠略 금년 10월에 이르러 개화파들의 간사스런 무리가 왜국과 손을 잡고 결탁하여 서울로 들어와 군부를 핍박하고 국권을 멋대로 휘두른다. 하물며 방백과 수령이 모두 개화의 무리로 인민을 어루만져 구제하지 아니하고 살육을 좋아하며 생령을 도탄에 빠뜨리매 ~실제로는 조선끼리 서로 싸우고자 하는 바 아니거늘 이와 같이 골육이 서로 싸우니 어찌 애달프지 아니하리오. ~우국의 마음이 있거든 곧 의리로 돌아오면 상의하여 같이 척왜 · 척화하여 조선이 왜국이 되지 아니하게 같은 마음으로 힘을 합해 대사를 이루게 하올세라.

농민군이 삼례에서 출정한 지 두어 달 만에 전봉준은 전주에 도착(11. 19.)했을 때 김학진은 전봉준을 도운 죄목으로 감사에서 쫓겨났고 신임 감사 이도재는 주변만 맴돌았다. 전봉준은 전주감영 선화당을 다시 차지하여 동학농민군을 방해하던 무리를 처단하고 재봉기를 준비할 무렵, 일본군과 관군은 거침없이 전주로 진군, 다시 패하자 전봉준은 8천여 명의 농민군과 함께 태인으로 옮겨와 다시 진열을 가다듬었다. 그러나 농민군은 원평·태인 전투를 끝으로 완전히 해산할 수밖에.

남쪽으로 내려가던 좌선봉장 이규태는 전봉준이 입암 산성에 있다는 첩보를 받고 군사는 보내 입암 산성을 덮쳤다. 그러나 전봉준 일행은 백양사 근처의 암자로 자리를 옮긴 후였다. 다시 전봉준은 심복 셋(윤정오·최경선·양해일)만 데리고 순창 장터주막에서 하룻밤을 묵었다. 전봉준은 고부접주로 있을 때 그 수하였던 김경천이 이 산골에 살고 있음을 알았다. 그러나 김경천은 전봉준을 밀고하면 많은 현상금에 꽂혀 농민군을 수색하는 한신현과 함께 전봉준 일행을 12월 2일 밤에 덮쳤다. 손화중은 광주에서 패한 뒤에 옛 연고지 흥덕현 안현리(지금의 고창 부안면)에서 고창 산내면의 이봉우와 김기환 등에게 체포되었다. 1895년 정월 5일, 전봉준과 손화중·최경선·이방언 등은 서울 진고개 거리의 일본 공사관(미나미 고시로) 영사경철서로 압송되었다.

천우협天佑俠 소속 낭인들이 벌인 전봉준 구명운동을 끈질기게 진행했다. 전봉준을 한 차례 만난 적이 있는 다나카 지로[田中次郎]는 서울에 잠입, 일본영사관 경찰의 양해를 얻고 감옥에 들어가 전봉준을 만나 일본으로 탈출하도록 권유했다. 그러자 전봉준은 “내 형편이 여기에 이른 것은 필경 천명이니 굳이 천명을 거스르면서까지 일본으로 탈출하려는 의사는 없다. 곧 사형에 처해질 것이니 그 뒤에는 천우협의 손으로 동학당(농민군)을 구해주었으면 한다.”고 부탁했다. 전봉준과 손화중을 비롯한 이들은 1895년 3월 30일 새벽, 우리나라 최초로 교수형을 당했다.

박제순은 을사오적이 되어 친일파로 전락했고, 총리대신으로 농민군 토벌에 동조한 김홍집은 광화문 앞에서 군중들에게 맞아 죽었고, 양호 선무사 어윤중은 도망치다가 백성들에게 몽둥이찜질을 받고 죽었다. 농민군을 섬멸해 달라고 일본군 지원을 요청한 외무대신 김윤식은 오욕의 삶을 마감했고, 박영호와 민영준은 친일추구 노릇하다가 민족반역자로 낙인 찍혔고, 농민군 지도자였던 이용구는 친일파가 되어 일본에서 죽었고, 목숨을 건진 손병희는 3·1혁명의 주역이 되었다. **〈제2권〉**

농민군 지도자들은 각기 고장에서 압제와 고통에 시달렸다. 그들의 자손들은 죽임을 당하거나 살아남았다 해도 그 비참한 삶은 이루 다 형용할 수 없다. 손병희나 김창수(김구)같아 살아남은 지도자들은 항일의병에 가담하거나 독립투쟁에 헌신하면서 민족운동을 전개했다. 사발통문에 서명한 20명 중 아홉 명은 동학농민혁명 과정에서 나주·전주·서울에서 처형당했고, 나머지도 죽거나 도망쳤다.

손여옥은 정읍 출신으로 사발통문에 이름을 올린 농민군 두령으로서 손화중의 조카뻘이었고, 그의 아내가 천안 전 씨이기에 전봉준과는 처남남매 간이다. 이런 인연으로 그는 대접주가 되어 정읍과 고창에서 활동하면서 전봉준의 충실한 수하가 되었으나 태인 전투에서 패전하고 전봉준과 헤어진 뒤 나주에서 붙잡혔다. 그의 손자 손주갑은 1994년 동학농민혁명 100주년을 맞이해 「동학농민혁명재단」의 유가족 대표(사무국장)로 참여, 조상의 명예회복과 선양사업에 헌신하고 있다.

동학교 2대 교주 최시형은 1897년 12월에 손병희를 대도주로 삼아 도통을 전수한 이듬해 피신생활을 하다가 상금과 공을 탐낸 교도 송경인의 배반으로 원주에서 체포되었다. 그는 1898년에 고등재판을 받는데 재판장 조병직과 전 고부군수 조병갑에 의해 '좌도난정'이란 죄목으로 교수형을 선고받고 72세의 나이로 생을 마감했다.

3·1혁명을 이끈 최고의 민족지도자 손병희는 1901년 일본으로 망명

길에 올랐다. 1905년 12월 그는 동학을 '천도교'로 개편하여 교도들에게 성미誠米제도를 도입했다. 그는 이용구 · 손병준 등 친일파가 주도하는 '일진회'를 몰아내는 운동을 했음에도 천도교를 친일파의 집단으로 오해받기도 했다. 그는 교단조직을 1908년 박인호에게 4대 교주를 맡기고 그는 보성사를 만들어 출판운동과 보성학원을 설립, 소학교 · 중학교 · 전문학교, 그리고 동덕여학교 등 여성교육에도 힘썼다. 한때는 별장 등 호화로운 생활을 누린다고 원성도 받았지만 그는 이런 분란 속에서도 3 · 1혁명을 주도하면서 이종훈 등 농민군 지도자 출신 아홉 명을 민족대표에 이름을 올렸다.

만해 한용운은 고향인 홍성에서 15세 때 동학농민혁명을 겪으면서 아버지가 농민군 토벌에 나서는 모습을 보고 커다란 회의에 빠져들었다. 1896년 18세에 부모의 뜻에 따라 전정숙(17세)과 혼인한 후, 그는 의병자금을 마련하기 위해 관가의 돈 1,500냥을 터는 모험을 감행, 이로 인해 관가에 쫓기다가 뜻하지 않게 19세에 출가했다.

동학농민혁명이 진정되자 일제는 조선을 식민지로 만드는 작업을 전개해 나갔다. 민비는 일본의 간섭을 벗어나기 위해 러시아에 접근코자 했다. 그러자 일본은 친일세력 등을 규합해 1894년 8월 20일 새벽 경복궁으로 쳐들어가 민비를 무참히 살해했다.

1897년 봄에 이르러 동학재기의 움직임이 충청도 · 전라도 · 강원도 · 함경도 등지에서 잔여 농민군이 활발히 움직였다. 1899년 4월 18일 정익서가 이끄는 농민군 400여 명은 정읍 입암면 왕십리에 모여 보국안민과 척양척왜의 깃발을 내걸고 봉기, 고부관아를 습격하여 무기를 털어 무장하고 흥덕을 들이치자 천여 명으로 늘어났으나 광주와 전주를 차지하지 못하고 전주관찰부 관군의 공격으로 5일 만에 농민군 200여 명이 잡히자 그만 해산하고 말았다.

1903년 극심한 흉년이 들어 보릿고개에 민심이 흉흉함에도 일본은 쌀을 군산항과 목포항 등을 통해 일본으로 유출했고 일본제 옷감의 유입은 목화산업을 마비시켰다. 1904년 일제는 조선통감부를 서울에 설치하고 대한제국의 외교권을 박탈했다. 이를 전후로 전국에서 2차 의병투쟁이 산발적으로 전개되었다.

손병희는 1905년 천도교를 창건하고 독립의 기초·정부개혁·군정재정의 정비·국민생명 재산보호 등의 기본강령을 발표했다. 친일행각의 일진회 이용구는 이에 맞서 시천교를 조직해 천도교와 맞섰다. 조선통감부(1907)는 이른바 정미7조약을 강제로 체결하고 군대와 경찰 등 대한제국의 내정을 접수했다. 조선통감부에서는 남쪽에서 의병활동이 맹렬히 전개되자 1909년 남한폭도대토벌작전을 펴 의병 수만 명을 몰살시켰다.

3·1혁명 이후 조선총독부에서는 이른바 문화정치를 내세우며 사상·언론·출판 등의 자유를 부분적으로 허용했다. 그러나 안국선의 『금수회의록』(1908), 신채호의 『을지문덕전』(1908), 박은식의 『한국독립운동지혈사』(1920), 김동진의 『갑오동학란』(1931), 김구의 『도왜실기』(1932) 등은 금서로 풀리지 않았다.

여운형은 1908년 21세 때 아버지의 대상을 마치고 상속을 받았는데 아버지의 뜻과는 달리 빚 받을 문서와 노비관계의 서류를 불태워버렸다. 그리고 종들을 모두 불러 “너희는 이제부터 나의 형제요, 자매들이다”라고 외친 뒤 각기 살길을 마련해주었고 혼인하지 않은 종들은 짝을 맺어주었다.

박정희 집안에서는 그의 아버지 박성빈이 동학접주로 지냈다고 주장하고 있다. 당시 23세였으니 가능했을 것이며 그 뒤에 동학에 입도한 것으로 추정된다. 박정희는 이때의 농민봉기를 '동학혁명'이라 명명하고 5·16쿠데타와 함께 2대 혁명이라 했다. 1963년 10월에 '향토현 기념탑' 건립에 당시 국가재건회의 의장이요, 대통령권한대행 박정희가 참석했다. 김대중은 1980년 '서울의 봄'을 맞아 정읍농고(지금의 정읍제일고)에서 거행된 '동학혁명전국기념대회'에 국민연합의장 자격으로 참석해 강연했다. 대통령이 된 뒤로 향토현 전적지에 동학농민혁명기념관을 지었으며 참여자 등의 명예회복에 관한 특별법을 제정, 윤철상 전 의원이 중심이 되어 국회를 통과시켰다. 1983년 전두환은 향토현 아래에 전적지를 조성, 농민군의 전승을 기리게 했다. 그는 "전봉준 할아버지가 이루지 못한 꿈을 내가 이루었다"고 떠벌렸다고 한다. 동학혁명농민혁명 100주년을 맞아 이를 주제로 다룬 작품을 소개한다.

> • 박태원의 소설 『갑오농민전쟁』, 송기숙의 『녹두장군』, 최인욱의 소설 『전봉준』, 이용선의 『동학』, 서기원의 『혁명』, 유현종의 『들불』, 박연희의 『여명기』 등이다.
>
> • 전주 MBC 제작, 「가보세 가보세」(전2부작, 김병헌 PD, 1991. 7월)를 방영하고, KBS에서는 「동학농민전쟁 100년」(4부작, 1994. 5월)을 방영했다.

2004년 11월에는 정남기·우윤 등이 주선해 유족과 각계 인사를 중심으로 기금을 모아 '동학농민혁명기념재단'(이사장 이이화)을 발족하고 유족대표 사무국장으로 손주갑(손여옥의 孫)이 맡았으며, 2010년 2월 정식으로 특수법인이 인가되어 사무실은 '정읍동학농민혁명기념관'에 두었다. 동학농민혁명 112주년이 되는 2006년 12월 충남 공주에서 열린 기념대회(공주 유스호스텔)는 국가예산이 처음 지원됐다. 문화체육관광부 장관과 공주시장, 그리고 조기숙 청와대 홍보수석이 참석, 유족들 앞에서 눈물을 흘리면서 조상의 잘못을 대신 사죄했다. 그녀는 고부군수 조병갑의 증손녀였다.

2017년 3월 22일 전봉준장군동상건립위원회 창립총회에서 사단법인 전봉준장군동상건립위원회가 출범, 서울 종로1가 종각역(5, 6번 출구 사이) 언저리에 건립키로 결정, 동상 작가는 김수현 전 충북대 교수가 선정되었고 동상 앞 제목은 '녹두장군 전봉준'이라고 여태명이 새겼다. 마침내 2018년 4월 24일 조수미의 '새야 새야 파랑새야' 노래와 김연·이정인 모녀의 판소리 가락이 울려 퍼지는 속에 전봉준이 순국한 날, 순국한 종로거리에서 제막식을 갖게 되었다. 식장에는 전 박완순 시장을 비롯하여 유족 등 600여 명이 참석했다.

2019년 5월 11일 경복궁 앞 광화문 북측 광장에서 이낙연 전 국무총리와 시민 2천여 명이 참석한 가운데 동학농민혁명기념일을 정식 국가기념일로 제정한 첫 행사를 가졌다. 그러나 아직도 해결해야 할 문제점이 한두 가지가 아니다. 현행 '독립유공자예우에관한법률' 제4조이다. **〈제3권〉**

> 순국선열은 일제의 국권침탈 전후로부터 1945년 8월14일 국내외에서 일제의 국권침탈에 반대하거나 독립운동을 위하여 일제에 항거하다가 그 반대나 항거로 인하여 순국한 자.
>
> 애국지사는 일제의 국권 침탈 전후로부터 1945년 8월14일까지 국내외에서 일제의 국권침탈을 반대하거나 독립운동을 위하여 일제에 항거한 사실이 있는 자.

이 기준대로라면 경복궁을 강점해 국왕과 왕비를 유폐하고 쿠데타를 일으켜 개화정권을 수립한 일본에 맞서 항거한 전봉준 등 농민군 지도자들은 순국선열과 애국지사에 포함되지 않는다. 이후, 국모 시해와 단발령 등에 항거한 의병부터 그 범주에 포함시킨 것은 역사적 진실과 합리적 사리에 불려拂戾하다. 이들 동학농민혁명 지도자들은 물론, 그들의 후손까지도 독립유공자로서 마땅히 서훈 받아야 합당하리라.

그 행복, 그 독을 두려워해라

배부르고 등 따뜻하면 지난날의 보릿고개도 아름다운 추억된다고 했다. 하물며 생각만 해도 가슴이 설레는 첫사랑은 꽃이 만발하던 시절로 회춘하는 신비의 선약이요, 아무리 바리바리 챙겨도 함초롬한 보따리요, 천하일색 절색미인 침어낙안 주순백치 천하절색 호치단순 폐월수화 화용월태가 아니던가. 첫사랑은 외사랑이든 호사랑이든 누구나가 아름답고 시답잖던 아슴하게나마 그 잔영은 남아 있으리라.

다음에 소개할 시는 파리 지하철공사가 매년 공모하는 시 콩쿠르에서 8천여 편의 응모작 중, 1등으로 당선된 오르텅스 블루의 시(사막) 전문으로써 첫사랑과 헤어진 충격으로 정신발작을 일으켜 입원과 퇴원을 반복하던 무렵, 정신병원에서 썼다고 한다.

그 사막에서 그는/ 너무도 외로워/ 때로는 뒷걸음질로 걸었다.
자기 앞에 찍힌 발자국을 보려고.

그녀는 병이 호전되는 듯하자 영화관에서 일하며 동양인 남자를 만나 가정을 꾸리고 아들을 낳았다. 하지만 병이 재발하면서 병원을 들락거리다 그만 이혼했다. 그러나 돌봐줄 사람이 없어 전남편과 아들이 한 집에서 그렁저렁 살았다. 집 안의 몇 안 되는 가구는 쇠사슬로 바닥에 고정시켰다. 발작이 일어나면 기력이 강해져 가구를 집어던지기 때문이다.

나 역시 고등학교 1학년 때 두 살 연상의 여인과 펜팔로 사귄 첫사랑이 예술적으로 승화된듯하다가 퇴직 이후, 어느 날 돌연히 종교적 이견으로 엇박자를 내다보니 지금은 연락이 두절된 상태다. 젊었을 때의 다툼은 시간이 해결해 주었는데 산수(傘壽, 80세)에 가까우니 생각마저 화석 되어 대화가 이어지지 않는다. 우연한 기회에 지인과 첫사랑에 관한 이야기 끝에 "꼭 60년 전의 첫사랑을 더듬어 보니 바람처럼 그냥저냥 지나더이다."라고 나의 소회를 밝힌 바 있다. 우주에서 제일 높은 에너지를 지니고 있는 말은 역시 '사랑'이 으뜸이라는 말을 들어왔지만 첫사랑만은 꼭 그렇지 않은 것 같다. 아침편지문화재단 이사장 고도원의 『혼이 담긴 시선으로』(2015. 45, 49쪽)의 사랑 갈무리가 속 시원하다.

> 사랑은 상처 속에 피어나는 꽃과 같다. 상처를 먹고 자라는 꽃이다. ~사랑은 공중그네 서커스와도 같다. 늘 위험하다. 긴장되고 아슬아슬한 순간의 연속이다. 특히 공중그네 타기는 상대에 대한 믿음이 없다면 몸을 던질 수 없다. 상대방이 나를 잘 잡아 주리라는 믿음이 있어야 비로소 내 몸을 아찔한 허공으로 던질 수가 있다.

그렇다. 첫사랑은 믿음보다는 열애를, 백년해로는 열애보다는 현실적 믿음이 앞서지 않던가. 경기민요 「청춘가」에서 "금수강산이 제 아무리 좋아도 정든 임 없으면 적막강산이로다."라는 노랫말은 환상적인 첫사랑보다는 튼실한 부부의 참사랑인 동주공제同舟共濟를 노래하지 않았을까.

나는 '전주효자도서관'에서 이참에는 우연찮게 투르게네프의 소설집 『첫사랑』(1860. 이항재 옮김)에 손끝이 닿았다. 이 작품집 속에는 그의 단편 「귀족의 보금자리」(1859)와 「무무」(1854)도 함께 실려 있어 덤으로 잘 읽을 수 있었다. 이 「첫사랑」은 1인칭 서술자적 시점으로 허구라기보다는 작가 자신과 그의 부모를 거의 그대로 형상화시킴으로써 자서전적인 요소가 듬뿍 내포되어 흥미를 더해주었다.

나(블라지미르)는 열여섯 살(1883)이고, 옆집 공작부인의 딸(지나이다)은 스물한 살이다. 그녀는 집에 드나드는 남자 친구들을 나에게 소개했다. 이분은 옆집 도련님 무슈 볼데마르, 말레프스키 백작, 의사 선생인 루쉰, 시인 마이다노프, 예비역 대위 니르마츠키, 그리고 경기병 벨로브조로프….

이들은 그녀에게 홀딱 반해 있었다. 그녀는 이들을 기분 내키는 대로 조롱하는 것을 낙으로 삼았다. 그리고 나에게는 "서로 사이좋게 지내기 바랍니다"란 당부도 잊지 않았다. 내가 그녀에게 느끼는 사랑의 감정을 표현하면 이렇다. "오오, 온화한 감정이여, 부드러운 음향이여, 감동 어린 영혼의 선량함과 평온함이여, 감미로운 첫사랑의 녹아나는 기쁨이여!"(46쪽) 그러기에 나는 그녀의 손안에서는 마치 말랑말랑한 밀랍과도 같은 존재였다. 나는 공부도 독서도 그만두었다. 근교를 산책하거나 말을 타고 나가는 것도 중단해 버렸다. 그녀는 고양이가 쥐를 가지고 놀듯이 줄곧 나를 가지고 놀았다. 그녀의 말 한마디 한마디는 내 가슴을 도려냈다. 나는 그녀를 슬프게 하지 않을 수만 있다면 생명이라도 흔쾌히 바칠 수 있을 것 같았다. 그러나 나는 충격적인 말을 그녀로부터 듣게 되었다. "우린 친구가 돼요. 그렇게 해야만 해요! 나는 당신보다 훨씬 나이가 많지 않나요? 그러니 나는 오늘부터 당신을 시동으

로 삼겠어요."(83쪽)

그러던 어느 날 밤 12시가 넘은 시각에 우리 집과 그녀 집의 뜰 안을 가로막은 담장 근처에서 바스락거리는 소리가 들려 담장 옆 전나무 밑에서 망을 보고 있을 무렵, 망토로 온몸을 감싼 아버지가 그녀의 침실 창문을 바라보는 모습을 발견할 수 있었다. 나는 그만 나이프를 풀 속에 버리고 나 자신이 부끄러움을 느꼈다. 이후, 나는 아버지를 피했으나 그녀를 피할 수는 없었다. 그녀 앞에 서면 나는 뜨거운 불에 타는 것 같았다. 나로서는 불타며 녹아버리는 것 자체가 말할 수 없이 달콤한 행복이었기 때문이다.

나의 아버지(페트로비치)는 돈 때문에 열 살 연상의 어머니와 결혼했다. 내 눈에는 아버지가 전형적인 남성으로 보였다. 나는 곧잘 아버지의 현명하고 시원스럽고 멋있게 잘생긴 얼굴을 물끄러미 쳐다보곤 했다. 아버지는 나나 가정생활에 전혀 관심이 없었다. 어머니는 아버지와 싸울 때면 옆집 아가씨와의 교제를 물고 늘어졌다.

이후 어머니는 이곳을 떠나 시내로 이사 가기로 했다. 그녀의 옆집에서 시내로 이사한 후 4년이 지나던 해에 나는 대학도 마쳤다. 함께 그녀의 집을 드나들던 한 지인으로부터 그녀의 주소를 받았다. 그녀가 묵고 있다는 호텔을 찾았을 때는 나흘 전에 해산하다가 갑자기 죽게 된 것을 알게 되었다. 아버지는 마흔두 살에 뇌졸중으로 이미 세상을 떠났다. 운명하시기 전, 나에게 편지를 남겼다.

"내 아들아, 여자의 사랑을 두려워해라. 그 행복, 그 독을 두려워해라…."(117쪽)

문학 소고小考

마싸 작가 282

시인 윤동주 286

쉽게 씌어진 시 290

성흠 김경흠과 그의 가계 294

시인 백석과 김영한의 애절곡 298

규방가사의 대가 소고당을 기리며 302

마싸 작가

한 편의 글은 독자에게 '누룩'과 같은 발효제가 되어야 한다. 쌀을 술로, 밀가루를 빵으로 만들듯이 좋은 글(鳳藻)은 독자들에게 즐거움과 밝은 감정의 변화를 촉진시킬 수 있는 효소의 역할을 할 수 있어야 한다. "대패질하는 시간보다 대팻날을 가는 시간이 더 길 수도 있다" 이 명언은 정호승 시인의 산문집 『내 인생에 힘이 되어준 한마디』(2006)에 보인다. 나는 이 문구를 글쓰기에 대입하니 정답이었다. 글 쓰는 시간보다는 글을 쓰기 위해 책을 읽고 자료를 챙기고 많이 생각하는 시간과 비례하여 작품의 완성도는 높게 나타나기 때문이다.

이렇듯 훌륭하고 아름다운 명작은 아닐지라도 글쓰기에 앞서 이러한 과정은 필히 거쳐야 할 작가로서의 기본 책무다. 특히나, 독서 중에 좋은 아이디어(소재나 주제)를 발견했을 때, 내 안의 울림은 '유레카'(Eureka, 바로 이거야!)란 탄성을 내뱉을 수밖에…. 이러한 아이디어는 우리가 의식적으로 추구하지 않아도 느닷없이 화장실 등에서 찾아오기도 하나, 이를 추구하고자 할 때는 내숭을 떨 듯이 모습을 드러내지 않음으로써 가슴을 답답하게 짓누르는 경우가 어찌 한두 번이던가. 이러함에도 특히 수필의 경우, 초지일관 신변잡기나 얄팍한 기억에만 의지하여 어정뜬 말들과 반죽한 것을 작품이랍시고 애면글면하는 모양새를 심심찮게 볼 수 있다.

라이트주립 대 윌리암 B. 어빈 교수는 『아하! 세상을 바꾸는 통찰의 순간들』(2015. 전대호 역, '서론')에서 "수학자가 오랫동안 열심히 노력한 끝에 마침내 어떤 정리를 증명하면 엄청난 환희를 느낀다. 실제로 몇몇 수학자들은 수학에서 얻은 쾌감이 섹스와 마약이 주는 쾌감을 능가한다."고 했다.

이성교접 시 최고의 쾌감은 사정에 있다면, 작가로서의 쾌미는 탈고 후 컴퓨터 저장키를 누를 때 온몸에 아드레날린이 솟는 희열과 함께 느껴지는 행복감에 있다. 이런 달콤한 맛을 취하기 위해서는 아무리 둔졸한 작가라도 글을 쓸 때는 단어 하나를 선택하는데도 깊이 생각할 필요가 있다. 마크 트레인은 "적합한 단어와 거의 적합한 단어의 차이는 그야말로 반딧불이와 번개의 차이만큼 크다"고 했다.

글을 쓴다는 것은 저명한 작가나 무명작가를 불문하고 결국, '자기만족'을 위해 붓을 든다. 자기만족은 곧, 행복을 맛볼 수 있기 때문이다. 우리가 산다는 것은 고통과 인내가 필요하겠지만 결국, 행복한 만족을 위해 일한다. 행복이란, 각자가 바라는 바를 이룸으로써 느끼는 감정이 아니겠는가.

작가로서는 어떻게 글을 쓰면 독자들에게 칭찬받을 수 있을까를 고민하지 않을 수 없다. 나는 아름답게 보이기 위한 유아론적 입장에서 과도한 감상적 미문만을 나열함으로써 삶의 가치를 사소하게 여기는 글을 대하노라면 괜스레 역겨운 생각이 울렁거린다. 김대중·노무현 전 대통령의 연설비서관을 지낸 강원국의 『대통령의 글쓰기』(2014)에서는

'노무현 전 대통령의 글쓰기 지침'을 다음과 같이 소개했다.

> 쉽고 친근하게 쓰게, 글의 목적이 무엇인지 잘 생각(설득, 반박, 감동)해 보고 쓰게, 짧고 간결하게 쓰게, 군더더기야말로 글쓰기의 최대 적이네. 접속사를 꼭 넣어야 된다고 생각지 말게. 없어도 사람들은 전체 흐름으로 이해하네. 통계수치는 글의 신뢰도를 높일 수 있네. 상징적이고 압축적인 머리에 꼭 박히는 말을 찾아보게. 반복은 좋지만 중복은 안 되네. 한 문장 안에서 멋있는 글을 쓰려다가 논리가 틀어지면 아무것도 아니네. 여러 가지로 해석될 수 있는 표현은 쓰지 말게.

노무현 전 대통령은 토론하기 좋아하고 역대 대통령 중에서도 연설을 잘 했던 분으로 정평이 났다. 그렇다고 연설문을 실용문이라고 차치할 것만은 아니라고 본다. 모든 글 특히, 수필의 경우도 이와 비근하기 때문이다. 글쓰기의 충분조건은 뭐니 뭐니 해도 집중적으로 노력하는 자세에 있다.

노벨문학상(2006)을 받은 터키 출생의 오르한 파무크는 소설의 첫 문장을 오십 번에서 백 번을, 인도 소설가 아미타브고시는 모든 문장을 최소한 스무 번 이상을 고치고, 시인 바이런 경도 강박적으로 퇴고에 정성을 들였다고 한다. 그가 쓴 시의 원고들을 보면 처음에 선택한 단어가 마지막까지 남은 경우는 거의 없을 정도였다고 한다. 어찌 이렇듯 뛰어난 문웅거필만의 강박적 고뇌일까. 세상에 이름이 널리 알려지지 않은 작가들도 이들 이상으로 작품을 쓸 때마다 생각하고 고치고 다시 생각하고 다시 고치고, 읽고 다시 읽는 몰입의 과정을 거친다. 마치, 노동자에게 노동은 선택 아닌 필수이듯 이러한 노력은 글쓰기의 기본값이다.

이처럼 빼똥싸는 과정을 거쳐 펴낸 책을 조마조마한 마음으로 지인들에게 보내주면 소 닭 보듯 하는 사람도 많겠지만 그렇다고 절필할 수도 없고…. 미국 제임스 설터의 장편 『가벼운 나날』(1975. 박상녀 옮김, 2013. 64쪽)에서, '아노드'와 작중화자 '비리'의 대화가 글쓴이들을 우울하게 만든다. "무슨 책?" "안 사는 게 나은 책"

책을 자주 펴내는 우리들의 입장에서는 참으로 듣기에 난감한 대화다. 문희연(출판기념회?)을 갖지 못했을지라도 내 책을 받아본 모인某人이 친구에게 소개하면서 "이 책은 안 읽어도 좋은 책"이라며 깐족거리지나 않을까 꿉꿉하다.

걸작은 아무나 쓸 수 없을지라도 나만의 기준에 따라 사는 마싸 작가*가 쓴 글도 때로는 읽을 만한 가치가 있으리라. 각종 꽃나무는 꽃 피는 시기와 방법은 다를지라도 밖으로 드러내지 않고 열매 속에 피는 무화과도 있다. 어쩌면 마싸 작가는 무화과 같은 존재가 아닐까. 생경하게나마 만난신고 끝에 작품을 탈고한 후의 꼬순내 나는 황홀감을 느끼지 않고서야 어찌 이런 경지를 이해할 수 있으랴. 그래서 비록 마싸 작가일망정 곡학아세하지 않고 곰바지런하게나마 다시 펜을 들지 않고는 못 배는가 싶다,

* 마싸 작가란, 단국대 대중음악사 장유정 교수의 칼럼 「음악 정류장」(조선일보, 2021. 11. 4.)의 "내일은 국민가수에 대응하는 마싸(My Sider, 나만의 기준에 따라 사는 사람) 가수"란 말에서, 가수를 작가로 환치한 조어임.

시인 윤동주

산다는 것은 생사를 떠나 가족은 물론, 다른 사람도 영원히 기억해 준다는 것이다. 그 기억은 체험을 통한 기억과 배움을 통한 기억, 그리고 작품이나 역사적 기록을 통해 우리는 기억한다. 하나님의 말씀을 전하는 『구 · 신약 성경』이 없었다면, 부처님의 말씀을 전하는 『불경』이 없었다면, 공자와 맹자의 말씀을 제자들이 전하는 『논어』와 『맹자』가 없었다면 우리의 정신문화는 어찌 되었을까. 상상하기조차 얄밉다.

나는 가제 『불우헌과 소고당의 歌脈 탐구』를 10여 년에 걸쳐 집필, 거의 탈고할 즈음에 이르고 있으며 도우미가 나타나면 바로 출간할 계획이다. 그러다보니 정극인 선생에 대한 연구가 깊어질 수밖에. 일언으로 오늘날 정극인 선생이 윤동주 시인처럼 영원히 살 수 있었던 것은 뭐니 뭐니 해도 그의 올곧은 선비정신도 한몫했겠지만 가사歌辭문학의 효시 「상춘곡」(성종연간 1479?)이 오늘에 전하기 때문이다. 4 · 4 기조로 39행 79구로 구성, 시조보다 길고 일반 산문보다는 짧은 문장으로써 그의 사후 300년이 지난 정조 때(1786) 지금으로부터 540여 년 전에 그의 후손 정효목丁孝穆이 『불후헌집』을 간행하면서 그 속에 「상춘곡」이 수록됨으로써 오늘날까지도 인구에 널리 회자膾炙되고 있다. 전문을 여기에 수록, 자세히 해설을 덧붙이고도 싶지만 독자의 입장에서는 군붓일 것 같아 둔자鈍者의 교만을 그냥 내려놓겠다.

윤동주 시인에 앞서 정병욱 교수부터 살펴봐야 이해하는데 도움이 크겠다. 나는 국어국문과 출신이므로 정병욱 교수의 저서를 많이 접했다. 서가에 버젓이 꽂인 정병욱 교수의 누렇게 변색한 『한국고전시가론』(1982. 전486쪽, 5,700원)을 이 기회에 다시 살펴볼 수 있었다. 맨 뒤쪽에 지은이와 저서가 소개됐다. 경남 하동 출생, 서울대학교 문리과대학 졸업, 문학박사. 현재(1982년 당시) 서울대학교 인문대학 교수, 서울대학교 박물관장이라 소개했다. 저서로는 『국문학 산고』, 『시조문학사전』, 『고전의 바다』(공저), 『한국고전의 재인식 바람을 부비고 서 있는 말들』, 校註 『구운몽』(공저) 등이다. 윤동주 시인의 유고시집 『하늘과 바람과 별과 시』(1941년, 24세에 창작)가 세상의 빛을 보기까지의 기록을 전흥남 교수의 산문집 『책이 전하는 말』(2015. pp.192~199)에서 다듬어보겠다.

윤동주는 광양과 깊은 인연이 있다. 그것은 윤동주과 정병욱 교수의 각별하고도 속 깊은 우정이 있었기에 가능했다. 이 인연은 윤동주의 유고시집 『하늘과 바람과 별과 시』가 세상에 빛을 볼 수 있게 했다. 이 둘은 연희전문(연세대) 동문이다. 윤동주 시인은 정병욱 교수보다 2~3세 연상이다. 정병욱의 집안은 그가 의학이나 법학을 공부하기를 원했다. 하지만 정병욱은 부모의 뜻과 달리 문학도의 길을 택했다. 당시 대학신문에 정병욱은 이런 자신의 고민을 투고했다. 신문에 난 내용을 보고 윤동주는 정병욱을 찾게 되고 둘 사이는 급속도로 가까워졌다. 정병욱의 부친은 광양의 유지로 활동했다. 이 무렵 윤동주는 「서시」를 포함,

자신의 시집을 출판하려 했으나 일제의 매서운 출판검열로 여의지 않자 시름을 달랠 겸 정병욱이 머물고 있는 광양에 잠시 내려갔다. 광양에 가면서 출판하려던 원고도 잊지 않았다. 그는 얼마 있다가 일본 유학길에 오르게 되고, 원고는 정병욱에게 잠시 맡겨놓았다. 뒤이어 정병욱도 예기치 않게 일본으로 징용을 가게 되자 모친께 윤동주의 원고뭉치를 잘 보관할 것을 부탁했다. 모친은 아들의 부탁을 받고 윤동주의 원고를 다락방에 잘 숨겨놓았다. 징용에 끌려간 정병욱은 해방에 앞서 귀국길에 오르지만 윤동주는 해방 6개월을 눈앞에 둔 2월 16일, 후쿠오카 감옥에서 생을 마쳤다.

해방된 그해 10월 정병욱은 윤동주의 「서시」와 「별 헤는 밤」과 같은 주옥같은 원고를 모아 자비로 유고시집 『하늘과 바람과 별과 시』를 발간, 세상에 빛을 보게 하였다. 「서시」는 1941년 11월 20일 작으로 9월에 쓴 「또 다른 고향」보다는 2개월 정도 후에 쓰인 작품이다. 정병욱이 살았던 광양의 망덕포구에 윤동주의 시비에는 「별 헤는 밤」이 새겨져 있다.

> 계절이 지나가는 하늘에는/ 가을로 가득 차 있습니다//
> 나는 아무 걱정도 없이/ 가을 속의 별들을 다 헤일 듯합니다.//
> 가슴속에 하나 둘 새겨지는 별을/ 이제 다 못 헤는 것은/ 쉬이 아침이 오는 까닭이요,/ 내일 밤이 남은 까닭이요, 아직 나의 청춘이 다하지 않은 까닭입니다.//
> 별 하나에 추억과/ 별 하나에 사랑과/ 별 하나에 쓸쓸함과/ 별 하나에 동경과/ 별 하나에 시와/ 별 하나에 어머니, 어머니,//
> 어머님, 나는 별 하나에 아름다운 말 한마디씩 불러봅니다. 소학교 때 책상을 같이했던 아이들의 이름과 패佩, 경鏡, 옥玉 이런 이국異國 소

녀들의 이름과 벌써 애기 어머니 된 계집애들의 이름과 가난한 이웃 사람들의 이름과 비둘기, 강아지, 토끼, 노새, 노루, 프랑시스잠, 라이너 마리아 릴케, 이런 시인의 이름을 불러봅니다.// 〈이하 생략〉

윤동주의 유고시집을 보존했던 정병옥 교수의 구옥은 민족시인 윤동주의 고귀한 정신을 계승하는데 기여한 보고이다. 역사 및 문화의 산교육 장소로써 가치를 지닐 뿐 아니라 광양의 근대문화유산과 연계, 탐방코스로 개발한다면 그 시너지 효과는 더욱 크리라.

우연은 필연으로 낳고 그 필연이 윤동주 민족시인과 정병욱 교수와의 인연으로 잉태된 유고시집 『하늘과 바람과 별과 시』를 재탄생시켰다. 질척했던 당시의 고통을 이제 청정한 정서로 호흡할 수 있어 그 가치가 드높기만 하다. 소크라테스에게 크리톤이란 친구가 있다면, 헤르만 헤세의 소설 『데미안』에서 주인공 싱클레어는 육체적 · 정신적으로 아주 성숙한 데미안이란 친구가 있었다. 윤동주 시인은 정병욱 교수가 있었기에 만인이 기억하는 영원한 삶을 살고 있다. 정병욱 교수의 아름다운 삶의 자장磁場이 오늘따라 더 넓고 더 깊게 느껴온다.

쉽게 씌어진 시

시는 산문에 비해 비교적 짧은 글이다. 그러나 그 시심을 활자로 토해내기란 보통의 노력과 고통이 뒤따르지 않고서는 아름다운 꽃과 알토란같은 열매를 얻을 수 없다. 26세 때 대학 은사인 박두진 시인의 추천으로 「현대문학」지에 등단한 故 마광수 교수는 시란, 변비증 걸린 사람이 낑낑대며 누는 된똥이라고 했다. 그래서 그랬을까. 『논어』에서조차 '시를 배우지 않으면 말을 할 수 없다.[不學詩無以言]'고 했고, 다산 정약용이 강진 유배지에서 "사람들이 모두 취해 있을지라도 나 홀로 깨어 있어야 하고, 시는 깨어 있는 자의 말"이라고 했다. 이렇듯 한 편의 시 속에서는 시인의 많은 몸부림이 스며들어 있다. 나아가 영국의 낭만파 시인 윌리엄 워즈워스는 시를 '강한 감정의 자발적인 발로'라고 했으며, 미국의 에드가 앨런 포(시인 · 소설가 · 문학평론가)는 '아름다움의 운율적 창조'라고 덧붙였다.

『삼국유사』(권2)에서도 재밌는 이야기가 전한다. 신라의 경문왕이 왕위에 오르자마자 귀가 갑자기 커져 마치 당나귀의 귀와 같았다. 이 사실은 복두(幞頭, 모자)를 만드는 장인만이 비밀을 알고 있었다. 그러나 왕의 비밀을 함부로 발설할 수 없어 끙끙 앓다가 죽음이 다가오자 도림사의 대숲 속에 들어가 "임금님 귀는 당나귀 귀"라고 억하심정을 풀었다. 이후 바람이 불 때면 대숲에서 "임금님 귀는 당나귀 귀, 임금님 귀는 당나귀 귀"라는 울림이 퍼졌다. 이에 왕은 대나무를 다 베어내고 산수유나무를 심었다. 그 뒤로는 "임금님 귀는 길기도 하다."라는 직설적인 울림이 다시 들렸다고 한다.

이렇듯 시란, 사람의 말 가운데서 절절한 속마음의 고백이기도 하다. 복두 장인은 시인의 자질이 올올하다. 그의 속마음을 마침내 대숲에서나마 토설할 수 있었고 귀가 크다는 표현을 당나귀 귀에 빗대었으니 비유법을 제대로 썼다. 이처럼 한 사람의 진실한 속마음의 영혼을 무심한 대숲에 불어넣음으로써 그에 감응하여 대숲까지 움직이었던 것은 심심상인이었으리라. 라이너 마리아 릴케의 『말테의 수기』(1910)에서도, "쓰지 않으면 못 배길, 쓰지 않고는 죽어도 못 배길 속마음이 우러나올 때 비로소 시인이 될 수 있다."고 한 것도 어쩌면 복두 장인의 심정을 대변한 말이 아니었을까.

한편, 시는 곱고 아름다운 말을 다듬는 감성적일 수도, 때로는 뜨거운 투쟁과 비판의 부르짖음이나 외로운 노래일 수도, 우리의 이웃과 사회와 세계를 향하여 포효하는 진실의 표현일 수도 있다. 나아가 작가의 개성에 의한 작품의 분위기이며 독자가 작품을 통해 느끼는 운치까지를 포함한다. 이런 정황을 살피면서 시를 감상한다면 아무리 마음에 들지 않더라도 조금은 시인의 정서를 읽을 수 있다. 분노를 그치는데 시만 한 게 없고, 근심을 없애는 데 음악만 한 게 없다고 하지 않던가.

한 문인이 나에게 시평을 부탁해왔다. 그래서 나는 글제를 '시는 시颸어야 한다'라는 내용으로 탈고한 바 있다. 시颸는 '신선한 바람'을 일컫는다. 그 바람은 여름엔 선풍기나 에어컨 같아야 하고, 겨울엔 난방기구 같은 온풍이어야 한다. 그런데 아무리 온·냉방 기구라 할지라도 사람에 따라서는 입맛이 제각각이듯 바람은 바람이로되 시원찮은 바람, 후덥지근한 바람으로 느껴진다면 시인과 독자는 끌림과 반발의 차이만큼이나 멀어 보인다. 시인이 시를 잘못 썼든지 독자가 시를 제대로 이해하지 못했든지? 그러기에 시가 신선한 바람을 풍기며 독자의 마음 밭을 깊이 파고들 때, 독자와 시의 관계는 샴쌍둥이라고나 할까.

어쨌거나 시의 형식은 압축미와 상징성, 그리고 율동감이 생명이다. 그런데 새해 벽두마다 발표되는 신춘문예 부분에서 시 당선작을 볼라치면 운문성이라고는 전혀 찾아볼 수 없을 뿐만 아니라, 마치 주역의 팔괘를 눈앞에 펼쳐놓은 듯 그 난삽함은 내 취향이 아니다. 물론 시의 내용은 서정시와 서사시, 그리고 극시 등으로 곧장 대별된다. 이에 산문시까지 보탠다면 자유시보다는 형식상으로는 더 자유롭겠지만 형태상으로는 압축되고 응결되어야 함은 물론, 그 운율은 희미할지라도 음악성만은 녹아 있어야 시의 축에 낄 수 있다. 세네갈의 초대 대통령 레오폴 세다르 생고르 시인은 "시란 노래이며 말이며 동시에 음악이어야만 완성된다."고 갈파하지 않았던가. 그럼에도 신춘문예에 당선된 시들은 한결같이 천학비재한 내 머리로는 도저히 해독 불가한 구석들이 많음을 솔직히 고백하지 않을 수 없다. 그러나 객쩍을지라도 지난 교단생활에서 학생들에게 문학 지도를 통해 가장 기억에 남는 시다운 시를 꼽으라면, 나는 다음 두 편을 서슴없이 추천하겠다.

해남의 가난한 농민의 아들로 태어나 군부독재에 맞서다 47세(1994)에 작고한 김남주의 「시인」이란 시로써 그 全文이다.

> 세상이 몽둥이로 다스려질 때/ 시인은 행복하다// 세상이 법으로 다스려질 때/ 시인은 그래도 행복하다// 세상이 법 없이도 다스려질 때/ 시인은 필요 없다// 법이 없으면 시도 없다

또 한 편은 서정적이며 참여시로써 '시를 쓰는 나'와 '현실 속의 나'를 대립구조로 짜낸 윤동주의 「쉽게 씌어진 시」(자유시)*로써 시대의 아픔을 표현한 아우라 넘치는 가운데 절연絕聯은 역시, 짙은 활자의 7연(3행)이라 하겠다.(1~6연 생략)

> 인생은 살기 어렵다는데/ 시가 이렇게 쉽게 씌워지는 것은/ 부끄러운 일이다.// 육첩방六疊房은 남의 나라/ 창窓 밖의 밤비가 속살거리는데,// 등불을 밝혀 어둠을 조금 내몰고/ 시대時代처럼 올 아침을 기다리는 나,// 나는 나에게 작은 손을 내밀어/ 눈물과 위안慰安으로 잡는 최초의 악수幄手.

어쩌면 김남주의 시와 똑 닮은꼴이다. 박완서의 장편 『그 남자네 집』(2004. 44쪽)에서, "우리에게 시가 사치라면 우리가 누린 물질의 사치는 詩가 아니었을까. 그 암울하고 극빈하던 흉흉한 전시(6 · 25)를 견디게 한 것은 내핍도 원한도 이념도 아니고 사치였다. 시였다."라고 구뜰하게 표현했다. 그렇다. 이 두 작품은 참된 시다운 시颸였다고 평가된다. 근대 중국의 유희재가 "시의 품격은 사람의 품격에서 나온다.[詩品出于人品]"라고 한 말도 역시, 이 두 시인을 두고 한 말이 아니겠는가.

---

* 「쉽게 씌어진 시」는 1942년에 창작, 정지용의 소개로 「경향신문」에 발표(1947.2.13.)됨.

성흠 김경흠과 그의 가계

일반적으로 '정읍 3절'하면 정읍사의 여인, 전봉준 장군, 내장산의 단풍으로 알려져 있다. 필자도 이에 적극 공감한다. 다만 내장산의 단풍은 천혜적인 요인이기에 가사문학의 효시를 대신하면 어떨까 하는 생각도 든다. 가사문학하면 전남 담양의 송순 · 백광홍 · 정철을 비롯하여 김대중 정부의 대폭적인 지원을 받아 가사문학의 성지로 탈바꿈한 「한국가사문학관」(담양군 가사문학면 가사문학로)과 경상도 영천의 「노계문학관」(박인노)이 얼른 떠오른다. 그러나 진안의 데미샘이 섬진강의 발원지가 되었듯이 가사문학의 태동은 불우헌 정극인이 말년에 칠보의 자연과 더불어 지족상락을 노래한 「상춘곡」이 아니던가. 그럼에도 같은 칠보 출신의 성은 김경흠과 소고당 고단(정읍 산외)을 우리는 놓치고 있다. 정극인은 그런대로 지명도가 높지만 성은과 소고당은 우리가 챙기지 않으면 누가 보살필 것인가. 이처럼 우리 고장에서 세 분이나 훌륭한 가사문학의 대가가 존재함에도 이들의 작품을 널리 고양시키고 보관 · 전시하는 '가사문학관' 하나 제대로 갖춰지지 않은 현실을 지켜보노라면 가슴이 에인다.

필자는 '정읍 3절' 가운데 정읍사 여인은 졸시 「신호남가」(시집 『당신의 얼굴』(2004))로, 전봉준 장군은 독후감상문 「이이화의 동학농민혁명사」(2021년 탈고)로 가름하고, 여기에서는 우리 고장 출신 가사문학 작가 중에 잘 알려지지 않은 성은 김경흠과 그의 가계를 중심으로 살펴보겠다.

필자는 퇴직 이후, 전라북도교육청의 지원을 받아 지난날(2010~2011) 칠보 · 산외 · 산내지역의 초 · 중 · 고 학생과 일반인을 대상으로 칠보의 「태산선비문화관」에서 '상춘곡'을 토요일 방과 후에 강의한 바 있다. 이로 인해 우리 고장의 불우헌 정극인을 비롯한 성은 김경흠과 그의 가계, 그리고 소고당 고단에 대한 애정이 남다르다. 이후, 칠보에서 '태산선비문화제가' 매년 4월에 열릴 때마다 학생들과 일반인들로 하여금 '상춘곡 암송'과 '상춘곡 노래 부르기' 대회에 참여해 왔다. 놀라운 사실은 초등학교 2 · 3학년 학생이 '상춘곡'의 난해한 한자성어를 잘 이해하지도 못할 텐데 줄줄 외우는 깜찍함에 놀랐다. 이 오달진 모습이 매년 되풀이 되고 있음에 심사위원장으로서 매우 뿌듯함을 느낀다. 필자 역시 재직 중에는 국어교사로서 학생들을 지도해 왔기에 현재까지도 5분 전후로 '상춘곡'(39행 79구) 전문을 무의식적으로도 달달 외우고 있다. 요새는 정신건강 차원에서 하루에 한두 번씩 암송함으로써 두뇌를 맑게 하는데 적극 활용하고 있다.

조선후기 태인(지금의 칠보)에 살았던 성은 김경흠(金景欽, 1815~1880)의 가사는 주로 도덕 가사가 주류를 이루고 있다. 「삼재도가」, 「경심가」, 「시무지침서」, 「권학가」, 「불효탄」 등은 필사본 가집 『가사歌詞』에 전한다. 작품의 내용은 대부분 효를 주제로 하였다. 만물을 귀함과 천함으로 구분하여 사람과 짐승이 서로 다른 점을 지적, 사람 중에서도 불효하는 자는 짐승과 같이 천하다고 하여 효의 실천궁행을 강조하였다. 작품의 전편全篇은 주로 4·4조(145구) 위주로 종래의 가사체 형식을 빌려 우리 전통시가를 그대로 전승했다. 효행은 시대에 따라 변할지라도 효도만큼은 변함없는 삶의 도덕률이 아니던가. 「불효탄」의 처음과 끝 부분이다.

> "愚昧훈 너히들은 不孝歎을 드려셔라(어리석은 너희들은 불효 탄식 들어보소) 天開地闢 万物싱길졔 貴賤으로 싱겨시니(천지가 개벽하여 만물이 생겨날 제, 귀천으로 생겼으니) ~白玉의 검은때는 갈면다시 히려니와(백옥의 검은 때는 갈면 다시 희어지나), 이내몸 지은허물 갈가망전혀없다.(이내 몸 지은 잘못을 지울 가망은 전혀 없다)"
>
> 〈정읍시 칠보면 『향토사』, 야담사 간행(1940. 9월호)〉

한편, 선생의 장자 춘우정 김영상(金永相, 1836~1911)은 정읍시 고부(현, 정우면 산북리)에서 출생하여 1851년(철종2)에 부친을 따라 태인현 고현내면(현, 정읍시 칠보면 원촌)에 거주하였으며 유학자로서 명망이 높았다. 1895년(고종32) 을미사변 때, 일본 낭인에 의하여 명성황후가 시해되고 단발령이 내려지자 국가운명을 개탄, 두문불출하고 학문에만 정진했다. 그러다가 '무성서원'에서 병오창의丙午倡義를 결의(1906. 6. 4. 최익현 등 38명의 유림이 참가)하고 마침내는 일제의 은사금 사령장을 찢어버렸다는 불경죄로 끝내 옥중고혼이 되었다. 그의 「절명시」와 함께 『춘우정 문고』가 필사본으로 전해지고 있다.

춘우정 김영삼의 손자 김균(金畇, 1888~1978. 김경흠의 증손)*은 일본이

* 김균: 조부(한학자 춘우정 김영삼)가 일제에 항거하며 옥사하실 때까지 수발하고 1948년 30여 년 동안 준비해온 『大東千字文』을 완성한 후, 91세에 돌아가시다.

싫어서 정읍시 칠보 은석동의 깊은 산에 들어가 다섯 제자들과 논밭을 일구며 학문을 가르쳤고 당시에 시문 · 비문 · 상량문 등의 글을 담은 문집 「염재집」이 전한다. 특히, 『大東千字文』을 1948년에 편찬하고 은석동에서 평생을 보냈다.

우리가 주로 익혀온 『천자문』(4언 절구)은 주흥사가 양무제의 명을 받아 지은 것으로 양나라 승려 원표가 신라 법흥왕 8년(521)에 불경과 함께 들여온 것을 한석봉의 글씨체로 널리 알려진 것이다. 이는 어디까지나 중국의 역사와 풍물 중심이나, 김균의 『대동천자문』은 우리의 역사와 풍토, 그리고 각 지방의 특색이 흥건히 젖어있음에 더욱 가치가 높다. 현재 아이들의 교본 『대동천자문』은 이광호 번역의 도서출판 푸른숲(1994)과 조수현 글씨의 이화문화출판사(2008)본을 주로 활용하고 있다.

시인 백석과 김영한의 애절곡

대원각은 1972년 중앙정보부장 이후락과 북한의 박성철 제2부수상이 '7 · 4남북공동성명'을 논의했던 곳으로 2010년에 폐쇄된 오진암 · 삼청각과 함께 7~80년대 서울의 3대 요정으로 유명했다. 그런데 90년대 대원각은 '길상사吉祥寺'란 사찰로 재탄생됐다. 살아서 사랑을 못 이룬 여인이 아미타불의 힘을 빌려 모든 한을 내려놓고 서방정토에 이르기를 간절히 염원한 김영한의 애절한 사랑(애절곡)으로 다시 탄생된 곳이다.

길상사의 주인 김영한(1916~1999)은 15세에 결혼, 남편이 일찍 죽자 갈 곳 없는 그녀는 시 · 서 · 화에 능했던 터라 권번기생이 되었고 얼마 후 장안 최고의 기녀[진향]가 되었다. 이 무렵, 여인의 재능을 귀하게 여긴 스승(신윤국)의 도움으로 20세가 되던 해에 일본으로 유학을 떠날 수 있었다. 하지만 자신을 지원해주던 스승이 조선어학회 사건으로 투옥된 함흥을 찾아 스승을 옥바라지했다.

그러던 중 그곳 함흥영생여고 교사 백석白石을 만나 운명적인 사랑을 익혔다. 백석은 영한에게 이백의 '자야오가子夜吳歌'란 시에서 따온 '자야'라는 아호를 지어주고 3년간 동거를 했다. 그러나 이를 못 마땅히 여긴 백석의 아버지는 충북 진천군 부잣집 딸과 강제 결혼시켰다. 백석은 혼인 첫날밤 급기야 도망쳐 다시 영한과 동거를 하며 사랑을 이어가고자 했다. 김영한은 젊은 백석의 앞날을 위해 마음을 모질게 먹고 그에게 헤어지자고 말했다. 백석은 그녀의 말에 아랑곳하지 않으며 오히려 함께 외국으로 나가자고 제안했으나 영한은 홀로 러시아로 떠난 후, 이들은 영영 재회하지 못했다.

해방이 되자 백석은 북으로 돌아갔고 영한은 서울에서 요정을 경영하여 큰돈을 벌었다. 이후 영한은 중앙대학교(1953년 영어영문학과)를 나와 대원각의 주인이 되었다. 한편, 영한은 살아생전 백석의 생일날이 돌아오면 그날만큼은 곡기를 끊고 방에서 불경을 외며 그를 기렸다고 한다. 1997년에는 2억을 쾌척, '백석문학상'을 제정하여 문학도들을 지원하기도 했다.

이토록 한이 서린 사랑을 저승에서라도 잇고자 대원각을 부처님 앞에 바치기로 결심, 법정스님을 찾아갔으나 무소유의 삶을 살아오신 스님은 이를 받아들이지 않았다. 그러자 법정스님이 머무는 암자의 본사 송광사에 기증했다. 당시 시세로 1천억 이상의 큰 재산이었다. 하지만 영한은 "천억 재산이 어찌 백석의 시 한 줄에 비할 수 있으랴."는 말로 백석에 대한 변함없는 사랑을 숨기지 않았다. '길상사'라는 명칭은 법정스님이 영한에게 선물한 '길상화吉祥華 보살'이라는 법명에서 취했다고 한다. 1997년 12월 요정 대원각이 사찰 길상사로 다시 탄생하던 날, 영한은 수많은 대중 앞에서 다음과 같은 소박한 바람을 이야기했다.

"저는 죄 많은 여잡니다. 저는 불교를 잘 모릅니다만 저기 보이는 저 팔각정은 여인들이 옷을 갈아입는 곳이었습니다. 저의 소원은 저곳에서 맑고 장엄한 범종소리가 울려 퍼지는 곳으로 다시 태어나기를 바랍니다."

그녀의 음성에는 곡절 많은 인생의 슬픔을 넘어선 위대한 비원이 담겨 있었다. 그렇게 자신의 모든 물질을 보시하고 2년 뒤, 그녀는 육신의 옷마저 벗어버렸다. 이승을 떠나기 하루 전 목욕재계하고 절에 와서 참배한 뒤 길상헌에서 생애 마지막 밤을 묵었다. 다비 후, 그녀의 유골은 유언에 따라 첫눈이 도량을 순백으로 장엄하게 장식하던 날, 길상사 뒤쪽 언덕바지에 뿌려졌다. 현재 길상사는 그 자리에 조그마한 돌로 공덕비를 만들어 그녀의 뜻을 기리고 있다. 그녀는 산문집 『내 사랑 백석』(1995)을 김자야金子夜의 이름으로 출간한 작가이기도 하다.

백석은 그동안 북쪽의 시인이라는 이유로 우리나라에서는 그의 시를 출간할 수 없었으나 다행히 1987년 월북 작가 해금조치 이후, 그의 시를 감상할 수 있게 되었다. 이상은 초등학교 친구 유영수(전 대영종합상사대표, 현 고궁해설사)님이 내게 보내준 유영호의 『한양도성 걸어서 한바퀴』(2015)를 모본으로 에디톨로지한 것이다.

세상에서 가장 강력한 환각제는 사랑이라 했던가. 김영한은 사랑의 위대한 힘을 다시 한 번 우리에게 경험토록 했다. 내가 백석 선생과의 첫 만남은 2010년 3월, '전북학생문화회관'(도서관)에서 경남 통영 출신의 문학평론가 김재용 교수의 『백석전집』(3판 개정증보판, 2011)을 통해서였다.

시인 백석은 1910년 평북 정주군(갈산면)에서 태어났고, 본명은 백기행白夔行이며 오산고보를 나와 1930년 『조선일보』 신춘문예에 단편(그 毋의 아들)이 당선 되었다. 당시 『조선일보』 방일모 사장과 동향이란 인연으로 장학생으로 선발되어 동경 청산학원에서 영문학을 수학할 수 있었다. 귀국(1934) 후 『여성』(조선일보)지의 편집을 맡아보다가 1946년 신의주를 통해 귀향(월북), 1996년 1월에 타계했다.

국내 근·현대 문학서적 경매사상 최고가인 7천만 원에 그의 시집 『사슴』 초판본(1936. 1, 100부 발간)을 낙찰 받은 장인제약회사 지경환 대표는 '문학박물관'을 지어 사회에 환원하겠다는 뜻을 2014년에 밝힌 바 있다. 고려대 국어교육과 고형진 교수는 『백석 詩의 물명고物名攷』(2015)에서, "백석의 시는 그야말로 옛날 한국인의 생활을 보여주는 박물지이자 모국어의 원석이다."라고 극찬했다. 원로 문학평론가 유종호 전 연세대 석좌교수의 시론집 『작은 것이 아름답다』에서는 "백석과 서정주, 일본 시인 이바라키 노리코, 프랑스 시인 보들레르를 전쟁과 가난으로 메마른 삶속에서 시가 어떤 역할을 했는지에 대한 이야기를 잘 들려주었다."고 했다.

백석 시인을 애절하게 사랑한 김영한은 길상사(서울성북동)를 남겼지만, 백석을 기리는 '백석공원(서울강북)'에는 그의 시, 「모닥불」과 「국수」 등이 향수를 달래주고 있다.

> 새끼 오리도 헌신짝도 소똥도 갓신창도 개니빠디도 너울쪽도 짚검불도 가랑잎도 머리카락도 헝겊조각도 막대꼬치도 기왓장도 닭의 짗도 개터럭도 타는 모닥불// 재당도 초시도 문장門長 늙은이도 더부살이 하는 아이도 새 사위도 갓사둔도 나그네도 주인도 할아버지도 손자도 붓장사도 땜쟁이도 큰 개도 강아지도 모두 모닥불을 쪼인다.// 모닥불은 어려서 우리 할아버지가 어미 아비 없는 서러운 아이로 불쌍하니도 몽둥발이가 된 슬픈 역사가 있다.
>
> 〈시집 『사슴』(1936)에서, 「모닥불」 전문〉

규방가사의 대가 소고당을 기리며

(재)한국학호남진흥원에서 공모한 '제3회 호남학산책 일반인원고 상금공모전'에서 본 작품으로 간신히 입선(2023. 5. 26)한 내용(13p. 관련 사진 포함 전8쪽)을 긴축하여 아래와 같이 정리했다.

벌써 15 이 흘렀다. 전주○○장례식장에서 소고당 고단 선생을 배별하는 부군(詩山 金煥在)의 모습은 생각보다 의연했다. 덕을 쌓고 올바른 길을 위해서는 온몸으로 울었지만 오늘만은 대선비다운 고결하고 숭고한 품위를 잃지 않았다. 나는 부군의 양손을 잡고 "좋은 곳으로 가셨으니 너무 슬퍼하지 마세요"라고 입발림한 내 자신이 오히려 외람되었다. 그토록 언제나 모든 대소사에 직박구리처럼 부부 동행하는 도타운 금실우지 천정배필이었다. 아무리 부부가 살아생전 존경하고 사모하여 우러르는 앙망종신 했을지라도 헤어질 때는 불의의 사고가 아닌 바에야 똑같이 세상을 함께 떠날 수는 없다. 그러나 이듬해 부군은 소고당의 뒤를 따랐다. 그러기에 시산과 소고당의 부부인연은 숙명 이상의 천명이었다.

불우헌 정극인에 의해 비롯된 가사문학은 전남 담양의 송순, 장흥의 백광홍, 서울에서 태어나 16세에 선산이 있는 담양으로 내려와 자연 승경과 자신의 풍류를 운치 있게 「성산별곡」에 담아낸 정철, 경상도 영천의 박인노, 해남의 윤선도, 그리고 정읍 칠보의 김경흠으로 이어오다가 전형적인 가사운율의 자취를 감추는 듯했다. 그러다가 현대에 들어와 전남 장흥 출신의 소고당 고단(高端, 1922~2009) 여사가 혜성같이 나타나 가사문학의 가맥을 유일하게 이어왔음을 해남 출신의 법정스님이 보낸(1985. 12. 18) '소고당님께'란 서찰(『소고당가사 제3집전』) 속에 잘 나타났다. 아래에 소개하는 스님 글의 한자를 모두 한글로 바꿨다.

〈관략〉 규방가사가 지난 세월의 고전에만 갇혀 있는 줄 알았는데 오늘에도 그 숨결이 이어져 내리는 걸 대하니 기쁘고 감사합니다. 생각 같아서는 오늘의 언어로도 이런 가사가 전승되었으면 싶습니다. 〈하략〉

성은 김경흠은 정읍 칠보에서 태어나 평생 본향을 떠나지 않고 살아왔으나 필사본만 남겨져 널리 알려지지 않았음에 비해 소고당 고단 선생은 시조부가 칠보에서 이웃 산외로 이사한 이후, 그곳과 전주를 오가며 『소고당가사 제3집전』(2010)까지 펴내면서 살아생전 왕성하게 활동했다.

둔자가 칠보중학교장 재직 시, 소고당 선생의 부군(시산 김환재)이 정읍 관내 초·중·고에 장학금을 마련해 주었다. 공교롭게도 둔자는 국어과 출신으로서 가사문학에 관심이 많다 보니 어르신과 아주 친밀하게 소통할 수 있었다. 이런 인연으로 그의 친가인 전남 장흥 평화마을에 '소고당가사문학비(장흥문화원, 2003)가 세워진 이후, 시가인 정읍 산외중학교 교정에 '소고당가사비' 제막식(2007) 때, 둔자는 소고당 고단 선생을 직접 뵙고 인사드릴 수 있었다.

조선시대 가사문학은 원래 사대부 남성들의 전유물이었다. 우리의 민요적 율격인 3음보에 향가와 고려가요, 그리고 한시 등의 내용 위주로 발전하면서 4음보 율격으로 정형화되었다. 그러다가 조선시대 양반집안의 부녀자들 사이에서 여성들의 슬픔과 원한, 남녀의 애정, 그리고 고된 시집살이의 고통 등이 담긴 여성 특유의 감성이 묻어나는 작품이 성행하면서부터 이를 '규방(내방)가사'라 불리기 시작했다. 특히나, 선조 때의 허난설헌(본명 허초희)의 「규원가閨怨歌」는 유교사회에서 여인의 한과 서러움을 담은 뛰어난 작품으로 손꼽히고 있다. 임진왜란 이후, 영·정 때부터 민간에 널리 유행하면서 일반 부녀자들에게까지 퍼져나갔다. 이러한 파급효과는 조선 말기 영남지방을 중심으로 부녀자 사이에 급속히 번져 약 6,000여 편이 전해지고 있다.

그러나 현대의 시대 변화에 따라 소고당紹古堂 고단高端의 규방가사는 남존여비로 말미암은 시집살이의 고달픔이나 우울하고 암울한 슬픔의 소재를 멀리하고 당당한 부녀의 도와 아름다운 고향과 자연, 그리고 역사를 주로 담고 있어 크게 주목받고 있다. 호남지방 중에서도 당시 태인현 고현내(지금의 정읍시 칠보)는 가사문학의 비조 불우헌 정극인의 「상춘곡」을 담아낸 터전이었기에 소고당의 가사문학 역시, 만개할 수밖에 없었다. 이런 힘을 바탕으로 소고당은 선장본 가사집 세 권(1991, 1999, 2010)을 세상에 내놓았으며 작고하기 5년 전, '자랑스런 전북인' 대상(문화예술부분, 2005. 10)까지 수상하였다. 이어 부군(김환재)마저 그 이듬해에 '전라북도 장한어른상'을 수상하고, 소고당이 작고한 다음해인 2010년에 운명함으로써 부창부수夫唱婦隨를 부창부수婦唱夫隨로 부부의 연을 매듭지었다. 덕분에 둔자는 학교 재직 시, 어르신(김환재)의 부탁으로 「가사문학반」을 조직, 운영했던 좋은 추억을 간직할 수 있었다.

한편, 소고당의 시조부媤祖父 규당 김영채(1883~1971) 참봉은 정읍시 칠보에 살다가 바로 인접 산외면 평사리에 집을 지어 옮겼는데(1939년) 그곳이 바로 소고당의 시댁 종가가 되었으나 이들 부부가 작고하자 지금은 규방의 온기마저 싸늘한 채, 소고당 고단의 가사 「소고당 찬가」만이 소고당을 을씨년스럽게 지키고 있다.

> 상두산 둘러있고 용두산 굽이치며/ 독고봉 봉우리에 백운도 머무르고/ 온갖비조飛鳥 춤을추니 이승지 이터전에/ 소고당 좋을시고 예로부터 맥이흐른/ 평사락안 길지로다 남쪽에 있던대문/ 북향으로 옮겨달고 바깥행랑 새로지어/ 앞뜰에 꽃을심고 후원별당 방들이니/ 활연흉금 시원하다 화조월석 이터전을/ 춘당추월 소요하니 인후하신 우리조상/ 추모음덕 새로워라 모성숭조 이가문을/ 슬하자손 만세영으로 영세무궁 이복지에/ 천추만대 누리과저 -1976 모춘 평사리에서 소고당 안주인 고단 識

소고당은 유림 대종가의 맏며느리로서 여러 형제와 자녀들의 뒷바라지에 쫓기다 보니 50대 중반부터 가사문학을 쓰기 시작한 늦깎이 작가가 될 수밖에 없었다. 다행히 그의 천부적인 시적 재능이 뛰어났기에 그 짧은 세월 동안에 세 권의 가사집을 펴낼 수 있었고 전국 종부宗婦 모임에도 적극적으로 활동했음을 '제2회 종부대회 개회사'(癸酉 1993년 6월

11일 한국여성예림회 전북지회장 高𥳕)에서 잘 비춰지고 있는데 그 개회사는 생략하겠다.

둔자는 우리 고장이 가사문학의 발원지며 규방가사의 온상지로서의 자긍심, 그리고 소고당 이후 규방가사의 맥을 잇는데 조금이나마 보탬이 되었으면 하는 간절한 뜻에서 가제『불우헌에서 소고당까지의 가맥 탐구』를 편찬코자 원고를 다듬다 보니 어느덧 탈고(330여 쪽)에 이르렀다. 조품이 세상에 나오면 소고당께 어찌 자랑할까 벌써부터 마음이 설렌다.

이제길 팔자놀이 제8집

인쇄 2024년 01월 27일
발행 2024년 01월 30일

지은이 이제길
발행인 서정환
펴낸곳 수필과비평사
주 소 서울시 종로구 삼일대로 32길 36(익선동 30-6) 운현신화타워 빌딩) 305호
전 화 (02) 3675－5635, 010－2489－4045
팩 스 (063) 274－3131
이메일 essay321@hanmail.net sina321@hanmail.net
출판등록 제300-2013-133호
인쇄 · 제본 신아출판사

ISBN 979-11-5933-513-6 (03810)

값 13,000원

Printed in KOREA